资助单位：

南京大学长江三角洲经济社会发展研究中心

中国特色社会主义经济建设协同创新中心

江苏高校协同创新中心（区域经济转型与管理变革）

南京大学长江三角洲经济社会发展研究中心年度自选项目
（项目批准号：2019-NDCSJ-02-02）

Data Report on Economic and Social Development
in the Yangtze River Delta

Cultural and Related Industries

长江三角洲经济社会发展数据报告

文化及相关产业

姜宁　马立军／著

科学出版社

北　京

内 容 简 介

　　经济增长是在一定的资源约束下进行的，社会积累是经济持续增长的内生动力。本报告依托长江三角洲经济社会发展数据库，从空间和时间两个维度，审视长江三角洲核心区 16 个城市的文化及相关产业的数据情况，选取 43 个指标，从文化产业、文化娱乐消费、文化体育与传媒支出、公共图书馆、博物馆与文物保护管理机构、文化站与文化馆、艺术表演团体与艺术表演场馆、文化市场经营机构、文化旅游等方面的演变，客观地展现近 20 年来长江三角洲的变化。

　　本报告以数据为证，其自身就是长江三角洲经济快速增长的证明。本报告对各类经济主体的决策判断、职能部门的政策制定、经济运行学术研究，能够起到积极的作用。

图书在版编目（CIP）数据

长江三角洲经济社会发展数据报告. 文化及相关产业 / 姜宁，马立军著. —北京：科学出版社，2021.3
　ISBN 978-7-03-068147-8

Ⅰ. ①长⋯　Ⅱ. ①姜⋯　②马⋯　Ⅲ. ①长江三角洲-区域经济发展-研究报告 ②长江三角洲-社会发展-研究报告 ③长江三角洲-文化产业-产业发展-研究报告　Ⅳ. ①F127.5

中国版本图书馆 CIP 数据核字（2021）第 033872 号

责任编辑：杨婵娟　姚培培 / 责任校对：韩　杨
责任印制：徐晓晨 / 封面设计：有道文化

科 学 出 版 社 出版
北京东黄城根北街 16 号
邮政编码：100717
http://www.sciencep.com

北京建宏印刷有限公司 印刷
科学出版社发行　各地新华书店经销
*

2021 年 3 月第 一 版　开本：720×1000　B5
2021 年 3 月第一次印刷　印张：17 1/2
字数：353 000
定价：118.00 元

前　言

南京大学长江三角洲经济社会发展研究中心成立于 2001 年，系教育部人文社会科学（经济学）重点研究基地。中心的定位是以长江三角洲（简称长三角）地区为研究对象，致力于建设成为中国区域经济与社会发展研究的顶级学术机构。同时，中心还将努力建设成为服务于科研、社会及区域经济发展的综合性智库类咨询机构，《长江三角洲经济社会发展数据报告·文化及相关产业》作为系列"长江三角洲经济社会发展数据报告"之一，是中心在此方面的又一积极成果。

国家统计局在 2004 年发布了文化及相关产业统计分类，正式拉开了我国文化及相关产业统计工作的序幕。随着文化产业战略地位的变化、新的《国民经济行业分类》（GB/T 4754—2011 和 GB/T 4754—2017）的颁布、文化产业新业态的不断涌现，国家统计局又先后发布了《文化及相关产业分类（2012）》和《文化及相关产业分类（2018）》。

国家统计局和各省（自治区、直辖市）的统计部门及文化部门根据文化产业的统计制度编写了统计年鉴或统计概览，形成了较为丰富的文化产业统计资料，记录了全国和各省（自治区、直辖市）的文化及相关产业的发展情况，如国家统计局编写的《中国文化及相关产业统计年鉴》，上海市、江苏省、浙江省的统计部门和文化部门编写的《上海文化年鉴》《江苏文化及相关产业统计概览》《江苏省文化统计年鉴》《浙江文化及相关产业统计概览》《浙江省文化文物统计年鉴》等。

南京大学长江三角洲经济社会发展研究中心与上海市、江苏省、浙江省的统计部门和文化部门深入沟通，广泛搜集相关数据，形成了长江三角洲经济社会发展数据库的文化数据子库。

本报告以该文化数据库子库为基础，基于空间和时间两个维度，从整体运行态势、速度、构成、结构关联等视角反映长三角核心区 16 个城市的文化及相关产业要素的空间差异和时代变迁的特征，可以作为各类决策者分析判断的辅助工具。

本报告作为"长江三角洲经济社会发展数据报告"系列专著之一，在数据的呈现方式上一以贯之，从空间和时间两个维度展现长三角核心区 16 个城市的文化及相关产业发展情况。空间维度指长三角区域的上海市，江苏地区的南京市、无锡市、常州市、苏州市、南通市、扬州市、镇江市、泰州市，浙江地区的杭州市、宁波市、嘉兴市、湖州市、绍兴市、舟山市、台州市，共16个城市。由于我国文化产业统计工作开始较晚，各指标统计起始时间也不一致。根据已有的统计资料，我们以2000～2017年（文化娱乐消费、文化旅游等）为主要时间线，以2003～2017年（公共图书馆、博物馆、文物保护管理机构等）、2012～2017年（文化产业增加值）为两条辅助时间线。

根据《文化及相关产业分类（2012）》的说明，"文化产业"仅指经营性文化单位的集合，"文化事业"仅指公益性文化单位的集合，统计上所称的"文化及相关产业"则覆盖了全部单位。本报告中的"文化及相关产业"既包括"文化产业"，也包括"文化事业"。文化及相关产业统计指标众多，但要呈现为面板数据就要有所取舍，我们以指标的重要性、完整性、连续性为选取原则，共选取了43个指标。

本报告共8章43节，包括长三角核心区16个城市的经济和社会发展概况，文化产业增加值、文化娱乐消费、文化体育与传媒支出，公共图书馆，博物馆、文物保护管理机构，文化站、文化馆，艺术表演团体、艺术表演场馆，文化市场经营机构，文化旅游等内容。其中，经济和社会发展概况中的部分指标虽然在《长江三角洲经济社会发展数据报告·综合》中有所介绍，但考虑到统计部门根据普查或抽样调查对相关历史数据进行了修正，且本报告在反映数据指标的结构特征时需要用到此中数据，故单列一章。文化产业与旅游产业虽分属不同产业，但2018年的国务院机构改革将文化部和国家旅游局合并，组建文化和旅游部，宣示文旅融合从理论走向实践，为此本报告的最后一章通过6个指标反映长三角核心城市的文化旅游发展情况。

本报告是继《长江三角洲经济社会发展数据报告·综合》和《长江三角洲经济社会发展数据报告·人口与劳动力》之后，又一部对长江三角洲经济社会发展数据库开发利用的成果，是首部以时空两个维度反映长三角城市群文化及相关产业发展状况的基础数据分析资料。

本报告适用于高校、科研院所的科研人员，企事业单位的决策人员，政府相关职能部门的决策人员以及其他对长三角文化及相关产业发展感兴趣的读者。

本报告的出版，离不开江苏省统计局主任科员刘丰对原始数据的解释工作和王文丹等同学对数据的再加工工作，在此表示感谢。

《长江三角洲经济社会发展数据报告》编委会

2020年9月

目　　录

1 经济和社会发展概况

1.1 地区生产总值

地区生产总值指按市场价格计算的一个地区所有常住单位在一定时期内生产活动的最终成果。地区生产总值有三种表现形态，即价值形态、收入形态和产品形态。从价值形态看，它是所有常住单位在一定时期内生产的全部货物和服务价值与同期投入的全部非固定资产货物和服务价值的差额，即所有常住单位的增加值之和。

表 1-1 展示了 2000～2017 年长三角核心区 16 个城市的地区生产总值。从表中可以看出，所有城市的地区生产总值总体保持稳定增长的趋势，2017 年的地区生产总值超过 10 000 亿元的有上海市、南京市、无锡市、苏州市、杭州市 5 个城市。

表 1-1 2000～2017 年长三角核心区
16 个城市的地区生产总值 （单位：亿元）

城市	2000 年	2001 年	2002 年	2003 年	2004 年	2005 年	2006 年	2007 年	2008 年
上海市	4 812.2	5 257.7	5 795.0	6 762.4	8 165.4	9 365.5	10 718.0	12 668.9	14 276.8
南京市	1 073.5	1 218.5	1 385.1	1 690.8	2 087.1	2 478.3	2 855.8	3 381.2	3 859.6
无锡市	1 200.2	1 360.1	1 580.7	1 910.2	2 350.0	2 808.8	3 310.9	3 879.7	4 460.6
常州市	600.7	672.9	760.6	901.4	1 102.2	1 308.2	1 585.1	1 913.5	2 266.3
苏州市	1 540.7	1 760.3	2 080.4	2 801.6	3 450.0	4 138.2	4 900.6	5 850.1	7 078.1
南通市	720.6	789.6	865.2	980.2	1 204.0	1 494.3	1 801.8	2 182.5	2 620.1
扬州市	472.1	500.3	544.3	638.1	760.3	982.2	1 125.2	1 357.6	1 645.9
镇江市	423.3	466.8	513.5	587.7	716.7	888.3	1 053.2	1 269.6	1 505.9
泰州市	399.1	443.9	498.7	574.1	699.2	861.6	1 037.1	1 222.3	1 446.3
杭州市	1 382.6	1 568.0	1 781.8	2 099.8	2 543.2	2 943.8	3 443.5	4 104.0	4 789.0
宁波市	1 144.6	1 278.8	1 453.3	1 749.3	2 109.5	2 447.3	2 874.4	3 418.6	3 946.5
嘉兴市	524.0	586.7	677.7	823.5	1 002.4	1 158.4	1 345.2	1 586.0	1 819.8
湖州市	325.2	362.9	397.1	459.5	550.5	639.4	753.1	883.3	1 022.9
绍兴市	716.8	788.0	886.1	1 035.2	1 245.0	1 449.8	1 682.0	1 978.7	2 230.2
舟山市	121.6	134.4	157.3	186.6	231.3	283.7	342.7	421.3	512.1
台州市	613.3	680.8	782.9	908.9	1 076.5	1 249.4	1 458.5	1 715.1	1 946.2

续表

城市	2009 年	2010 年	2011 年	2012 年	2013 年	2014 年	2015 年	2016 年	2017 年
上海市	15 287.6	17 436.9	19 539.1	20 559.0	22 264.1	24 068.2	25 659.2	28 183.5	30 633.0
南京市	4 287.3	5 198.2	6 230.2	7 306.5	8 199.5	8 956.1	9 861.6	10 662.3	11 715.1
无锡市	4 991.7	5 793.3	6 880.2	7 446.4	7 919.9	8 359.0	8 685.9	9 387.8	10 511.8
常州市	2 519.9	3 044.9	3 581.0	4 039.8	4 527.5	4 991.4	5 371.2	5 875.9	6 618.4
苏州市	7 740.2	9 228.9	10 717.0	12 207.8	13 191.3	13 994.4	14 761.4	15 750.4	17 319.5
南通市	2 904.2	3 510.6	4 138.9	4 630.3	5 235.4	5 748.6	6 256.1	6 885.2	7 734.6
扬州市	1 856.4	2 229.5	2 630.3	2 974.6	3 367.3	3 750.1	4 075.9	4 516.4	5 064.9
镇江市	1 693.3	2 019.0	2 360.7	2 693.2	3 022.7	3 306.3	3 562.0	3 900.1	4 010.4
泰州市	1 660.9	2 048.7	2 422.6	2 740.9	3 110.8	3 422.8	3 746.4	4 169.3	4 744.5
杭州市	5 111.4	5 965.7	7 037.3	7 833.6	8 398.6	9 206.2	10 050.2	11 313.7	12 556.2
宁波市	4 334.3	5 181.0	6 074.9	6 601.2	7 164.5	7 610.6	8 003.6	8 686.5	9 846.9
嘉兴市	1 919.4	2 315.5	2 703.9	2 914.4	3 163.1	3 352.6	3 517.8	3 862.1	4 355.2
湖州市	1 101.8	1 301.7	1 520.1	1 664.3	1 812.9	1 956.0	2 084.3	2 284.4	2 476.1
绍兴市	2 377.2	2 800.4	3 336.1	3 660.6	3 987.1	4 265.9	4 466.0	4 789.0	5 078.4
舟山市	539.9	609.4	689.5	756.0	821.4	886.1	942.6	1 076.2	1 219.8
台州市	2 041.1	2 433.3	2 766.5	2 921.3	3 169.4	3 387.4	3 553.9	3 898.7	4 407.4

1.1.1 从数字看形势

2017 年，长三角核心区地区生产总值为 138 292.2 亿元。其中，上海市为 30 633.0 亿元，占比为 22.15%；江苏地区为 67 719.2 亿元，占比为 48.97%；浙江地区为 39 940.0 亿元，占比为 28.88%，如表 1-2 所示。16 个城市中，2017 年上海市以 30 633.0 亿元列第一位，舟山市以 1219.8 亿元列最后一位。江苏地区 8 个城市的地区生产总值占长三角核心区地区生产总值的近五成，其中苏州市地区生产总值最多，占比为 12.52%。

表 1-2　2000 年、2017 年长三角核心区 16 个城市地区生产总值及增长情况

地区	2000 年地区生产总值		2017 年地区生产总值		2017 年比 2000 年增长倍数（倍）	2000～2017 年年均增长率（%）
	总量（亿元）	占比（%）	总量（亿元）	占比（%）		
上海市	4 812.2	29.94	30 633.0	22.15	5.37	11.50
南京市	1 073.5	6.68	11 715.1	8.47	9.91	15.09
无锡市	1 200.2	7.47	10 511.8	7.60	7.76	13.62

续表

地区	2000 年地区生产总值		2017 年地区生产总值		2017 年比 2000 年增长倍数（倍）	2000～2017 年年均增长率（%）
	总量（亿元）	占比（%）	总量（亿元）	占比（%）		
常州市	600.7	3.74	6 618.4	4.79	10.02	15.16
苏州市	1 540.7	9.59	17 319.5	12.52	10.24	15.30
南通市	720.6	4.48	7 734.6	5.59	9.73	14.98
扬州市	472.1	2.94	5 064.9	3.66	9.73	14.98
镇江市	423.3	2.63	4 010.4	2.90	8.48	14.14
泰州市	399.1	2.48	4 744.5	3.43	10.89	15.68
江苏地区	6 430.2	40.01	67 719.2	48.97	9.53	14.85
杭州市	1 382.6	8.60	12 556.2	9.08	8.08	13.86
宁波市	1 144.6	7.12	9 846.9	7.12	7.60	13.50
嘉兴市	524.0	3.26	4 355.2	3.15	7.31	13.27
湖州市	325.2	2.02	2 476.1	1.79	6.61	12.68
绍兴市	716.8	4.46	5 078.4	3.67	6.08	12.21
舟山市	121.6	0.76	1 219.8	0.88	9.03	14.53
台州市	613.3	3.82	4 407.4	3.19	6.19	12.30
浙江地区	4 828.1	30.04	39 940.0	28.88	7.27	13.23
长三角核心区	16 070.5	100.00	138 292.2	100.00	7.61	13.50

注：因数值修约，本报告的数据存在进舍误差。

　　图 1-1 显示了 2000 年、2010 年、2017 年长三角核心区 16 个城市的地区生产总值变化情况。图中显示，长三角核心区 16 个城市的地区生产总值呈现稳定上升态势。2017 年，上海市、苏州市、杭州市、南京市、无锡市、宁波市列前六位。

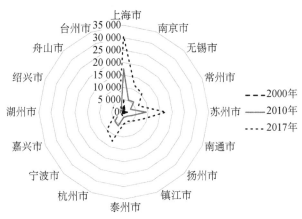

图 1-1　2000 年、2010 年、2017 年长三角核心区 16 个城市的地区生产总值变化情况（单位：亿元）

2017 年，长三角核心区 16 个城市的平均地区生产总值为 8643.3 亿元。其中，上海市、苏州市、杭州市、南京市、无锡市、宁波市 6 个城市高于平均水平，其余 10 个城市均低于平均水平，如图 1-2 所示。高于平均水平的 6 个城市的地区生产总值达到了 92 582.5 亿元，占长三角核心区地区生产总值的 66.95%。

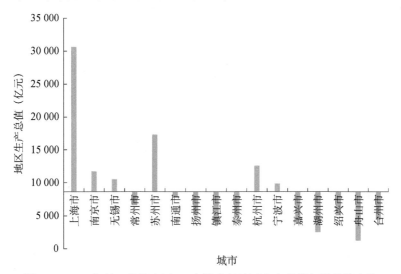

图 1-2 2017 年长三角核心区 16 个城市的地区生产总值与平均值比较

1.1.2 从增长看发展

进入 2000 年，长三角核心区的地区生产总值呈现稳定增长态势。2000 年长三角核心区地区生产总值为 16 070.5 亿元，2017 年达到 138 292.2 亿元。其中，上海市增长了 5.37 倍，年均增长率为 11.50%；江苏地区增长了 9.53 倍，年均增长率为 14.85%；浙江地区增长了 7.27 倍，年均增长率为 13.23%，如表 1-2 所示。江苏地区增速最快，浙江地区次之，上海市增速略慢，如图 1-3 所示。

2000～2017 年，上海市、江苏地区、浙江地区的地区生产总值均呈现稳定增长格局。2017 年，上海市的地区生产总值是列最后一位的舟山市的 25.11 倍。

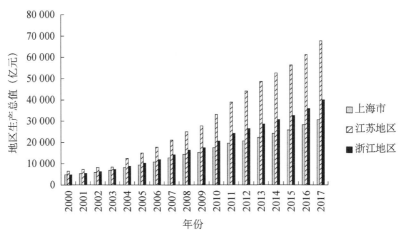

图 1-3　2000～2017 年上海市、江苏地区、浙江地区的地区生产总值变化情况

1.1.3　从人均看特征

　　长三角核心区 16 个城市的地区生产总值存在显著差异，单纯的总量不能全面地反映一个城市的经济发展水平，如表 1-1 所示。可通过人均地区生产总值①来衡量一个城市的经济发展水平。表 1-3 显示，2017 年长三角核心区 16 个城市的人均地区生产总值存在较为显著的差异，江苏地区的苏州市、无锡市、南京市、常州市，浙江地区的杭州市，以及上海市排在前六位。苏州市人均地区生产总值最高，达到了 162 106.9 元；台州市人均地区生产总值最低，为 72 039.9 元。

　　2017 年，长三角核心区的人均地区生产总值为 123 981.1 元。其中，上海市的人均地区生产总值为 126 671.6 元，江苏地区的人均地区生产总值为 135 601.1 元，浙江地区的人均地区生产总值为 106 734.4 元。

表 1-3　2017 年长三角核心区 16 个城市的人均地区生产总值

地区	地区生产总值（亿元）	常住人口（万人）	人均地区生产总值（元）
上海市	30 633.0	2 418.3	126 671.6
南京市	11 715.1	833.5	140 553.1

---

　　①　人均地区生产总值由地区生产总值除以当年常住人口计算而得。

续表

地区	地区生产总值（亿元）	常住人口（万人）	人均地区生产总值（元）
无锡市	10 511.8	655.3	160 412.0
常州市	6 618.4	471.7	140 309.5
苏州市	17 319.5	1 068.4	162 106.9
南通市	7 734.6	730.5	105 880.9
扬州市	5 064.9	450.8	112 353.6
镇江市	4 010.4	318.6	125 875.7
泰州市	4 744.5	465.2	101 988.4
江苏地区	67 719.2	4 994.0	135 601.1
杭州市	12 556.2	946.8	132 617.2
宁波市	9 846.9	800.5	123 009.4
嘉兴市	4 355.2	465.6	93 539.5
湖州市	2 476.1	299.5	82 674.5
绍兴市	5 078.4	501.0	101 365.3
舟山市	1 219.8	116.8	104 434.9
台州市	4 407.4	611.8	72 039.9
浙江地区	39 940.0	3 742.0	106 734.4
长三角核心区	138 292.2	11 154.3	123 981.1

1.2　常　住　人　口

常住人口指全年经常在家或在家居住 6 个月以上，而且其经济和生活与本户连成一体的人口。外出从业人员在外居住时间虽然在 6 个月以上，但收入主要带回家中，经济与本户连为一体，仍视为常住人口；在家居住，生活和本户连成一体的国家职工、退休人员也视为常住人口。但是现役军人、中专及以上（走读生除外）的在校学生，以及常年在外（不包括探亲、看病等）且已有稳定的职业与居住场所的外出从业人员，不算常住人口。

表 1-4 展示了 2000～2017 年长三角核心区 16 个城市的常住人口。在空间维度上，各城市间的常住人口数量差距较为明显；在时间维度上，多数城市的常住人口数稳步增长。

表 1-4 2000～2017 年长三角核心区 16 个城市的常住人口 （单位：万人）

城市	2000 年	2001 年	2002 年	2003 年	2004 年	2005 年	2006 年	2007 年	2008 年
上海市	1608.6	1668.3	1713.0	1765.8	1835.0	1890.3	1964.1	2063.6	2140.7
南京市	614.9	628.4	642.0	654.6	668.2	689.8	719.1	741.3	758.9
无锡市	508.7	—	—	—	—	560.0	584.0	599.2	610.7
常州市	378.0	—	—	—	—	412.8	425.7	435.2	440.7
苏州市	679.2	—	—	—	—	758.0	810.0	882.1	912.7
南通市	751.3	—	—	—	—	732.3	725.0	718.0	714.8
扬州市	458.9	—	—	—	—	451.0	446.0	446.0	447.1
镇江市	284.5	—	—	—	—	296.0	299.6	301.9	304.1
泰州市	478.6	—	—	—	—	468.5	463.5	458.0	463.6
杭州市	687.8	—	—	—	—	750.7	773.1	786.2	796.6
宁波市	596.3	—	—	—	—	656.0	672.0	690.0	707.0
嘉兴市	358.0	—	—	—	—	400.5	408.8	420.6	424.3
湖州市	263.0	—	—	—	—	272.0	277.0	280.0	282.0
绍兴市	430.4	—	—	—	—	439.0	450.0	458.0	463.6
舟山市	100.2	—	—	—	—	103.0	103.0	104.0	105.4
台州市	515.3	—	—	—	—	569.0	571.0	573.0	574.4

城市	2009 年	2010 年	2011 年	2012 年	2013 年	2014 年	2015 年	2016 年	2017 年
上海市	2210.3	2302.7	2347.5	2380.4	2415.2	2425.7	2415.3	2419.7	2418.3
南京市	771.3	800.8	810.9	816.1	818.8	821.6	823.6	827.0	833.5
无锡市	619.6	637.6	643.2	646.5	648.4	650.0	651.1	652.9	655.3
常州市	445.2	459.3	465.0	468.7	469.2	469.6	470.1	470.8	471.7
苏州市	937.0	1046.9	1051.9	1054.9	1057.9	1060.4	1061.6	1064.7	1068.4
南通市	713.4	728.2	728.9	729.7	729.8	729.8	730.0	730.2	730.5
扬州市	449.6	446.1	446.3	446.7	447.0	447.8	448.0	449.1	450.8
镇江市	306.9	311.5	313.4	315.5	316.5	317.1	317.7	318.1	318.6
泰州市	466.6	462.1	462.6	463.0	463.4	463.9	464.2	464.6	465.2
杭州市	810.0	870.5	873.8	880.2	884.4	889.2	901.8	918.8	946.8
宁波市	719.0	761.0	763.0	763.9	766.3	781.0	782.5	787.5	800.5
嘉兴市	431.8	450.5	453.1	454.4	455.8	457.0	458.5	461.4	465.6
湖州市	285.0	289.0	290.0	290.2	292.0	293.0	295.0	297.5	299.5
绍兴市	479.6	491.3	493.4	494.3	494.9	495.6	496.8	498.8	501.0
舟山市	108.6	112.1	113.7	114.0	114.2	114.6	115.2	115.8	116.8
台州市	581.3	597.4	599.9	600.5	603.8	601.5	604.9	608.0	611.8

注：未搜集到无锡市等 14 个城市的 2001～2004 年常住人口数据，用"—"表示。全书表格均按此处理。

1.2.1　从数字看形势

2017 年，长三角核心区的常住人口为 11 154.3 万人。其中，上海市为 2418.3 万人，占比为 21.68%；江苏地区为 4994.0 万人，占比为 44.77%；浙江地区为 3742.0 万人，占比为 33.55%，如表 1-5 所示。长三角核心区 16 个城市中，上海市以 2418.3 万人列第一位，舟山市以 116.8 万人列最后一位。江苏地区 8 个城市的常住人口占长三角核心区近五成，其中苏州市的常住人口最多，占比为 9.58%。

表 1-5　2000 年、2017 年长三角核心区 16 个城市的常住人口及增长情况

地区	2000 年常住人口		2017 年常住人口		2017 年比 2000 年增长倍数（倍）	2000～2017 年年均增长率（%）
	总人口（万人）	占比（%）	总人口（万人）	占比（%）		
上海市	1 608.6	18.46	2 418.3	21.68	0.50	2.43
南京市	614.9	7.06	833.5	7.47	0.36	1.81
无锡市	508.7	5.84	655.3	5.87	0.29	1.50
常州市	378.0	4.34	471.7	4.23	0.25	1.31
苏州市	679.2	7.79	1 068.4	9.58	0.57	2.70
南通市	751.3	8.62	730.5	6.55	−0.03	−0.17
扬州市	458.9	5.27	450.8	4.04	−0.02	−0.10
镇江市	284.5	3.26	318.6	2.86	0.12	0.67
泰州市	478.6	5.49	465.2	4.17	−0.03	−0.17
江苏地区	4 154.1	47.67	4 994.0	44.77	0.20	1.09
杭州市	687.8	7.89	946.8	8.49	0.38	1.90
宁波市	596.3	6.84	800.5	7.18	0.34	1.75
嘉兴市	358.0	4.11	465.6	4.17	0.30	1.56
湖州市	263.0	3.02	299.5	2.69	0.14	0.77
绍兴市	430.4	4.94	501.0	4.49	0.16	0.90
舟山市	100.2	1.15	116.8	1.05	0.17	0.91
台州市	515.3	5.92	611.8	5.48	0.19	1.01
浙江地区	2 951.0	33.87	3 742.0	33.55	0.27	1.41
长三角核心区	8 713.7	100.00	11 154.3	100.00	0.28	1.46

图 1-4 显示了 2000 年、2010 年、2017 年长三角核心区 16 个城市的常住人口变化情况。图中显示，除了南通市、扬州市、泰州市之外，长三角核心区其他 13 个城市

的常住人口呈现稳定上升态势。2017年，上海市、苏州市、杭州市、南京市、宁波市、南通市列前六位。

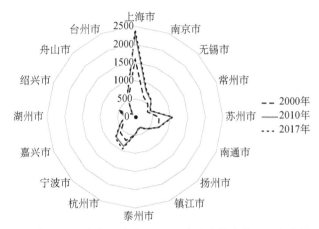

图1-4 2000年、2010年、2017年长三角核心区16个城市的常住人口变化情况（单位：万人）

2017年，长三角核心区16个城市的平均常住人口为697.1万人。其中，上海市、苏州市、杭州市、南京市、宁波市、南通市6个城市高于平均水平，其余10个城市均低于平均水平，如图1-5所示。高于平均水平的6个城市的常住人口达到了6798.0万人，占长三角核心区常住人口总和的60.95%。

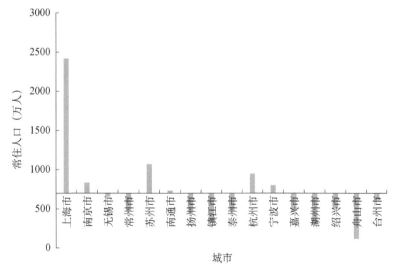

图1-5 2017年长三角核心区16个城市的常住人口与平均值比较

1.2.2　从增长看发展

进入 2000 年，长三角核心区的常住人口呈现稳定增长态势。2000 年长三角核心区常住人口为 8713.7 万人，2017 年达到 11 154.3 万人。其中，上海市增长了 0.50 倍，年均增长率为 2.43%；江苏地区增长了 0.20 倍，年均增长率为 1.09%；浙江地区增长了 0.27 倍，年均增长率为 1.41%，如表 1-5 所示。2005 年以来，上海市常住人口增速最快，江苏地区次之，浙江地区增速略慢，如图 1-6 所示。

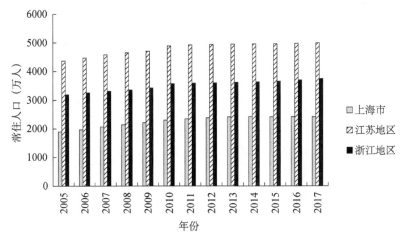

图 1-6　2005～2017 年上海市、江苏地区、浙江地区的常住人口变化情况

2000 年以来，上海市、江苏地区、浙江地区的常住人口基本呈现稳定增长的格局。2017 年，上海市常住人口是列最后一位的舟山市的 20.70 倍，但是其常住人口的差距小于地区生产总值的差距。

1.2.3　从人口密度看特征

长三角核心区 16 个城市的常住人口数量存在显著差异，单纯的总量不能全面地反映一个城市人口的分布情况，如表 1-4 所示。可通过人口密度来衡量一个城市的人口分布情况。表 1-6 表明，2017 年长三角核心区 16 个城市的人口密度存在较为显著的差异，上海市、无锡市、南京市、苏州市、嘉兴市、常州市排在前六位。上海市人口密度最高，达到 3814 人/千米^2；湖州市人口密度最低，仅为 515 人/千米^2。

　　长三角核心区人口密度为 987 人/千米^2。其中，上海市人口密度为 3814 人/千米^2，江苏地区人口密度为 979 人/千米^2，浙江地区人口密度为 673 人/千米^2。

表 1-6　2017 年长三角核心区 16 个城市的人口密度

地区	常住人口（万人）	土地面积（千米^2）	人口密度（人/千米^2）
上海市	2 418.3	6 341	3 814
南京市	833.5	6 587	1 265
无锡市	655.3	4 627	1 416
常州市	471.7	4 374	1 078
苏州市	1 068.4	8 657	1 234
南通市	730.5	10 549	692
扬州市	450.8	6 591	684
镇江市	318.6	3 840	830
泰州市	465.2	5 787	804
江苏地区	4 994.0	51 012	979
杭州市	946.8	16 596	570
宁波市	800.5	9 816	816
嘉兴市	465.6	4 223	1 103
湖州市	299.5	5 820	515
绍兴市	501.0	8 279	605
舟山市	116.8	1 459	801
台州市	611.8	9 411	650
浙江地区	3 742.0	55 604	673
长三角核心区	11 154.3	112 957	987

1.3　人 均 GDP

　　人均 GDP 是人们了解和把握一个国家或地区的宏观经济运行状况的有效工具，

常作为发展经济学中衡量经济发展状况的指标，是最重要的宏观经济指标之一。将一个国家或地区在核算期内（通常是一年）实现的 GDP 与这个国家或地区的常住人口（或户籍人口）相比进行计算，得到人均 GDP。本报告的人均 GDP 指按年均常住人口计算的人均 GDP。

表 1-7 展示了 2000～2017 年长三角核心区 16 个城市的人均 GDP。在空间维度上，各城市间人均 GDP 的差距较为明显；在时间维度上，各城市人均 GDP 总体上稳步增长。

表 1-7　2000～2017 年长三角核心区 16 个城市的人均 GDP　（单位：元）

城市	2000 年	2001 年	2002 年	2003 年	2004 年	2005 年	2006 年	2007 年	2008 年
上海市	30 307	32 089	34 277	38 878	45 353	50 282	55 615	62 909	67 916
南京市	18 546	19 602	21 807	26 081	31 557	36 499	40 541	46 306	51 454
无锡市	27 109	30 526	35 087	41 616	50 592	51 034	57 899	65 570	73 733
常州市	17 635	19 704	22 215	26 149	31 665	32 116	37 809	44 452	51 746
苏州市	26 692	30 384	35 733	47 693	57 992	55 667	62 526	69 151	78 875
南通市	9 176	10 078	11 073	12 584	15 415	20 138	24 545	29 991	36 199
扬州市	10 515	11 091	12 044	13 949	16 747	21 719	25 102	30 435	36 858
镇江市	15 887	17 509	19 241	21 997	24 737	30 319	35 357	42 215	49 698
泰州市	8 340	9 279	10 468	12 102	14 777	18 309	22 256	26 530	31 386
杭州市	—	—	—	—	—	—	44 128	51 416	58 862
宁波市	—	—	—	—	—	36 824	42 299	49 142	55 616
嘉兴市	—	—	—	—	—	—	33 243	38 247	43 081
湖州市	—	13 520	14 714	16 920	20 113	23 197	27 435	31 717	36 401
绍兴市	—	17 903	19 974	23 110	27 477	31 666	37 841	43 584	48 398
舟山市	—	13 384	15 590	18 386	22 640	27 595	33 124	40 378	48 538
台州市	—	—	—	—	—	—	25 587	29 984	33 924

城市	2009 年	2010 年	2011 年	2012 年	2013 年	2014 年	2015 年	2016 年	2017 年
上海市	70 273	77 275	84 037	86 969	92 852	99 438	106 009	116 582	126 634
南京市	56 035	66 132	77 314	89 816	100 307	109 194	119 883	129 194	141 103
无锡市	81 146	92 167	107 437	115 468	122 318	128 756	133 515	143 985	160 706
常州市	56 890	67 327	77 485	85 039	94 895	104 423	112 221	122 721	140 436
苏州市	83 696	93 043	102 129	114 029	123 209	129 925	136 702	145 556	162 388
南通市	40 231	48 083	56 005	62 506	70 572	77 457	84 236	92 702	105 903
扬州市	41 406	49 786	58 950	66 615	75 354	83 821	90 965	100 644	112 559
镇江市	55 428	65 305	75 556	85 651	95 653	104 352	112 225	122 686	125 962
泰州市	35 711	44 118	52 396	59 225	67 160	73 825	80 739	89 785	102 058

续表

城市	2009 年	2010 年	2011 年	2012 年	2013 年	2014 年	2015 年	2016 年	2017 年
杭州市	61 821	70 024	80 689	89 323	95 190	103 813	112 230	124 286	135 113
宁波市	60 070	69 610	79 730	86 477	93 641	98 362	102 374	110 656	123 955
嘉兴市	44 842	52 489	59 850	64 229	69 502	73 457	76 850	83 968	93 964
湖州市	38 865	45 356	52 506	57 371	62 280	66 872	70 893	77 110	82 952
绍兴市	50 407	57 687	67 758	74 120	80 613	86 136	90 003	96 204	101 588
舟山市	50 297	55 218	61 057	66 400	71 991	77 456	82 037	93 177	104 882
台州市	35 321	41 287	46 212	48 672	52 634	56 208	58 917	64 287	72 264

1.3.1　从数字看形势

2017 年，长三角核心区人均 GDP 为 124 367 元[①]。其中，上海市人均 GDP 为 126 634 元，江苏地区人均 GDP 为 135 825 元，浙江地区人均 GDP 为 107 513 元。江苏地区各城市的人均 GDP 在 102 058～162 388 元，浙江地区各城市的人均 GDP 在 72 264～135 113 元，如表 1-8 所示。16 个城市中，苏州市以 162 388 元列第一位，台州市以 72 264 元列最后一位。

表 1-8　2017 年长三角核心区 16 个城市的人均 GDP 及增长情况

地区	2006 年人均 GDP（元）	2017 年人均 GDP（元）	2017 年比 2006 年增长倍数（倍）	2006～2017 年年均增长率（%）
上海市	55 615	126 634	1.28	7.77
南京市	40 541	141 103	2.48	12.01
无锡市	57 899	160 706	1.78	9.72
常州市	37 809	140 436	2.71	12.67
苏州市	62 526	162 388	1.60	9.06
南通市	24 545	105 903	3.31	14.21
扬州市	25 102	112 559	3.48	14.62
镇江市	35 357	125 962	2.56	12.24
泰州市	22 256	102 058	3.59	14.85
江苏地区	39 972	135 825	2.40	11.76

① 长三角核心区人均 GDP 根据各城市地区生产总值和年平均常住人口推算，由于部分城市 2001～2004 年的常住人口数据缺失，所以本部分只对 2006～2017 年人均 GDP 的增长情况。

续表

地区	2006 年人均 GDP（元）	2017 年人均 GDP（元）	2017 年比 2006 年增长倍数（倍）	2006～2017 年年均增长率（%）
杭州市	44 128	135 113	2.06	10.71
宁波市	42 299	123 955	1.93	10.27
嘉兴市	33 243	93 964	1.83	9.91
湖州市	27 435	82 952	2.02	10.58
绍兴市	37 841	101 588	1.68	9.39
舟山市	33 124	104 882	2.17	11.05
台州市	25 587	72 264	1.82	9.90
浙江地区	36 925	107 513	1.91	10.20
长三角核心区	42 096	124 367	1.95	10.35

图 1-7 显示了 2006 年、2010 年、2017 年长三角核心区 16 个城市的人均 GDP 变化情况。图中显示，长三角核心区 16 个城市的人均 GDP 呈现稳定上升态势。2017 年，苏州市、无锡市、南京市、常州市、杭州市、上海市列前六位。

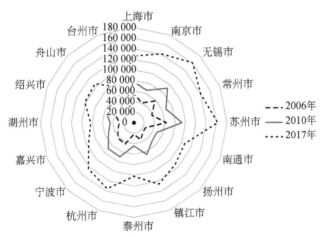

图 1-7　2006 年、2010 年、2017 年长三角核心区 16 个城市的人均 GDP 变化情况（单位：元）

2017 年，长三角核心区人均 GDP 为 124 367 元。其中，上海市、南京市、无锡市、常州市、苏州市、镇江市、杭州市 7 个城市高于平均水平，其余 9 个城市低于平均水平，如图 1-8 所示。

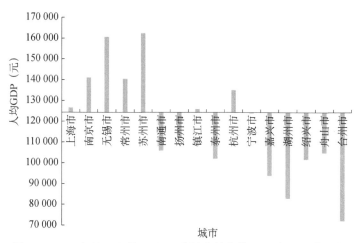

图 1-8 2017 年长三角核心区 16 个城市的人均 GDP 与平均值比较

1.3.2 从增长看发展

进入 2006 年，长三角核心区 16 个城市的人均 GDP 总体呈现稳定增长态势。2006 年长三角核心区人均 GDP 为 42 096 元，2017 年达到 124 367 元。其中，上海市增长了 1.28 倍，年均增长率为 7.77%；江苏地区增长了 2.40 倍，年均增长率为 11.76%；浙江地区增长了 1.91 倍，年均增长率为 10.20%，如表 1-8 所示。2006 年以来，江苏地区人均 GDP 增速最快，浙江地区次之，上海市增速略慢，如图 1-9 所示。

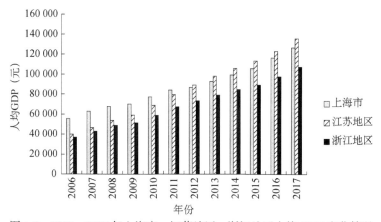

图 1-9 2006～2017 年上海市、江苏地区、浙江地区人均 GDP 变化情况

2006 年以来，上海市、江苏地区、浙江地区人均 GDP 均基本呈现稳定增长的格局。2017 年，居首位的苏州市人均 GDP 是列最后一位的台州市的 2.25 倍。

1.4 城镇居民人均可支配收入

城镇居民人均可支配收入是指反映居民家庭全部现金收入能用于安排家庭日常生活的那部分收入。它是家庭总收入扣除交纳的所得税、个人交纳的社会保障费以及调查户的记账补贴后的收入。其中，家庭总收入是指该家庭中生活在一起的所有家庭人员从各种渠道得到的所有收入之和。城镇居民人均可支配收入是抽样调查数据。

城镇居民人均可支配收入标志着居民的购买力，是衡量城镇居民收入水平和生活水平的最重要和最常用的统计指标之一。

表 1-9 展示了 2000～2017 年长三角核心区 16 个城市的城镇居民人均可支配收入。在空间维度上，各城市间的城镇居民人均可支配收入差距较为明显；在时间维度上，各城市的城镇居民人均可支配收入总体上稳步增长。

表 1-9 2000～2017 年长三角核心区 16 个城市的城镇居民人均可支配收入 （单位：元）

城市	2000 年	2001 年	2002 年	2003 年	2004 年	2005 年	2006 年	2007 年	2008 年
上海市	11 718	12 883	13 250	14 867	16 683	18 645	20 668	23 623	26 675
南京市	8 233	8 848	9 157	10 196	11 602	14 997	17 538	20 317	23 123
无锡市	8 603	9 454	9 988	11 647	13 588	16 005	18 189	20 898	23 605
常州市	8 540	9 406	9 933	11 303	12 867	14 589	16 649	19 089	21 592
苏州市	9 274	10 515	10 617	12 361	14 451	16 276	18 532	21 260	23 867
南通市	7 911	8 485	8 640	9 598	10 937	11 590	13 056	15 261	17 540
扬州市	6 734	7 205	7 833	8 705	9 851	11 379	12 945	15 057	17 398
镇江市	7 170	7 698	8 202	9 451	10 858	12 394	14 291	16 775	19 044
泰州市	7 005	7 439	7 788	8 517	9 695	11 122	12 682	14 940	17 198
杭州市	9 668	10 896	11 778	12 898	14 565	16 601	19 027	21 689	24 104
宁波市	10 921	11 991	12 970	14 277	15 882	17 408	19 674	22 307	25 304
嘉兴市	9 240	10 766	10 757	12 251	14 392	16 189	17 828	20 128	22 481

续表

城市	2000 年	2001 年	2002 年	2003 年	2004 年	2005 年	2006 年	2007 年	2008 年
湖州市	8 684	9 872	11 388	12 607	13 664	15 375	17 503	19 663	21 604
绍兴市	9 422	10 534	11 746	13 152	15 642	17 516	19 486	21 971	24 646
舟山市	8 886	10 161	10 985	12 213	13 747	15 524	17 525	19 856	22 257
台州市	8 728	10 105	11 639	13 404	15 870	17 132	18 749	20 627	22 396

城市	2009 年	2010 年	2011 年	2012 年	2013 年	2014 年	2015 年	2016 年	2017 年
上海市	28 838	31 838	36 230	40 188	43 851	47 710	52 962	57 692	62 596
南京市	25 504	28 312	32 200	36 322	39 881	42 568	46 104	49 997	54 538
无锡市	25 027	27 750	31 638	35 663	38 999	41 731	45 129	48 628	52 659
常州市	23 751	26 269	29 829	33 587	36 946	40 356	43 642	46 058	49 955
苏州市	26 320	29 219	33 243	37 531	41 143	46 677	50 390	54 341	58 806
南通市	19 469	21 825	25 094	28 292	31 059	33 374	36 291	39 247	42 756
扬州市	19 416	21 766	24 780	28 001	30 690	30 322	32 946	35 659	38 828
镇江市	23 075	23 224	26 181	29 454	32 352	35 315	38 666	41 794	45 386
泰州市	18 079	20 347	23 597	26 574	29 112	31 346	34 092	36 828	40 059
杭州市	26 864	30 035	34 065	37 511	40 925	44 632	48 316	52 185	56 276
宁波市	27 368	30 166	34 058	37 902	41 729	44 155	47 852	51 560	55 656
嘉兴市	24 693	27 487	31 520	35 696	38 671	42 143	45 499	48 926	53 057
湖州市	23 280	25 668	29 367	32 987	36 220	38 959	42 238	45 794	49 934
绍兴市	26 874	30 164	33 273	36 911	39 567	43 167	46 747	50 305	54 445
舟山市	24 082	26 242	30 496	34 224	37 799	41 466	44 845	48 423	52 516
台州市	24 061	26 802	27 212	33 979	37 038	39 763	43 266	47 162	51 374

1.4.1 从数字看形势

2017 年，长三角核心区城镇居民人均可支配收入为 51 178 元。其中，上海市城镇居民人均可支配收入为 62 596 元，江苏地区城镇居民人均可支配收入为 47 873 元，浙江地区城镇居民人均可支配收入为 53 323 元。江苏地区各城市的城镇居民人均可支配收入在 38 828～58 806 元，浙江地区各城市的城镇居民人均可支配收入在

49 934～56 276 元, 如表 1-10 所示。16 个城市中, 上海市以 62 596 元列第一位, 扬州市以 38 828 元列最后一位。

表 1-10　2017 年长三角核心区 16 个城市的城镇居民人均可支配收入及增长情况

地区	2000 年城镇居民人均可支配收入（元）	2017 年城镇居民人均可支配收入（元）	2017 年比 2000 年增长倍数（倍）	2000～2017 年年均增长率（%）
上海市	11 718	62 596	4.34	10.36
南京市	8 233	54 538	5.62	11.76
无锡市	8 603	52 659	5.12	11.25
常州市	8 540	49 955	4.85	10.95
苏州市	9 274	58 806	5.34	11.48
南通市	7 911	42 756	4.40	10.43
扬州市	6 734	38 828	4.77	10.86
镇江市	7 170	45 386	5.33	11.47
泰州市	7 005	40 059	4.72	10.80
江苏地区	7 934	47 873	5.03	11.15
杭州市	9 668	56 276	4.82	10.92
宁波市	10 921	55 656	4.10	10.05
嘉兴市	9 240	53 057	4.74	10.83
湖州市	8 684	49 934	4.75	10.84
绍兴市	9 422	54 445	4.78	10.87
舟山市	8 886	52 516	4.91	11.02
台州市	8 728	51 374	4.89	10.99
浙江地区	9 364	53 323	4.69	10.77
长三角核心区	8 796	51 178	4.82	10.91

注：江苏地区、浙江地区和长三角核心区的数据为各地区中各城市的数据平均值。

　　图 1-10 显示了 2000 年、2010 年、2017 年长三角核心区 16 个城市的城镇居民人均可支配收入变化情况。图中显示，长三角核心区 16 个城市的城镇居民人均可支配收入呈现稳定上升态势。2017 年，上海市、苏州市、杭州市、宁波市、南京市、绍兴市列前六位。

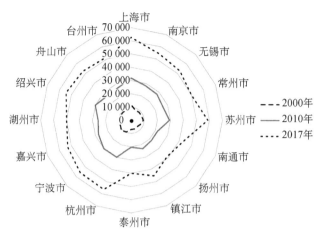

图 1-10　2000 年、2010 年、2017 年长三角核心区 16 个城市的城镇居民

人均可支配收入变化情况（单位：元）

2017 年，长三角核心区城镇居民人均可支配收入为 51 178 元。其中，上海市、苏州市、杭州市、宁波市、南京市、绍兴市、嘉兴市、无锡市、舟山市、台州市 10 个城市高于平均水平，其余 6 个城市低于平均水平，如图 1-11 所示。

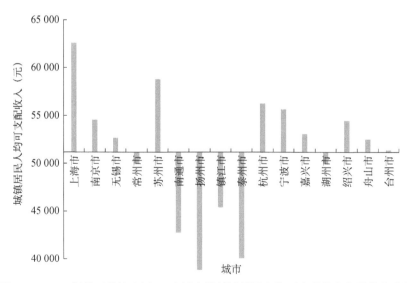

图 1-11　2017 年长三角核心区 16 个城市的城镇居民人均可支配收入与平均值比较

1.4.2　从增长看发展

进入 2000 年，长三角核心区 16 个城市的城镇居民人均可支配收入总体呈现稳定增长态势。2000 年，长三角核心区城镇居民人均可支配收入为 8796 元，2017 年达到 51 178 元。其中，上海市增长了 4.34 倍，年均增长率为 10.36%；江苏地区增长了 5.03 倍，年均增长率为 11.15%；浙江地区增长了 4.69 倍，年均增长率为 10.77%，如表 1-10 所示。2000 年以来，江苏地区的城镇居民人均可支配收入增速最快，但与上海市和浙江地区的差距不大，如图 1-12 所示。

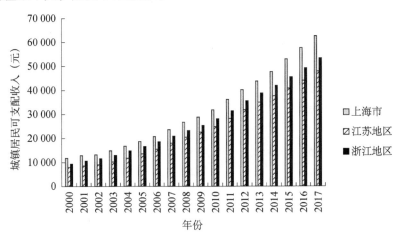

图 1-12　2000～2017 年上海市、江苏地区、浙江地区的城镇居民人均可支配收入变化情况

2000 年以来，上海市、江苏地区、浙江地区的城镇居民人均可支配收入呈现稳定增长的格局。2017 年，上海市城镇居民人均可支配收入明显高于其他 15 个城市，达到 62 596 元，是列最后一位的扬州市的 1.61 倍。

1.4.3　从构成看特征

长三角核心区 16 个城市的城镇居民人均可支配收入存在明显差异，单纯的总量不能全面地反映一个城市城镇居民人均可支配收入的特征，如表 1-9 所示。可通过城镇居民人均可支配收入与人均 GDP 之比,从构成的角度衡量不同区域间可支配收入的现状。表 1-11 表明,2017 年长三角核心区 16 个城市的城镇居民人均可支配收入与人均 GDP 之比存在较为显著的差异。其中,台州市、湖州市、嘉兴市、绍兴市、舟山市、上海市排在前六位。

长三角核心区的城镇居民人均可支配收入与人均 GDP 之比为 41.2%。上海市的城镇居民人均可支配收入与人均 GDP 之比为 49.4%,江苏地区的城镇居民人均可支配收入与人均 GDP 之比为 35.2%,浙江地区的城镇居民人均可支配收入与人均 GDP 之比为 49.6%。

表 1-11　2017 年长三角核心区 16 个城市的城镇居民人均可支配收入与城镇居民人均 GDP 之比

地区	城镇居民人均可支配收入（元）	人均 GDP（元）	城镇居民人均可支配收入与人均 GDP 之比（%）
上海市	62 596	126 634	49.4
南京市	54 538	141 103	38.7
无锡市	52 659	160 706	32.8
常州市	49 955	140 436	35.6
苏州市	58 806	162 388	36.2
南通市	42 756	105 903	40.4
扬州市	38 828	112 559	34.5
镇江市	45 386	125 962	36.0
泰州市	40 059	102 058	39.3
江苏地区	47 873	135 825	35.2
杭州市	56 276	135 113	41.7
宁波市	55 656	123 955	44.9
嘉兴市	53 057	93 964	56.5
湖州市	49 934	82 952	60.2
绍兴市	54 445	101 588	53.6
舟山市	52 516	104 882	50.1
台州市	51 374	72 264	71.1
浙江地区	53 323	107 513	49.6
长三角核心区	51 178	124 367	41.2

注:江苏地区、浙江地区和长三角核心区的数据为各地区中各城市的数据平均值。

1.5　农村居民人均可支配收入

农村居民可支配收入是指农村住户获得的经过初次分配与再分配后的收入。可支配收入可用于住户的最终消费、非义务性支出以及储蓄。

表 1-12 展示了 2000～2017 年长三角核心区 16 个城市的农村居民人均可支配收入。在空间维度上，各城市间的农村居民人均可支配收入差距较为明显；在时间维度上，各城市的农村居民人均可支配收入稳步增长。

表 1-12　2000～2017 年长三角核心区 16 个城市的

农村居民人均可支配收入　　　　　　　（单位：元）

城市	2000 年	2001 年	2002 年	2003 年	2004 年	2005 年	2006 年	2007 年	2008 年
上海市	5 565	5 850	6 212	6 658	7 337	8 342	9 213	10 222	11 385
南京市	4 062	4 311	4 579	4 923	5 533	6 225	7 045	8 020	8 951
无锡市	5 256	5 524	5 860	6 329	7 115	8 004	8 880	10 026	11 280
常州市	4 430	4 719	5 138	5 550	6 235	7 002	8 001	9 033	10 171
苏州市	5 462	5 796	6 140	6 681	7 503	8 393	9 278	10 475	11 785
南通市	3 710	3 926	4 133	4 393	4 929	5 501	6 106	6 905	7 811
扬州市	3 464	3 690	3 926	4 172	4 677	5 215	5 813	6 586	7 450
镇江市	4 042	4 191	4 452	4 733	5 306	5 916	6 717	7 668	8 703
泰州市	3 549	3 649	3 834	4 079	4 574	5 102	5 695	6 469	7 338
杭州市	4 894	4 896	5 242	5 740	6 382	7 655	8 515	9 549	10 692
宁波市	5 069	5 362	5 764	6 221	7 018	7 810	8 847	10 051	11 450
嘉兴市	4 527	5 111	5 136	6 034	6 953	8 007	8 952	10 163	11 538
湖州市	4 335	4 695	5 052	5 536	6 380	7 288	8 333	9 536	10 751
绍兴市	4 982	5 343	5 690	6 143	6 970	7 704	8 619	9 730	10 950
舟山市	4 228	4 422	4 659	5 018	6 232	7 190	8 333	9 725	11 367
台州市	4 668	5 032	5 400	5 823	6 528	7 268	8 006	9 052	9 975
城市	2009 年	2010 年	2011 年	2012 年	2013 年	2014 年	2015 年	2016 年	2017 年
上海市	12 324	13 746	15 644	17 401	19 208	21 192	23 205	25 520	27 825
南京市	9 858	11 128	13 108	14 786	16 531	17 661	19 483	21 156	23 133
无锡市	12 403	14 002	16 438	18 509	20 587	22 266	24 155	26 158	28 358
常州市	11 198	12 637	14 838	16 737	18 643	20 133	21 912	23 780	25 835
苏州市	12 969	14 657	17 226	19 396	21 578	23 560	25 580	27 691	29 977

续表

城市	2009 年	2010 年	2011 年	2012 年	2013 年	2014 年	2015 年	2016 年	2017 年
南通市	8 696	9 914	11 730	13 231	14 754	15 821	17 267	18 741	20 472
扬州市	8 295	9 462	11 217	12 686	14 214	15 284	16 619	18 057	19 694
镇江市	9 642	10 874	12 825	14 518	16 258	17 617	19 214	20 922	22 724
泰州市	8 180	9 324	11 046	12 493	13 982	15 076	16 410	17 861	19 494
杭州市	11 822	13 186	15 245	17 017	21 208	23 555	25 719	27 908	30 397
宁波市	12 641	14 261	16 518	18 475	20 534	24 283	26 469	28 572	30 871
嘉兴市	12 685	14 365	16 707	18 636	22 396	24 676	26 838	28 997	31 436
湖州市	11 745	13 288	15 381	17 188	19 044	22 404	24 410	26 508	28 999
绍兴市	12 026	13 651	15 861	17 706	21 307	23 539	25 648	27 744	30 331
舟山市	12 612	14 265	16 608	18 601	21 401	23 783	25 903	28 308	30 791
台州市	10 872	12 286	14 243	15 828	17 523	19 362	21 225	23 164	25 369

1.5.1 从数字看形势

2017 年，长三角核心区的农村居民人均可支配收入为 26 607 元。其中，上海市的农村居民人均可支配收入为 27 825 元，江苏地区的农村居民人均可支配收入为 23 711 元，浙江地区的农村居民人均可支配收入为 29 742 元。江苏地区各城市的农村居民人均可支配收入在 19 494～29 977 元，浙江地区各城市的农村居民人均可支配收入在 25 369～31 436 元，如表 1-13 所示。16 个城市中，嘉兴市以 31 436 元列第一位，泰州市以 19 494 元列最后一位。

表 1-13　2017 年长三角核心区 16 个城市的农村居民人均可支配收入及增长情况

地区	2000 年农村居民人均可支配收入（元）	2017 年农村居民人均可支配收入（元）	2017 年比 2000 年增长倍数（倍）	2000～2017 年年均增长率（%）
上海市	5 565	27 825	4.00	9.93
南京市	4 062	23 133	4.69	10.77
无锡市	5 256	28 358	4.40	10.42
常州市	4 430	25 835	4.83	10.93
苏州市	5 462	29 977	4.49	10.53
南通市	3 710	20 472	4.52	10.57
扬州市	3 464	19 694	4.69	10.76

续表

地区	2000 年农村居民 人均可支配收入（元）	2017 年农村居民 人均可支配收入（元）	2017 年比 2000 年 增长倍数（倍）	2000～2017 年 年均增长率（%）
镇江市	4 042	22 724	4.62	10.69
泰州市	3 549	19 494	4.49	10.54
江苏地区	4 247	23 711	4.58	10.65
杭州市	4 894	30 397	5.21	11.34
宁波市	5 069	30 871	5.09	11.21
嘉兴市	4 527	31 436	5.94	12.07
湖州市	4 335	28 999	5.69	11.83
绍兴市	4 982	30 331	5.09	11.21
舟山市	4 228	30 791	6.28	12.39
台州市	4 668	25 369	4.43	10.47
浙江地区	4 672	29 742	5.37	11.50
长三角核心区	4 515	26 607	4.89	11.00

注：江苏地区、浙江地区和长三角核心区的数据为各地区中各城市的数据平均值。

图 1-13 显示了 2000 年、2010 年、2017 年长三角核心区 16 个城市的农村居民人均可支配收入变化情况。图中显示，长三角核心区 16 个城市的农村居民人均可支配收入呈现稳定上升态势。2017 年，嘉兴市、宁波市、舟山市、杭州市、绍兴市、苏州市列前六位。

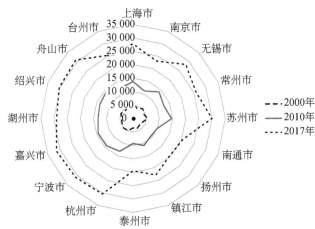

图 1-13　2000 年、2010 年、2017 年长三角核心区 16 个城市的农村居民
人均可支配收入变化情况（单位：元）

2017 年，长三角核心区的农村居民人均可支配收入为 26 607 元。其中，嘉兴市、宁波市、舟山市、杭州市、绍兴市、苏州市、湖州市、无锡市、上海市 9 个城市高于平均水平，其余 7 个城市低于平均水平，如图 1-14 所示。

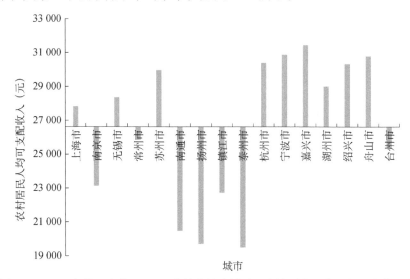

图 1-14　2017 年长三角核心区 16 个城市的农村居民人均可支配收入与平均值比较

1.5.2　从增长看发展

进入 2000 年，长三角核心区 16 个城市的农村居民人均可支配收入呈现稳定增长态势。2000 年，长三角核心区的农村居民人均可支配收入为 4515 元，2017 年达到了 26 607 元。其中，上海市增长了 4.00 倍，年均增长率为 9.93%；江苏地区增长了 4.58 倍，年均增长率为 10.65%；浙江地区增长了 5.37 倍，年均增长率为 11.50%，如表 1-13 所示。2000 年以来，浙江地区的农村居民人均可支配收入增速最快，但与江苏地区和上海市差距不大，如图 1-15 所示。

2000 年以来，上海市、江苏地区、浙江地区的农村居民人均可支配收入呈现稳定增长的格局。2017 年，嘉兴市农村居民人均可支配收入居首位，是列最后一位的泰州市的 1.61 倍。

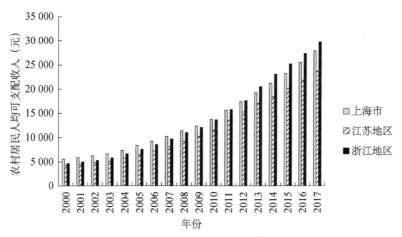

图 1-15   2000～2017 年上海市、江苏地区、浙江地区的农村居民人均可支配收入变化情况

1.5.3   从构成看特征

长三角核心区 16 个城市的农村居民人均可支配收入存在明显差异，单纯的总量不能全面地反映一个城市农村居民人均可支配收入的特征，如表 1-12 所示。可通过农村居民人均可支配收入与人均 GDP 之比，从构成的角度衡量不同区域间可支配收入的现状。表 1-14 表明，2017 年长三角核心区 16 个城市的农村居民人均可支配收入与人均 GDP 之比存在较为显著的差异，其中台州市最高，南京市最低。

从区域来看，长三角核心区的农村居民人均可支配收入与人均 GDP 之比为21.4%。浙江地区的农村居民人均可支配收入与人均 GDP 之比最高，为 27.7%，上海市该比值为 22.0%，江苏地区该比值为 17.5%。

表 1-14   2017 年长三角核心区 16 个城市的农村居民人均可支配收入与人均 GDP 之比

地区	农村居民人均可支配收入（元）	人均 GDP（元）	农村居民人均可支配收入与人均 GDP 之比（%）
上海市	27 825	126 634	22.0
南京市	23 133	141 103	16.4
无锡市	28 358	160 706	17.6
常州市	25 835	140 436	18.4

地区	农村居民人均可支配收入（元）	人均GDP（元）	农村居民人均可支配收入与人均GDP之比（%）
苏州市	29 977	162 388	18.5
南通市	20 472	105 903	19.3
扬州市	19 694	112 559	17.5
镇江市	22 724	125 962	18.0
泰州市	19 494	102 058	19.1
江苏地区	23 711	135 825	17.5
杭州市	30 397	135 113	22.5
宁波市	30 871	123 955	24.9
嘉兴市	31 436	93 964	33.5
湖州市	28 999	82 952	35.0
绍兴市	30 331	101 588	29.9
舟山市	30 791	104 882	29.4
台州市	25 369	72 264	35.1
浙江地区	29 742	107 513	27.7
长三角核心区	26 607	124 367	21.4

注：江苏地区、浙江地区和长三角核心区的数据为各地区中各城市的数据平均值。

1.6 城镇居民人均消费支出

城镇居民人均消费支出是城镇居民家庭人均用于日常生活的全部支出，包括购买实物支出和各种服务性支出。消费支出按商品或服务的用途可以分成食品、烟酒及用品、衣着、家庭设备用品及服务、医疗保健及个人用品、交通和通信、娱乐教育文化服务、居住八大类，不包括罚没、丢失款和缴纳的各种税款（如个人所得税、牌照税、房产税等），也不包括个体劳动者生产经营过程中发生的各项费用。该指标是抽样调查数据。

表1-15展示了2000～2017年长三角核心区16个城市的城镇居民人均消费支出。在空间维度上，各城市间的城镇居民人均消费支出差距较为明显；在时间维度上，各城市的城镇居民人均消费支出总体上稳步增长。

表 1-15　2000～2017 年长三角核心区 16 个城市的

城镇居民人均消费支出　　　　　　　　（单位：元）

城市	2000 年	2001 年	2002 年	2003 年	2004 年	2005 年	2006 年	2007 年	2008 年
上海市	8 868	9 336	10 464	11 040	12 631	13 773	14 762	17 255	19 398
南京市	7 048	7 326	7 323	7 723	8 350	10 704	12 234	13 278	15 132
无锡市	6 975	7 405	7 567	8 360	9 518	10 774	11 372	12 257	13 563
常州市	6 759	7 526	7 973	8 947	9 878	10 718	12 503	13 789	14 967
苏州市	7 027	7 270	7 682	9 272	9 783	11 163	12 472	13 959	15 183
南通市	5 898	5 959	5 852	6 808	7 768	8 573	9 332	10 188	11 613
扬州市	4 990	5 416	5 575	5 910	6 509	7 388	8 273	9 696	11 562
镇江市	4 027	4 530	6 305	6 969	7 374	8 335	9 196	12 008	12 217
泰州市	5 637	4 945	5 550	5 743	6 318	7 556	8 184	9 021	10 985
杭州市	7 790	8 968	9 215	9 950	11 213	13 438	14 472	14 896	16 719
宁波市	7 997	9 463	9 396	10 463	11 283	11 758	12 666	13 921	16 379
嘉兴市	7 085	7 800	7 707	8 748	9 933	10 754	11 887	12 379	14 346
湖州市	6 353	7 644	8 133	8 431	9 380	11 051	11 685	12 304	13 404
绍兴市	7 514	8 136	8 788	9 469	10 608	12 027	13 069	13 907	15 534
舟山市	6 540	7 367	8 010	9 009	9 835	10 950	11 886	12 978	14 288
台州市	7 372	8 612	9 857	10 795	12 968	14 330	15 360	15 565	15 614
城市	2009 年	2010 年	2011 年	2012 年	2013 年	2014 年	2015 年	2016 年	2017 年
上海市	20 992	23 200	25 102	26 253	28 155	30 520	36 946	39 857	42 304
南京市	15 873	17 409	20 098	22 446	24 591	25 855	27 794	29 772	31 385
无锡市	15 619	17 068	19 780	23 000	25 392	27 358	29 466	31 438	32 972
常州市	15 693	17 205	19 126	20 918	22 831	23 590	25 358	27 080	28 445
苏州市	17 121	18 837	22 330	25 157	26 739	28 973	31 136	33 305	35 104
南通市	11 908	13 506	15 613	17 858	19 646	22 035	23 680	25 217	26 510
扬州市	11 439	12 842	14 757	16 492	17 653	18 417	19 780	21 064	22 093
镇江市	12 197	13 324	15 518	17 897	19 795	21 310	22 859	24 388	25 637
泰州市	11 204	12 317	14 415	16 499	18 223	19 517	21 008	22 480	23 824
杭州市	18 595	20 219	22 642	22 800	30 659	32 165	33 818	35 686	38 179
宁波市	18 203	19 420	21 779	23 288	24 685	27 893	29 645	31 584	33 197
嘉兴市	15 361	16 559	19 535	21 720	21 105	23 032	25 544	28 313	29 875
湖州市	14 602	16 034	18 166	19 898	23 196	24 875	26 815	27 731	28 962
绍兴市	16 607	18 267	20 353	22 204	24 221	26 231	28 156	28 858	30 879
舟山市	15 236	16 717	19 183	20 958	23 461	27 807	30 128	30 762	32 218
台州市	17 364	19 499	22 502	24 014	25 983	28 698	31 448	33 462	35 809

1.6.1 从数字看形势

2017 年，长三角核心区的城镇居民人均消费支出为 31 087 元。其中，上海市的城镇居民人均消费支出为 42 304 元，江苏地区的城镇居民人均消费支出为 28 246 元，浙江地区的城镇居民人均消费支出为 32 731 元。江苏地区各城市的城镇居民人均消费支出在 22 093～35 104 元，浙江地区各城市的城镇居民人均消费支出在 28 962～38 179 元，如表 1-16 所示。16 个城市中，上海市以 42 304 元列第一位，扬州市以 22 093 元列最后一位。

表 1-16 2017 年长三角核心区 16 个城市的城镇居民人均消费支出及增长情况

地区	2000 年城镇居民人均消费支出（元）	2017 年城镇居民人均消费支出（元）	2017 年比 2000 年增长倍数（倍）	2000～2017 年年均增长率（%）
上海市	8 868	42 304	3.77	9.63
南京市	7 048	31 385	3.45	9.18
无锡市	6 975	32 972	3.73	9.57
常州市	6 759	28 445	3.21	8.82
苏州市	7 027	35 104	4.00	9.92
南通市	5 898	26 510	3.49	9.24
扬州市	4 990	22 093	3.43	9.15
镇江市	4 027	25 637	5.37	11.50
泰州市	5 637	23 824	3.23	8.85
江苏地区	6 045	28 246	3.67	9.49
杭州市	7 790	38 179	3.90	9.80
宁波市	7 997	33 197	3.15	8.73
嘉兴市	7 085	29 875	3.22	8.83
湖州市	6 353	28 962	3.56	9.33
绍兴市	7 514	30 879	3.11	8.67
舟山市	6 540	32 218	3.93	9.83
台州市	7 372	35 809	3.86	9.74
浙江地区	7 236	32 731	3.52	9.28
长三角核心区	6 743	31 087	3.61	9.41

注：江苏地区、浙江地区和长三角核心区的数据为各地区中各城市的数据平均值。

　　图 1-16 显示了 2000 年、2010 年、2017 年长三角核心区 16 个城市的城镇居民人均消费支出变化情况。图中显示，长三角核心区 16 个城市的城镇居民人均消费支出呈现稳定上升态势。2017 年，上海市、杭州市、台州市、苏州市、宁波市、无锡市列前六位。

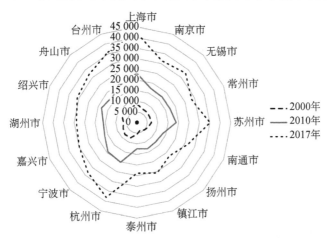

图 1-16　2000 年、2010 年、2017 年长三角核心区 16 个城市的城镇居民人均消费支出变化情况（单位：元）

　　2017 年，长三角核心区的城镇居民人均消费支出为 31 087 元。其中，上海市、杭州市、台州市、苏州市、宁波市、无锡市、舟山市、南京市 8 个城市高于平均水平，其余 8 个城市低于平均水平，如图 1-17 所示。

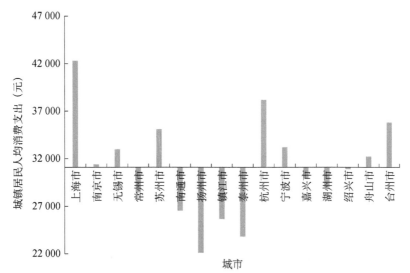

图 1-17　2017 年长三角核心区 16 个城市的城镇居民人均消费支出与平均值比较

1.6.2 从增长看发展

进入 2000 年，长三角核心区 16 个城市的城镇居民人均消费支出总体呈现稳定增长态势。2000 年，长三角核心区的城镇居民人均消费支出为 6743 元，2017 年达到 31 087 元。其中，上海市增长了 3.77 倍，年均增长率为 9.63%；江苏地区增长了 3.67倍，年均增长率为 9.49%；浙江地区增长了 3.52 倍，年均增长率为 9.28%，如表 1-16所示。2000 年以来，上海市的城镇居民人均消费支出增速最快，但与江苏地区和浙江地区差距不大，如图 1-18 所示。

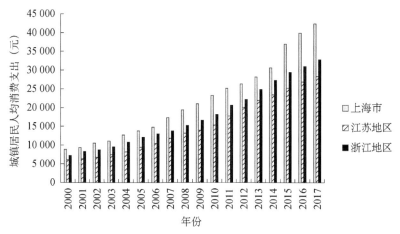

图 1-18　2000～2017 年上海市、江苏地区、浙江地区的城镇居民人均消费支出变化情况

2000 年以来，上海市、江苏地区、浙江地区城镇居民人均消费支出呈现稳定增长的格局。2017 年，上海市的城镇居民人均消费支出明显高于其他 15 个城市，达到42 304 元，居首位的上海市是列最后一位的扬州市的 1.91 倍。

1.6.3 从构成看特征

长三角核心区 16 个城市的城镇居民人均消费支出存在明显差异，但是单纯的总量不能全面地反映一个城市的城镇居民人均消费支出的特征，如表 1-15 所示。可通过城镇居民人均消费支出与城镇居民人均可支配收入之比，从构成的角度衡量不同区域消费支出的现状。表 1-17 表明，2017 年长三角核心区 16 个城市的城镇居民人均消费支出与城镇居民人均可支配收入之比存在较为显著的差异，其中台州市、杭州市、上海市、无锡市、南通市、舟山市排在前六位。

长三角核心区的城镇居民人均消费支出与城镇居民人均可支配收入之比为 60.74%，上海市该比值为 67.58%，江苏地区该比值为 59.00%，浙江地区该比值为 61.38%。

表 1-17　2017 年长三角核心区 16 个城市的城镇居民人均消费
支出与城镇居民人均可支配收入之比

地区	城镇居民人均消费支出（元）	城镇居民人均可支配收入（元）	城镇居民人均消费支出与城镇居民人均可支配收入之比（%）
上海市	42 304	62 596	67.58
南京市	31 385	54 538	57.55
无锡市	32 972	52 659	62.61
常州市	28 445	49 955	56.94
苏州市	35 104	58 806	59.69
南通市	26 510	42 756	62.00
扬州市	22 093	38 828	56.90
镇江市	25 637	45 386	56.49
泰州市	23 824	40 059	59.47
江苏地区	28 246	47 873	59.00
杭州市	38 179	56 276	67.84
宁波市	33 197	55 656	59.65
嘉兴市	29 875	53 057	56.31
湖州市	28 962	49 934	58.00
绍兴市	30 879	54 445	56.72
舟山市	32 218	52 516	61.35
台州市	35 809	51 374	69.70
浙江地区	32 731	53 323	61.38
长三角核心区	31 087	51 178	60.74

注：江苏地区、浙江地区和长三角核心区的数据为各地区中各城市的数据平均值。

1.7　农村居民人均消费支出

农村居民人均消费支出指农村常住居民家庭人均用于日常生活的全部开支，是反映和研究农民家庭实际生活消费水平的重要指标。该指标是抽样调查数据。

表 1-18 展示了 2000～2017 年长三角核心区 16 个城市的农村居民人均消费支出。在空间维度上，各城市间的农村居民人均消费支出差距较为明显；在时间维度上，各城市的农村居民人均消费支出总体上稳步增长。

表 1-18　2000～2017 年长三角核心区 16 个城市的

农村居民人均消费支出　　　　　　（单位：元）

城市	2000 年	2001 年	2002 年	2003 年	2004 年	2005 年	2006 年	2007 年	2008 年
上海市	4 138	4 753	5 311	5 670	6 329	7 265	8 006	8 845	9 115
南京市	2 498	2 518	2 590	3 153	3 619	4 376	5 512	6 180	7 033
无锡市	3 881	3 934	4 018	4 474	5 056	5 830	6 508	7 177	7 943
常州市	3 243	3 277	3 698	3 953	4 793	5 712	6 518	7 400	8 128
苏州市	4 073	4 127	4 229	4 641	5 436	6 143	6 811	7 623	8 443
南通市	2 897	2 776	2 907	2 976	3 342	3 858	4 313	4 911	5 653
扬州市	2 312	2 396	2 391	2 648	3 034	3 710	4 314	4 945	5 448
镇江市	2 685	2 512	2 643	3 351	3 798	4 374	5 068	5 842	6 580
泰州市	2 695	2 344	2 589	2 606	2 924	3 396	4 046	4 459	5 075
杭州市	3 393	3 909	4 444	5 142	5 608	6 004	6 901	7 568	8 446
宁波市	3 929	4 383	4 508	4 194	6 102	6 623	7 378	8 062	9 174
嘉兴市	3 644	3 978	4 328	4 549	5 082	5 736	6 197	6 894	7 811
湖州市	2 677	2 898	3 226	3 696	4 212	4 821	5 327	6 172	7 046
绍兴市	3 650	3 767	3 960	4 615	5 266	5 765	6 298	7 158	7 877
舟山市	2 957	3 458	3 628	3 892	4 410	5 264	6 196	7 388	8 427
台州市	—	—	—	4 548	4 672	6 010	6 544	7 749	8 466
城市	2009 年	2010 年	2011 年	2012 年	2013 年	2014 年	2015 年	2016 年	2017 年
上海市	9 804	10 225	11 272	12 096	13 425	15 291	16 152	17 071	18 090
南京市	7 588	8 477	9 956	11 114	12 392	12 818	14 041	15 773	17 155
无锡市	8 843	9 924	11 207	12 027	13 563	13 529	14 764	16 567	17 849
常州市	9 354	10 397	12 485	14 381	16 251	15 390	16 761	18 820	20 298
苏州市	8 832	9 790	11 239	12 795	14 147	15 114	16 469	18 463	19 998

续表

城市	2009 年	2010 年	2011 年	2012 年	2013 年	2014 年	2015 年	2016 年	2017 年
南通市	5 930	6 782	7 791	8 714	9 725	11 266	12 316	13 722	14 766
扬州市	7 056	7 848	9 136	10 530	11 995	13 081	14 217	15 925	17 127
镇江市	6 448	7 240	8 510	9 839	10 931	11 051	12 052	13 440	14 637
泰州市	5 657	6 476	8 046	8 990	9 862	10 849	11 844	13 250	14 543
杭州市	9 065	10 267	12 125	13 612	16 021	17 816	19 334	20 563	21 983
宁波市	9 789	9 794	11 253	12 699	13 915	16 228	17 800	19 313	20 239
嘉兴市	8 533	9 274	10 707	12 326	13 443	16 163	17 522	18 864	20 240
湖州市	8 058	9 139	10 093	11 077	12 440	14 836	16 112	17 609	18 665
绍兴市	8 171	9 210	10 073	11 107	13 870	15 632	17 123	17 787	19 216
舟山市	9 221	10 055	12 225	13 755	14 851	16 217	17 615	19 468	20 472
台州市	8 864	9 655	11 332	12 117	13 643	15 307	17 102	18 598	19 929

1.7.1 从数字看形势

2017 年，长三角核心区的农村居民人均消费支出为 18 450 元。其中，上海市的农村居民人均消费支出为 18 090 元，江苏地区的农村居民人均消费支出为 17 047 元，浙江地区的农村居民人均消费支出为 20 106 元。江苏地区各城市的农村居民人均消费支出在 14 543～20 298 元，浙江地区各城市的农村居民人均消费支出在 18 665～21 983 元，如表 1-19 所示。16 个城市中，杭州市以 21 983 元列第一位，泰州市以 14 543元列最后一位。

表 1-19　2017 年长三角核心区 16 个城市的农村居民人均消费支出及增长情况

地区	2000 年农村居民 人均消费支出（元）	2017 年农村居民 人均消费支出（元）	2017 年比 2000 年 增长倍数（倍）	2000～2017 年 年均增长率（%）
上海市	4 138	18 090	3.37	9.06
南京市	2 498	17 155	5.87	12.00
无锡市	3 881	17 849	3.60	9.39
常州市	3 243	20 298	5.26	11.39
苏州市	4 073	19 998	3.91	9.81
南通市	2 897	14 766	4.10	10.05
扬州市	2 312	17 127	6.41	12.50
镇江市	2 685	14 637	4.45	10.49

续表

地区	2000 年农村居民人均消费支出（元）	2017 年农村居民人均消费支出（元）	2017 年比 2000 年增长倍数（倍）	2000～2017 年年均增长率（%）
泰州市	2 695	14 543	4.40	10.42
江苏地区	3 036	17 047	4.62	10.68
杭州市	3 393	21 983	5.48	11.62
宁波市	3 929	20 239	4.15	10.12
嘉兴市	3 644	20 240	4.55	10.61
湖州市	2 677	18 665	5.97	12.10
绍兴市	3 650	19 216	4.26	10.26
舟山市	2 957	20 472	5.92	12.05
台州市	—	19 929	—	—
浙江地区	3 375	20 106	4.96	11.07
长三角核心区	3 245	18 450	4.69	10.76

注：江苏地区、浙江地区和长三角核心区的数据为各地区中各城市的数据平均值。

图 1-19 显示了 2000 年、2010 年、2017 年长三角核心区 16 个城市①的农村居民人均消费支出变化情况。图中显示，长三角核心区 16 个城市的农村居民人均消费支出呈现稳定上升态势。2017 年，杭州市、舟山市、常州市、嘉兴市、宁波市、苏州市列前六位。

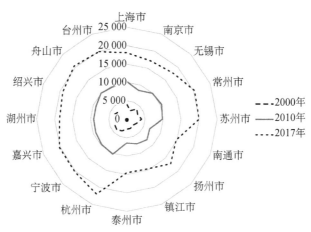

图 1-19　2000 年、2010 年、2017 年长三角核心区 16 个城市的
农村居民人均消费支出变化情况（单位：元）

———————

① 台州市 2000 年数据缺失。

2017 年，长三角核心区的农村居民人均消费支出为 18 450 元。其中，杭州市、舟山市、常州市、嘉兴市、宁波市、苏州市、台州市、绍兴市、湖州市 9 个城市高于平均水平，其余 7 个城市低于平均水平，如图 1-20 所示。

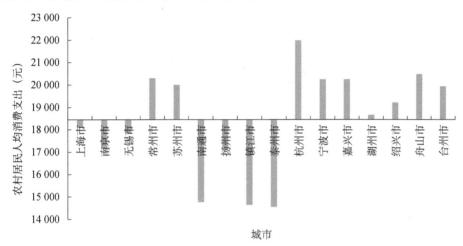

图 1-20　2017 年长三角核心区 16 个城市的农村居民人均消费支出与平均值比较

1.7.2　从增长看发展

进入 2000 年，长三角核心区 16 个城市的农村居民人均消费支出总体呈现稳定增长态势。2000 年，长三角核心区的农村居民人均消费支出为 3245 元，2017 年达到 18 450 元。其中，上海市增长 3.37 倍，年均增长率为 9.06%；江苏地区增长了 4.62 倍，年均增长率为 10.68%；浙江地区增长了 4.96 倍，年均增长率为 11.07%，如表 1-19 所示。2000 年以来，浙江地区的农村居民人均消费支出增速最快，但与江苏地区的增速差距不大，如图 1-21 所示。

2000 年以来，上海市、江苏地区、浙江地区的农村居民人均消费支出呈现稳定增长的格局。2017 年，杭州市的农村居民人均消费支出居首位，是列最后一位的泰州市的 1.51 倍。

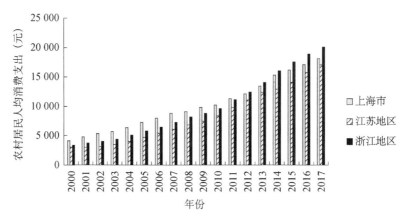

图 1-21　2000～2017 年上海市、江苏地区、浙江地区的农村居民人均消费支出变化情况

1.7.3　从构成看特征

　　长三角核心区 16 个城市的农村居民人均消费支出存在明显差异，但是单纯的总量不能全面地反映一个城市的农村居民人均消费支出的特征，如表 1-18 所示。可通过农村居民人均消费支出与农村居民人均可支配收入之比，从构成的角度衡量不同区域消费支出的现状。表 1-20 表明，2017 年长三角核心区 16 个城市的农村居民人均消费支出与农村居民人均可支配收入之比存在较为显著的差异，其中扬州市、常州市、台州市、泰州市、南京市、杭州市排在前六位。

　　长三角核心区的农村居民人均消费支出与农村居民人均可支配收入之比为 69.34%，上海市该比值为 65.01%，江苏地区该比值为 71.89%，浙江地区该比值为 67.60%。

表 1-20　2017 年长三角核心区 16 个城市的农村居民人均消费
支出与农村居民人均可支配收入之比

地区	农村居民人均消费支出（元）	农村居民人均可支配收入（元）	农村居民人均消费支出与农村居民人均可支配收入之比（%）
上海市	18 090	27 825	65.01
南京市	17 155	23 133	74.16

地区	农村居民人均消费支出（元）	农村居民人均可支配收入（元）	农村居民人均消费支出与农村居民人均可支配收入之比（%）
无锡市	17 849	28 358	62.94
常州市	20 298	25 835	78.57
苏州市	19 998	29 977	66.71
南通市	14 766	20 472	72.13
扬州市	17 127	19 694	86.97
镇江市	14 637	22 724	64.41
泰州市	14 543	19 494	74.60
江苏地区	17 047	23 711	71.89
杭州市	21 983	30 397	72.32
宁波市	20 239	30 871	65.56
嘉兴市	20 240	31 436	64.38
湖州市	18 665	28 999	64.36
绍兴市	19 216	30 331	63.35
舟山市	20 472	30 791	66.49
台州市	19 929	25 369	78.56
浙江地区	20 106	29 742	67.60
长三角核心区	18 450	26 607	69.34

注：江苏地区、浙江地区和长三角核心区的数据为各地区中各城市的数据平均值。

1.8 一般公共预算收入

一般公共预算收入指国家财政参与社会产品分配所取得的收入，是实现国家职能的财力保证。

表 1-21 展示了 2000～2017 年长三角核心区 16 个城市的一般公共预算收入。在空间维度上，各城市间的一般公共预算收入差距较为明显；在时间维度上，各城市的一般公共预算收入总体上稳步增长。

表 1-21　2000～2017 年长三角核心区 16 个城市的

一般公共预算收入　　　　　（单位：亿元）

城市	2000 年	2001 年	2002 年	2003 年	2004 年	2005 年	2006 年	2007 年	2008 年
上海市	497.96	620.24	719.79	899.29	1119.72	1433.90	1600.37	2102.63	2382.34
南京市	92.57	108.48	115.60	136.48	169.88	211.07	246.44	330.19	386.56
无锡市	55.85	75.10	78.99	104.34	135.28	181.68	220.89	300.58	365.43
常州市	32.25	42.09	46.19	56.67	67.34	94.99	118.88	158.07	185.19
苏州市	80.39	108.81	123.74	170.50	219.57	316.78	400.23	541.82	668.91
南通市	28.45	35.29	38.73	48.81	52.59	71.99	92.53	127.70	159.59
扬州市	16.34	20.51	23.16	28.60	38.14	49.55	63.02	85.69	104.83
镇江市	17.40	21.10	23.01	28.60	35.90	47.14	60.12	80.26	85.66
泰州市	20.67	20.67	21.90	26.57	34.07	46.91	61.07	84.15	99.26
杭州市	69.19	104.28	118.32	150.39	209.24	250.46	301.39	391.62	455.35
宁波市	64.35	99.11	111.84	139.41	179.92	212.38	257.38	329.12	390.39
嘉兴市	40.17	53.53	72.51	92.72	113.63	135.14	165.11	209.44	252.13
湖州市	9.89	16.34	18.63	25.26	32.23	39.73	49.79	61.68	71.61
绍兴市	24.54	35.59	39.62	50.48	63.57	76.13	94.55	122.12	143.60
舟山市	6.23	7.98	9.01	11.39	14.49	18.21	24.26	35.06	43.15
台州市	26.15	38.81	43.11	52.70	62.60	72.33	86.11	108.86	126.05
城市	2009 年	2010 年	2011 年	2012 年	2013 年	2014 年	2015 年	2016 年	2017 年
上海市	2540.30	2873.58	3429.83	3743.71	4109.51	4585.55	5519.50	6406.13	6642.26
南京市	434.51	518.80	635.00	733.02	831.31	903.49	1020.03	1142.60	1271.91
无锡市	415.91	511.89	615.00	658.03	710.91	768.01	830.00	875.00	930.00
常州市	215.89	286.18	350.68	378.99	408.88	433.88	466.28	480.29	518.81
苏州市	745.18	900.55	1100.88	1204.33	1331.03	1443.82	1560.76	1730.04	1908.10
南通市	198.99	290.81	373.69	419.72	485.88	550.00	625.64	590.18	590.60
扬州市	128.08	167.78	218.08	225.00	259.26	295.19	336.75	345.30	320.18
镇江市	101.57	138.10	181.90	215.48	254.52	277.76	302.85	293.01	284.34
泰州市	138.62	170.80	218.00	223.62	251.28	277.95	316.56	321.18	335.52
杭州市	520.79	671.34	785.15	859.99	945.20	1027.32	1233.88	1402.38	1567.42
宁波市	432.80	530.93	657.55	725.50	792.81	860.61	1006.41	1114.54	1245.29
嘉兴市	279.36	334.33	416.00	471.92	517.49	568.09	638.80	673.37	769.31
湖州市	80.01	97.27	122.12	138.55	154.66	167.84	191.31	211.18	237.43
绍兴市	160.43	193.23	239.69	265.76	293.07	317.27	362.89	390.30	431.36
舟山市	48.78	61.04	76.48	85.56	92.63	101.02	112.72	120.32	125.76
台州市	136.02	164.88	200.12	220.42	274.73	265.21	298.02	343.28	382.25

1.8.1 从数字看形势

2017 年，长三角核心区一般公共预算收入为 17 560.54 亿元。其中，上海市为 6642.26 亿元，占比为 37.82%；江苏地区为 6159.46 亿元，占比为 35.08%；浙江地区为 4758.82 亿元，占比为 27.10%，如表 1-22 所示。16 个城市中，上海市以 6642.26 亿元列第一位，舟山市以 125.76 亿元列最后一位。江苏地区 8 个城市的一般公共预算收入占长三角核心区的 1/3 强，其中苏州市一般公共预算收入最多，占比为 10.87%。

表 1-22　2000 年、2017 年长三角核心区 16 个城市的一般公共预算收入及增长情况

地区	2000 年一般公共预算收入		2017 年一般公共预算收入		2017 年比 2000 年增长倍数（倍）	2000～2017 年年均增长率（%）
	总额（亿元）	占比（%）	总额（亿元）	占比（%）		
上海市	497.96	46.01	6 642.26	37.82	12.34	16.46
南京市	92.57	8.55	1 271.91	7.24	12.74	16.66
无锡市	55.85	5.16	930.00	5.30	15.65	17.99
常州市	32.25	2.98	518.81	2.95	15.09	17.75
苏州市	80.39	7.43	1 908.10	10.87	22.74	20.48
南通市	28.45	2.63	590.60	3.36	19.76	19.53
扬州市	16.34	1.51	320.18	1.82	18.59	19.13
镇江市	17.40	1.61	284.34	1.62	15.34	17.86
泰州市	20.67	1.91	335.52	1.91	15.23	17.81
江苏地区	343.92	31.77	6 159.46	35.08	16.91	18.50
杭州市	69.19	6.39	1 567.42	8.93	21.65	20.15
宁波市	64.35	5.94	1 245.29	7.09	18.35	19.04
嘉兴市	40.17	3.71	769.31	4.38	18.15	18.97
湖州市	9.89	0.91	237.43	1.35	23.01	20.56
绍兴市	24.54	2.27	431.36	2.46	16.58	18.37
舟山市	6.23	0.57	125.76	0.72	19.19	19.34
台州市	26.15	2.42	382.25	2.18	13.62	17.09
浙江地区	240.52	22.22	4 758.82	27.10	18.79	19.19
长三角核心区	1 082.40	100.00	17 560.54	100.00	15.22	17.81

图 1-22 显示了 2000 年、2010 年、2017 年长三角核心区 16 个城市的一般公共预

算收入变化情况。图中显示，长三角核心区 16 个城市的一般公共预算收入总体呈现稳定增长态势。2017 年，上海市、苏州市、杭州市、南京市、宁波市、无锡市列前六位。

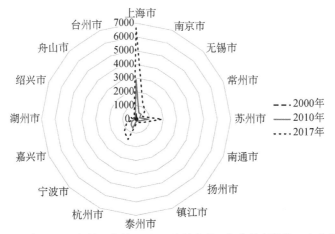

图 1-22　2000 年、2010 年、2017 年长三角核心区 16 个城市的一般公共预算收入变化情况（单位：亿元）

2017 年，长三角核心区 16 个城市的平均一般公共预算收入为 1097.53 亿元。其中，上海市、苏州市、杭州市、南京市、宁波市 5 个城市高于平均水平，其余 11 个城市低于平均水平，如图 1-23 所示。高于平均水平的 5 个城市的一般公共预算收入达到了 12 634.98 亿元，占长三角核心区一般公共预算收入总和的 71.95%。

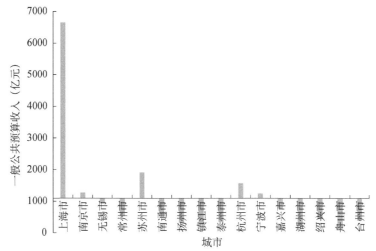

图 1-23　2017 年长三角核心区 16 个城市的一般公共预算收入与平均值比较

1.8.2 从增长看发展

进入 2000 年，长三角核心区的一般公共预算收入呈现稳定增长态势。2000 年，长三角核心区一般公共预算收入为 1082.40 亿元，2017 年达到 17 560.54 亿元。其中，上海市增长了 12.34 倍，年均增长率为 16.46%，高于同期其地区生产总值年均增长率；江苏地区增长了 16.91 倍，年均增长率为 18.50%，高于同期其地区生产总值年均增长率；浙江地区增长了 18.79 倍，年均增长率为 19.19%，高于同期其地区生产总值年均增长率，如表 1-22 所示。其中，浙江地区增速最快，江苏地区次之，上海市增速略慢，如图 1-24 所示。

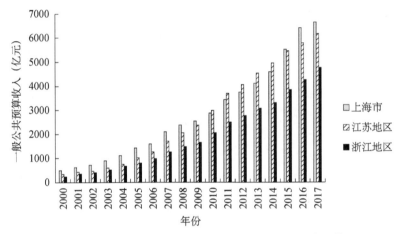

图 1-24　2000～2017 年上海市、江苏地区、浙江地区的一般公共预算收入变化情况

2000～2017 年，上海市、江苏地区、浙江地区的一般公共预算收入均呈现稳定增长格局。2017 年，上海市的一般公共预算收入远高于其他 15 个城市，是列最后一位的舟山市的 52.82 倍，这一差距远大于其地区生产总值的差距。

1.8.3 从人均看特征

长三角核心区 16 个城市的一般公共预算收入存在显著差异，而单纯的总量不能全面地反映一个城市的一般公共预算收入全貌，如表 1-21 所示。可通过人均一般公共预算收入来衡量一个城市的预算收入。表 1-23 表明，2017 年长三角核心区 16 个城市的人均一般公共预算收入存在较为显著的差异，其中，上海市、苏州市、杭州市、嘉兴市、宁波市、南京市排在前六位。上海市人均一般公共预算收入最高，达到了 27 466.65 元；台州市人均一般公共预算收入最低，为 6247.96 元。长三角核心区人均一般公共预算收入为 15 743.29 元。其中，上海市人均一般公共预算收入为 27 466.65 元，江苏地区人均一般公共预算收入为 12 333.72 元，浙江地区人均一般公共预算收入为 12 717.32 元。上海市人均一般公共预算收入是江苏地区、浙江地区的 2 倍以上。

表 1-23　2017 年长三角核心区 16 个城市的人均一般公共预算收入

地区	一般公共预算收入（亿元）	常住人口（万人）	人均一般公共预算收入（元）
上海市	6 642.26	2 418.3	27 466.65
南京市	1 271.91	833.5	15 259.87
无锡市	930.00	655.3	14 191.97
常州市	518.81	471.7	10 998.73
苏州市	1 908.10	1 068.4	17 859.42
南通市	590.60	730.5	8 084.87
扬州市	320.18	450.8	7 102.48
镇江市	284.34	318.6	8 924.67
泰州市	335.52	465.2	7 212.38
江苏地区	6 159.46	4 994.0	12 333.72
杭州市	1 567.42	946.8	16 554.92
宁波市	1 245.29	800.5	15 556.40
嘉兴市	769.31	465.6	16 522.98
湖州市	237.43	299.5	7 927.55
绍兴市	431.36	501.0	8 609.98
舟山市	125.76	116.8	10 767.12
台州市	382.25	611.8	6 247.96
浙江地区	4 758.82	3 742.0	12 717.32
长三角核心区	17 560.54	11 154.3	15 743.29

1.9 一般公共预算支出

一般公共预算支出指国家财政将筹集起来的资金进行分配使用，以满足经济建设和各项事业的需要。其主要包括：一般公共服务、外交、国防、公共安全、教育、科学技术、文化体育与传媒、社会保障和就业、医疗卫生与计划生育、节能环保、城乡社区、农林水、交通运输、资源勘探信息、商业服务业、金融、援助其他地区、国土海洋气象、住房保障、粮油物资储备、债务付息、债务发行费用等方面的支出。财政支出根据政府在经济和社会活动中的不同职权，划分为中央财政支出和地方财政支出。

表 1-24 展示了 2000～2017 年长三角核心区 16 个城市的一般公共预算支出。在空间维度上，各城市间的一般公共预算支出差距较为明显；在时间维度上，各城市的一般公共预算支出稳步增长。

表 1-24　2000～2017 年长三角核心区 16 个城市的

一般公共预算支出　（单位：亿元）

城市	2000 年	2001 年	2002 年	2003 年	2004 年	2005 年	2006 年	2007 年	2008 年
上海市	622.84	726.38	877.84	1102.64	1395.69	1660.32	1813.80	2201.92	2617.68
南京市	101.29	117.43	161.46	210.47	191.68	231.35	262.46	342.94	404.92
无锡市	52.81	71.04	84.22	109.36	143.10	182.89	213.40	270.82	332.50
常州市	31.82	41.15	51.82	63.04	75.66	97.85	117.70	154.64	183.76
苏州市	78.11	110.36	136.39	183.60	233.13	335.28	386.20	496.94	619.55
南通市	34.03	42.66	50.65	62.04	75.65	89.56	112.62	147.71	194.14
扬州市	23.00	28.30	32.70	40.20	49.22	62.22	75.64	96.71	121.57
镇江市	20.22	24.43	28.67	36.66	44.13	52.18	65.08	80.95	95.13
泰州市	25.40	28.58	34.76	40.62	49.49	62.64	77.83	103.15	120.95
杭州市	73.43	104.93	141.02	163.59	195.63	238.33	275.48	335.72	419.67
宁波市	83.91	116.28	145.26	180.26	215.95	264.77	292.70	371.04	439.41
嘉兴市	21.52	31.07	38.54	47.24	59.72	73.45	86.35	107.42	135.92
湖州市	13.25	19.23	24.34	30.47	36.51	44.08	55.93	68.82	86.42

续表

城市	2000 年	2001 年	2002 年	2003 年	2004 年	2005 年	2006 年	2007 年	2008 年
绍兴市	25.76	37.37	45.16	57.05	64.50	80.04	95.49	113.76	144.09
舟山市	11.48	15.84	19.99	23.09	28.93	31.94	40.82	56.52	76.78
台州市	33.19	42.86	55.64	68.88	79.28	88.09	104.00	126.93	153.81

城市	2009 年	2010 年	2011 年	2012 年	2013 年	2014 年	2015 年	2016 年	2017 年
上海市	2989.65	3302.89	3914.88	4187.02	4528.61	4923.44	6191.56	6918.94	7547.62
南京市	461.27	542.18	666.21	769.66	850.91	921.20	1045.57	1173.84	1354.09
无锡市	405.61	488.68	592.67	648.61	711.49	748.06	821.86	867.36	987.66
常州市	218.75	281.44	361.81	391.22	417.90	434.93	485.33	508.11	551.55
苏州市	686.78	825.68	1002.63	1113.47	1212.68	1304.83	1527.17	1617.11	1771.47
南通市	237.47	316.75	419.45	513.01	576.41	649.68	748.97	749.22	810.08
扬州市	159.01	201.68	264.37	284.80	319.28	367.73	442.78	478.97	507.64
镇江市	121.32	159.07	202.90	235.25	286.23	311.85	348.73	362.94	386.64
泰州市	172.93	215.73	262.02	300.90	343.81	371.21	429.90	448.93	475.79
杭州市	490.40	616.58	747.51	786.28	855.74	961.18	1205.48	1404.31	1540.92
宁波市	506.08	600.74	750.72	828.44	939.89	1000.86	1252.64	1289.26	1410.60
嘉兴市	161.11	199.06	240.61	260.70	303.36	334.90	424.13	442.19	494.70
湖州市	108.51	127.12	151.73	167.51	167.51	224.57	273.74	288.62	325.02
绍兴市	169.54	221.95	253.31	278.71	312.11	346.44	421.41	456.10	469.83
舟山市	82.74	105.03	148.10	155.22	189.83	188.19	239.65	250.54	258.60
台州市	175.97	222.76	265.53	287.93	329.03	371.47	457.21	514.40	563.10

1.9.1　从数字看形势

2017 年，长三角核心区一般公共预算支出为 19 455.31 亿元。其中，上海市为 7547.62 亿元，占比为 38.79%；江苏地区为 6844.92 亿元，占比为 35.19%；浙江地区为 5062.77 亿元，占比为 26.02%，如表 1-25 所示。16 个城市中，上海市以 7547.62 亿元列第一位，舟山市以 258.60 亿元列最后一位。江苏地区 8 个城市的一般公共预算支出占长三角核心区 1/3 强，其中苏州市一般公共预算支出最多，占比为

9.11%。

表1-25　2000年、2017年长三角核心区16个城市的一般公共预算支出及增长情况

地区	2000年一般公共预算支出		2017年一般公共预算支出		2017年比2000年增长倍数（倍）	2000~2017年年均增长率（%）
	总额（亿元）	占比（%）	总额（亿元）	占比（%）		
上海市	622.84	49.74	7 547.62	38.79	11.12	15.81
南京市	101.29	8.09	1 354.09	6.96	12.37	16.48
无锡市	52.81	4.22	987.66	5.08	17.70	18.80
常州市	31.82	2.54	551.55	2.83	16.33	18.27
苏州市	78.11	6.24	1 771.47	9.11	21.68	20.16
南通市	34.03	2.72	810.08	4.16	22.80	20.50
扬州市	23.00	1.84	507.64	2.61	21.07	19.96
镇江市	20.22	1.61	386.64	1.99	18.12	18.96
泰州市	25.40	2.03	475.79	2.45	17.73	18.81
江苏地区	366.68	29.29	6 844.92	35.19	17.67	18.79
杭州市	73.43	5.86	1 540.92	7.92	19.98	19.61
宁波市	83.91	6.70	1 410.60	7.25	15.81	18.06
嘉兴市	21.52	1.72	494.70	2.54	21.99	20.25
湖州市	13.25	1.06	325.02	1.67	23.53	20.71
绍兴市	25.76	2.06	469.83	2.42	17.24	18.62
舟山市	11.48	0.92	258.60	1.33	21.53	20.11
台州市	33.19	2.65	563.10	2.89	15.97	18.12
浙江地区	262.54	20.97	5 062.77	26.02	18.28	19.01
长三角核心区	1 252.06	100.00	19 455.31	100.00	14.54	17.51

图1-25显示了2000年、2010年、2017年长三角核心区16个城市的一般公共预算支出变化情况。图中显示，长三角核心区16个城市一般公共预算支出呈现稳定增长态势。2017年，上海市、苏州市、杭州市、宁波市、南京市、无锡市列前六位。

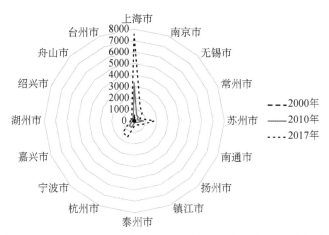

图 1-25　2000 年、2010 年、2017 年长三角核心区 16 个城市的
一般公共预算支出变化情况（单位：亿元）

2017 年，长三角核心区 16 个城市的平均一般公共预算支出为 1215.96 亿元。其中，上海市、苏州市、杭州市、宁波市、南京市 5 个城市高于平均水平，其余 11 个城市低于平均水平，如图 1-26 所示。高于平均水平的 5 个城市的一般公共预算支出达到了 13 624.70 亿元，占长三角核心区一般公共预算支出总和的 70.03%。

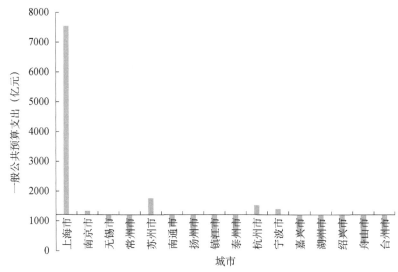

图 1-26　2017 年长三角核心区 16 个城市的一般公共预算支出与平均值比较

1.9.2　从增长看发展

进入 2000 年，长三角核心区一般公共预算支出呈现稳定增长态势。2000 年，长三角核心区一般公共预算支出为 1252.06 亿元，2017 年达到 19 455.31 亿元。其中，上海市增长了 11.12 倍，年均增长率为 15.81%，高于同期其地区生产总值年均增长率；江苏地区增长了 17.67 倍，年均增长率为 18.79%，高于同期其地区生产总值年均增长率；浙江地区增长了 18.28 倍，年均增长率为 19.01%，高于同期其地区生产总值年均增长率，如表 1-25 所示。浙江地区增速最快，江苏地区次之，上海市增速略慢，如图 1-27 所示。

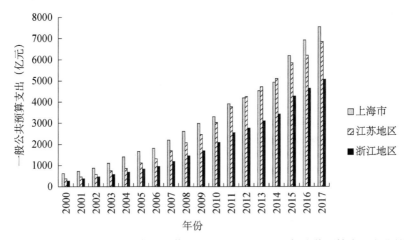

图 1-27　2000～2017 年上海市、江苏地区、浙江地区的一般公共预算支出变化情况

2000～2017 年，上海市、江苏地区、浙江地区的一般公共预算支出均呈现稳定增长格局。2017 年，上海市一般公共预算支出远高于其他 15 个城市，其一般公共预算支出是列最后一位的舟山市的 29.19 倍，这一差距略大于其地区生产总值的差距。

1.9.3　从人均看特征

长三角核心区 16 个城市的一般公共预算支出存在显著差异，单纯的总量不能全面地反映一个城市一般公共预算支出的全貌，如表 1-24 所示。可通过人均一般公共预算支出来衡量一个城市的预算支出情况。表 1-26 表明，2017 年长三角核心区 16 个城市的人均一般公共预算支出存在较为显著的差异，其中上海市、舟山市、宁波市、苏州市、杭州市、南京市排在前六位。

上海市的人均一般公共预算支出最高，达到了 31 210.44 元；台州市的人均一般公共预算支出最低，为 9203.99 元。长三角核心区的人均一般公共预算支出为 17 441.98 元。其中，上海市的人均一般公共预算支出为 31 210.44 元，江苏地区的人均一般公共预算支出为 13 706.29 元，浙江地区的人均一般公共预算支出为 13 529.58 元。上海市的人均一般公共预算支出是江苏地区、浙江地区的 2 倍以上。

表 1-26　2017 年长三角核心区 16 个城市的人均一般公共预算支出

地区	一般公共预算支出（亿元）	常住人口（万人）	人均一般公共预算支出（元）
上海市	7 547.62	2 418.3	31 210.44
南京市	1 354.09	833.5	16 245.83
无锡市	987.66	655.3	15 071.88
常州市	551.55	471.7	11 692.81
苏州市	1 771.47	1 068.4	16 580.59
南通市	810.08	730.5	11 089.39
扬州市	507.64	450.8	11 260.87
镇江市	386.64	318.6	12 135.59
泰州市	475.79	465.2	10 227.64
江苏地区	6 844.92	4 994.0	13 706.29
杭州市	1 540.92	946.8	16 275.03
宁波市	1 410.60	800.5	17 621.49
嘉兴市	494.70	465.6	10 625.00
湖州市	325.02	299.5	10 852.09
绍兴市	469.83	501.0	9 377.84
舟山市	258.60	116.8	22 140.41
台州市	563.10	611.8	9 203.99
浙江地区	5 062.77	3 742.0	13 529.58
长三角核心区	19 455.31	11 154.3	17 441.98

2 文化产业增加值、文化娱乐消费、文化体育与传媒支出

2.1 文化及相关产业增加值①

文化及相关产业（简称文化产业）是指为社会公众提供文化产品和文化相关产品的生产活动的集合。文化产业增加值是指一个国家（或地区）所有常住单位在一定时期内进行文化及相关产业生产活动的最终成果。常住单位是指在我国的经济领土上具有经济利益中心的经济单位。生产是指在机构单位的控制和组织下，利用劳动、资本、货物和服务投入，创造新的货物和服务产出的活动。

表 2-1 展示了 2012～2017 年长三角核心区 16 个城市的文化产业增加值。在空间维度上，各城市间的文化产业增加值差距较为明显；在时间维度上，各城市的文化产业增加值总体上稳定增长。

表 2-1　2012～2017 年长三角核心区 16 个城市的
文化产业增加值　（单位：亿元）

城市	2012 年	2013 年	2014 年	2015 年	2016 年	2017 年
上海市	1283.9	1388.0	1510.3	1632.7	1861.7	2081.4
南京市	366.7	449.2	512.5	572.2	629.9	703.1
无锡市	295.0	321.5	332.3	360.6	394.3	450.3
常州市	196.8	231.0	279.2	306.1	341.5	383.8
苏州市	599.1	693.9	774.1	839.2	908.3	1007.8
南通市	142.5	203.5	262.7	295.1	332.2	391.9
扬州市	114.7	130.9	149.1	163.3	189.4	217.7
镇江市	130.0	151.2	169.0	185.6	207.6	207.4
泰州市	64.0	85.4	97.7	119.6	135.9	165.5
杭州市	483.6	591.6	684.4	880.4	1249.3	1557.3
宁波市	274.0	314.4	339.4	362.3	460.3	515.3
嘉兴市	118.8	132.6	156.8	158.9	203.1	226.0
湖州市	59.9	71.4	83.3	93.9	118.4	112.0

---

① 江苏地区采用统一标准来统计各城市文化及相关产业增加值数据始于 2012 年。浙江地区文化及相关产业统计口径与上海市和江苏地区有所不同，具体见《浙江省文化及相关特色产业行业类别（试行）》。

续表

城市	2012 年	2013 年	2014 年	2015 年	2016 年	2017 年
绍兴市	134.4	152.8	177.9	198.5	253.2	264.2
舟山市	32.4	35.9	37.2	44.3	54.6	61.7
台州市	115.9	128.5	150.7	156.5	177.4	194.1

2.1.1 从数字看形势

2017 年,长三角核心区文化产业增加值为 8539.5 亿元。其中,上海市为 2081.4 亿元,占比为 24.37%;江苏地区为 3527.5 亿元,占比为 41.31%;浙江地区为 2930.6 亿元,占比为 34.32%,如表 2-2 所示。16 个城市中,上海市以 2081.4 亿元列第一位,舟山市以 61.7 亿元列最后一位。江苏地区 8 个城市的文化产业增加值占长三角核心区的 41.31%,其中苏州市文化产业增加值最多,占比为 11.8%。

表 2-2 2012 年、2017 年长三角核心区 16 个城市的文化产业增加值及增长情况

地区	2012 年文化产业增加值		2017 年文化产业增加值		2017 年比 2012 年增长倍数(倍)	2012～2017 年年均增长率(%)
	总额(亿元)	占比(%)	总额(亿元)	占比(%)		
上海市	1283.9	29.10	2081.4	24.37	0.62	10.15
南京市	366.7	8.31	703.1	8.23	0.92	13.90
无锡市	295.0	6.69	450.3	5.27	0.53	8.83
常州市	196.8	4.46	383.8	4.50	0.95	14.29
苏州市	599.1	13.58	1007.8	11.80	0.68	10.96
南通市	142.5	3.23	391.9	4.59	1.75	22.43
扬州市	114.7	2.60	217.7	2.55	0.90	13.67
镇江市	130.0	2.95	207.4	2.43	0.60	9.79
泰州市	64.0	1.45	165.5	1.94	1.59	20.93
江苏地区	1908.8	43.27	3527.5	41.31	0.85	13.07
杭州市	483.6	10.96	1557.3	18.24	2.22	26.35
宁波市	274.0	6.21	515.3	6.04	0.88	13.46
嘉兴市	118.8	2.69	226.0	2.65	0.90	13.73
湖州市	59.9	1.36	112.0	1.31	0.87	13.33

续表

| 地区 | 2012 年文化产业增加值 | | 2017 年文化产业增加值 | | 2017 年比 2012 年增长倍数（倍） | 2012～2017 年年均增长率（%） |
	总额（亿元）	占比（%）	总额（亿元）	占比（%）		
绍兴市	134.4	3.05	264.2	3.09	0.97	14.47
舟山市	32.4	0.73	61.7	0.72	0.90	13.75
台州市	115.9	2.63	194.1	2.27	0.67	10.86
浙江地区	1219.0	27.63	2930.6	34.32	1.40	19.18
长三角核心区	4411.7	100.00	8539.5	100.00	0.94	14.12

图 2-1 显示了 2012 年、2015 年、2017 年长三角核心区 16 个城市的文化产业增加值变化情况。图中显示，各城市文化产业增加值呈现稳定增长态势，未出现下滑的城市。2017 年，上海市、杭州市、苏州市、南京市、宁波市、无锡市列前六位。

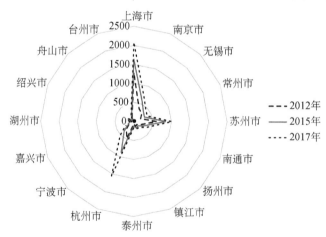

图 2-1 2012 年、2015 年、2017 年长三角核心区 16 个城市的
文化产业增加值变化情况（单位：亿元）

2017 年，长三角核心区 16 个城市的平均文化产业增加值为 533.72 亿元。其中，上海市、杭州市、苏州市、南京市高于平均水平，其余 12 个城市低于平均水平，如图 2-2 所示。高于平均水平的 4 个城市的文化产业增加值达到了 5349.6 亿元，占长三角核心区文化产业增加值总和的 62.65%。

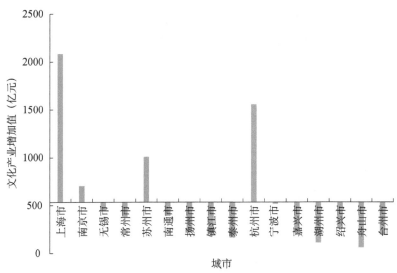

图 2-2　2017 年长三角核心区 16 个城市的文化产业增加值与平均值比较

2.1.2　从增速看发展

2012～2017 年，长三角核心区的文化产业增加值呈现不断上升的趋势。2012 年，长三角核心区的文化产业增加值为 4411.7 亿元，2017 年达到了 8539.5 亿元。其中，上海市年均增长率为 10.15%，江苏地区年均增长率为 13.07%，浙江地区年均增长率为 19.18%，如表 2-2 所示。浙江地区增长最快，江苏地区增速和上海市增速接近，如图 2-3 所示。

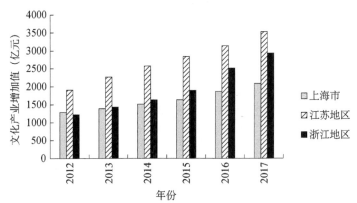

图 2-3　2012～2017 年上海市、江苏地区、浙江地区的文化产业增加值变化情况

2012 年以来，上海市、江苏地区、浙江地区的文化产业增加值呈现稳定增长的格局。上海市文化产业增加值稳居长三角核心区各城市首位，2017 年上海市文化产业增加值是列最后一位的舟山市的 33.73 倍。

2.1.3　从构成看特征

长三角核心区 16 个城市的文化产业增加值存在显著差异，单纯的总量不能全面地反映一个城市文化产业发展的特征，如表 2-1 所示。可通过文化产业增加值占地区生产总值比重和文化产业从业人员人均文化产业增加值（简称人均文化产业增加值），从构成的角度来衡量一个城市文化产业发展的潜力。表 2-3 表明，2017 年长三角核心区 16 个城市的文化产业增加值占地区生产总值比重和人均文化产业增加值存在较为显著的差异。

在文化产业增加值占地区生产总值比重方面，超过 5% 的有杭州市、上海市、南京市、苏州市、常州市、宁波市、绍兴市、嘉兴市、镇江市、南通市、舟山市 11 个城市。杭州市的文化产业增加值占地区生产总值比重最高，为 12.40%，泰州市的文化产业增加值占地区生产总值比重最低，为 3.49%。长三角核心区的文化产业增加值占地区生产总值比重为 6.18%。其中，上海市的文化产业增加值占地区生产总值比重为 6.79%，江苏地区的文化产业增加值占地区生产总值比重为 5.21%，浙江地区的文化产业增加值占地区生产总值比重为 7.34%。

在人均文化产业增加值方面，舟山市、杭州市、镇江市、绍兴市、台州市、嘉兴市排在前六位。舟山市人均文化产业增加值最高，为 257.6 万元；常州市人均文化产业增加值最低，为 26.1 万元。长三角核心区人均文化产业增加值为 45.5 万元。其中，上海市人均文化产业增加值为 47.5 万元，江苏地区人均文化产业增加值为 35.1 万元，浙江地区人均文化产业增加值为 67.3 万元。

表 2-3　2017 年长三角核心区 16 个城市的文化产业增加值占地区生产总值
比重和人均文化产业增加值

地区	文化产业增加值（亿元）	地区生产总值（亿元）	规模以上文化产业从业人员（人）	文化产业增加值占地区生产总值比重（%）	人均文化产业增加值（万元）
上海市	2 081.4	30 633.0	437 806	6.79	47.5
南京市	703.1	11 715.1	242 305	6.00	29.0

续表

地区	文化产业增加值（亿元）	地区生产总值（亿元）	规模以上文化产业从业人员（人）	文化产业增加值占地区生产总值比重（%）	人均文化产业增加值（万元）
无锡市	450.3	10 511.8	100 194	4.28	44.9
常州市	383.8	6 618.4	147 211	5.80	26.1
苏州市	1 007.8	17 319.5	300 646	5.82	33.5
南通市	391.9	7 734.6	94 857	5.07	41.3
扬州市	217.7	5 064.9	51 583	4.30	42.2
镇江市	207.4	4 010.4	32 696	5.17	63.4
泰州市	165.5	4 744.5	34 735	3.49	47.6
江苏地区	3 527.5	67 719.2	1 004 227	5.21	35.1
杭州市	1 557.3	12 556.2	154 885	12.40	100.5
宁波市	515.3	9 846.9	125 561	5.23	41.0
嘉兴市	226.0	4 355.2	46 375	5.19	48.7
湖州市	112.0	2 476.1	23 256	4.52	48.2
绍兴市	264.2	5 078.4	43 389	5.20	60.9
舟山市	61.7	1 219.8	2 395	5.06	257.6
台州市	194.1	4 407.4	39 738	4.40	48.8
浙江地区	2 930.6	39 940.0	435 599	7.34	67.3
长三角核心区	8 539.5	138 292.2	1 877 632	6.18	45.5

2.2　城镇居民人均教育文化娱乐消费支出①

　　教育文化娱乐指用于教育、文化和娱乐方面的支出。城镇居民人均教育文化娱乐消费支出反映的是按照城镇居民常住人口平均的教育文化娱乐消费水平。该指标是抽样调查数据。

---

　　①　2013 年及以后采用城乡一体化住户收支与生活状况调查。根据城乡一体化住户收支与生活状况调查，新口径的城镇和农村居民人均可支配收入等数据的覆盖人群主要变化有以下几方面：一是计算城镇居民人均可支配收入时，分母包括了在城镇地区常住的农民工，计算农村居民人均可支配收入时，分母不包括在城镇地区常住的农民工；二是由本户供养的在外大学生视为常住人口。新口径的城镇居民和农村居民人均可支配收入及消费等指标口径变化主要是：计算城镇居民和农村居民人均可支配收入和消费支出时，包括了自有住房折算租金。

表 2-4 展示了 2000～2017 年长三角核心区 16 个城市的城镇居民人均教育文化娱乐消费支出。在空间维度上，各城市间的差距较为明显；在时间维度上，各城市的城镇居民人均教育文化娱乐消费支出总体上稳定增长。

表 2-4　2000～2017 年长三角核心区 16 个城市的城镇居民

人均教育文化娱乐消费支出　　　　　　　　（单位：元）

城市	2000 年	2001 年	2002 年	2003 年	2004 年	2005 年	2006 年	2007 年	2008 年
上海市	1287	1422	1668	1834	2195	2273	2432	2654	2875
南京市	963	992	967	1126	1198	1745	2158	2528	2557
无锡市	956	1033	1077	1251	1290	1515	1568	1678	1521
常州市	827	721	1394	1411	1387	1481	1637	1657	2020
苏州市	911	954	1197	1268	1502	1676	1927	2118	2219
南通市	622	781	998	976	1199	1298	1304	1663	1257
扬州市	602	618	699	837	938	1083	1291	1566	2115
镇江市	767	833	805	1111	1153	982	1438	1920	1769
泰州市	—	—	560	550	698	1057	1002	1169	1321
杭州市	1079	1269	1461	1518	1717	1970	2011	1690	1782
宁波市	—	—	1544	1498	1769	1874	2080	2304	2404
嘉兴市	881	1042	1142	1394	1470	1658	1824	2031	2245
湖州市	662	776	1238	1244	1324	1457	1534	1771	1827
绍兴市	1347	1101	1503	1644	1681	2089	2008	2332	2442
舟山市	827	978	1202	1256	1482	1512	1677	2012	2097
台州市	937	1197	1478	1417	2246	2298	2315	2162	2165
城市	2009 年	2010 年	2011 年	2012 年	2013 年	2014 年	2015 年	2016 年	2017 年
上海市	3139	3363	3746	3724	4122	4931	4046	4534	5087
南京市	2683	3138	3680	4290	3521	4058	4698	5311	5752
无锡市	1942	2540	3018	3536	2824	3139	3535	3923	4220
常州市	2222	2590	2953	3214	2679	3045	3387	3848	4275
苏州市	2933	3163	3836	4567	3408	3920	4401	4728	5251
南通市	2169	2358	2675	3048	2055	2270	2536	2827	3347
扬州市	2136	2334	2708	3065	2735	2969	3204	3328	3513
镇江市	1754	1654	2131	2870	2389	2628	2890	3227	3510
泰州市	1368	2197	2396	2745	1861	2110	2379	2651	2919

续表

城市	2009 年	2010 年	2011 年	2012 年	2013 年	2014 年	2015 年	2016 年	2017 年
杭州市	1957	2089	2614	2976	2934	2990	3141	3815	4346
宁波市	2759	2962	3028	3203	3741	3064	3455	4040	4477
嘉兴市	2217	2532	2851	2862	2125	2394	2732	2810	3195
湖州市	2067	2334	2424	2443	2382	2446	2793	3086	1290
绍兴市	2615	2812	2851	3233	2546	2757	3027	3138	4256
舟山市	2029	2011	2102	2542	2934	—	—	—	3666
台州市	2485	3055	3319	3506	3811	2084	2372	2631	2968

2.2.1 从数字看形势

2017 年，长三角核心区 16 个城市的城镇居民人均教育文化娱乐消费支出在 1290～5752 元。其中，南京市以 5752 元居第一位，湖州市以 1290 元列最后一位，南京市是湖州市的 4.46 倍。上海市的城镇居民人均教育文化娱乐消费支出为 5087 元；江苏地区各城市的城镇居民人均教育文化娱乐消费支出在 2919～5752 元；浙江地区各城市的城镇居民人均教育文化娱乐消费支出在 1290～4477 元，如表 2-5 所示。

表 2-5 2002 年、2017 年长三角核心区 16 个城市的城镇居民人均教育
文化娱乐消费支出及增长情况[①]

地区	2002 年城镇居民人均文化娱乐消费支出（元）	2017 年城镇居民人均教育文化娱乐消费支出（元）	2017 年比 2002 年增长倍数（倍）	2002～2017 年年均增长率（%）
上海市	1668	5087	2.05	7.72
南京市	967	5752	4.95	12.62
无锡市	1077	4220	2.92	9.53
常州市	1394	4275	2.07	7.76
苏州市	1197	5251	3.39	10.36
南通市	998	3347	2.35	8.40
扬州市	699	3513	4.03	11.36
镇江市	805	3510	3.36	10.31

---

① 泰州市和宁波市 2000 年、2001 年数据缺失，故对比时间段为 2002～2017 年。

续表

地区	2002年城镇居民人均文化娱乐消费支出（元）	2017年城镇居民人均教育文化娱乐消费支出（元）	2017年比2002年增长倍数（倍）	2002~2017年年均增长率（%）
泰州市	560	2919	4.21	11.64
江苏地区	962	4098	3.26	10.14
杭州市	1461	4346	1.97	7.54
宁波市	1544	4477	1.90	7.36
嘉兴市	1142	3195	1.80	7.10
湖州市	1238	1290	0.04	0.27
绍兴市	1503	4256	1.83	7.19
舟山市	1202	3666	2.05	7.72
台州市	1478	2968	1.01	4.76
浙江地区	1367	3457	1.53	6.38
长三角核心区	1183	3880	2.28	8.24

注：江苏地区、浙江地区和长三角核心区的数据为各地区中各城市的数据平均值。

图2-4显示了2002年、2010年、2017年长三角核心区16个城市的城镇居民人均教育文化娱乐消费支出变化情况。图中显示，除了湖州市和台州市外，其他各城市的城镇居民人均教育文化娱乐消费支出均呈现稳定增长态势。2017年，南京市、苏州市、上海市、宁波市、杭州市、常州市列前六位。

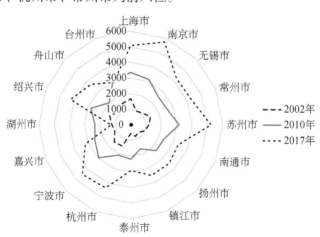

图2-4　2002年、2010年、2017年长三角核心区16个城市的
城镇居民人均教育文化娱乐消费支出变化情况（单位：元）

2017 年，长三角核心区 16 个城市的城镇居民人均教育文化娱乐消费支出为 3880 元，其中，南京市、苏州市、上海市、宁波市、杭州市、常州市、绍兴市、无锡市 8 个城市高于平均水平，其余 8 个城市低于平均水平，如图 2-5 所示。

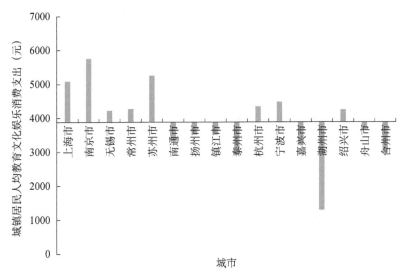

图 2-5　2017 年长三角核心区 16 个城市的城镇居民人均教育文化娱乐消费支出与平均值比较

2.2.2　从增速看发展

由于城镇居民消费自 2013 年起采用新统计口径，我们分别从 2000～2012 年和 2013～2017 年两个时间段观察城镇居民人均教育文化娱乐消费支出的增速情况。2000～2012 年[①]，长三角核心区的城镇居民人均教育文化娱乐消费支出呈现不断上升的趋势。2013～2017 年，江苏地区的城镇居民人均教育文化娱乐消费支出上升趋势明显，浙江地区从 2014 年开始呈上升趋势，上海市在 2015 年出现波动，随后逐步上升，如图 2-6 所示。

在不考虑统计口径变化的情况下（新口径下城镇居民消费下降），长三角核心区的城镇居民人均教育文化娱乐消费支出由 2002 年的 1183 元增长到 2017 年的 3880 元，增长了 2.28 倍，年均增长率为 8.24%。其中，上海市增长了 2.05 倍，年均增长率

---

① 2000 年、2001 年的数据不包括泰州市和宁波市的数据。

为 7.72%；江苏地区增长了 3.26 倍，年均增长率为 10.14%；浙江地区增长了 1.53 倍，年均增长率为 6.38%，如表 2-5 所示。江苏地区的城镇居民人均教育文化娱乐消费支出在统计口径调整的前后两段时间内均呈稳定增长态势；浙江地区的城镇居民人均教育文化娱乐消费支出除在个别年份下降之外，总体呈现增长态势；上海市的城镇居民人均教育文化娱乐消费支出除在 2015 年有明显下降之外，基本呈现不断上升的趋势，如图 2-6 所示。

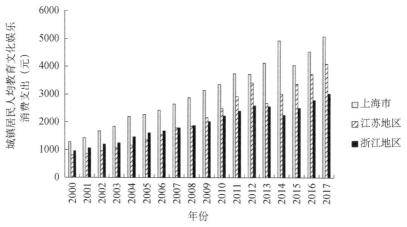

图 2-6　2000～2017 年上海市、江苏地区、浙江地区的城镇
居民人均教育文化娱乐消费支出变化情况

2.2.3　从构成看特征

长三角核心区 16 个城市的城镇居民人均教育文化娱乐消费支出存在明显差异，单纯的总量不能全面地反映一个城市城镇地区文化消费的特征，如表 2-4 所示。可通过城镇居民人均教育文化娱乐消费支出与城镇居民人均消费支出之比，从构成的角度来衡量不同区域间文化消费的特征。表 2-6 表明，2017 年长三角核心区 16 个城市的城镇居民人均教育文化娱乐消费支出与城镇居民人均消费支出之比存在较为显著的差异，其中南京最高，湖州最低。从区域来看，江苏地区的城镇居民人均教育文化娱乐消费支出与城镇居民人均消费支出之比最高，为 14.5%，上海市该比值为 12.0%，浙江地区该比值为 10.6%。

表 2-6　2017 年长三角核心区 16 个城市的城镇居民人均教育文化娱乐
消费支出与城镇居民人均消费支出之比

地区	城镇居民人均教育文化娱乐消费支出（元）	城镇居民人均消费支出（元）	城镇居民人均教育文化娱乐消费支出与城镇居民人均消费支出之比（%）
上海市	5 087	42 304	12.0
南京市	5 752	31 385	18.3
无锡市	4 220	32 972	12.8
常州市	4 275	28 445	15.0
苏州市	5 251	35 104	15.0
南通市	3 347	26 510	12.6
扬州市	3 513	22 093	15.9
镇江市	3 510	25 637	13.7
泰州市	2 919	23 824	12.3
江苏地区	4 098	28 246	14.5
杭州市	4 346	38 179	11.4
宁波市	4 477	33 197	13.5
嘉兴市	3 195	29 875	10.7
湖州市	1 290	28 962	4.5
绍兴市	4 256	30 879	13.8
舟山市	3 666	32 218	11.4
台州市	2 968	35 809	8.3
浙江地区	3 457	32 731	10.6
长三角核心区	3 880	31 087	12.5

注：江苏地区、浙江地区和长三角核心区的数据为各地区中各城市的数据平均值。

2.3　农村居民人均教育文化娱乐消费支出

　　教育文化娱乐消费支出指用于教育、文化和娱乐方面的支出。农村居民人均教育文化娱乐消费支出就是按照农村居民常住人口平均的教育文化娱乐消费支出。该指标是抽样调查数据。

　　表 2-7 展示了 2000～2017 年长三角核心区 16 个城市的农村居民人均教育文化娱

乐消费支出。在空间维度上，各城市间的农村居民人均教育文化娱乐消费支出差距较为明显；在时间维度上，各城市的农村居民人均教育文化娱乐消费支出总体上稳定增长。

表 2-7　2000～2017 年长三角核心区 16 个城市的农村居民

人均教育文化娱乐消费支出　　　　　　　　　（单位：元）

城市	2000 年	2001 年	2002 年	2003 年	2004 年	2005 年	2006 年	2007 年	2008 年
上海市	559	673	661	676	806	936	920	857	850
南京市	283	271	274	416	540	695	907	1088	1271
无锡市	369	451	515	615	691	875	1020	1153	1217
常州市	—	402	406	535	578	748	889	960	1082
苏州市	335	439	524	593	673	995	1150	1322	1454
南通市	335	302	433	407	455	279	608	814	1026
扬州市	328	312	301	357	393	477	612	748	904
镇江市	—	—	446	538	574	630	826	997	1106
泰州市	272	263	300	363	403	475	550	664	767
杭州市	293	409	460	603	656	735	823	836	828
宁波市	—	452	519	606	698	781	878	931	984
嘉兴市	302	330	431	532	578	685	775	847	942
湖州市	278	321	359	490	559	601	767	834	899
绍兴市	—	—	495	607	719	791	839	900	825
舟山市	283	444	512	605	593	745	811	1117	938
台州市	—	—	—	—	—	—	762	798	778
城市	2009 年	2010 年	2011 年	2012 年	2013 年	2014 年	2015 年	2016 年	2017 年
上海市	943	1012	1139	1088	964	1069	893	1123	1220
南京市	1387	1549	1809	2079	1498	1744	2038	2334	2608
无锡市	1387	1768	2059	2364	1217	1364	1571	1830	2020
常州市	1195	1608	1810	1810	1253	1392	1623	1843	2059
苏州市	1696	1890	2294	2643	1603	1847	2127	2171	2397
南通市	1214	1328	1568	1820	888	1040	1138	1352	1594
扬州市	1031	1217	1409	1585	1413	1621	1786	1949	2052
镇江市	1016	1054	1441	1816	1510	1744	1909	2197	2415
泰州市	1041	1210	1469	1651	984	1093	1230	1396	1575
杭州市	936	934	861	1007	1296	1485	1507	1762	1894
宁波市	1037	939	960	1328	1056	1383	1622	1904	1877
嘉兴市	984	1190	1175	1226	1266	1527	1731	1392	1452

续表

城市	2009 年	2010 年	2011 年	2012 年	2013 年	2014 年	2015 年	2016 年	2017 年
湖州市	1077	1196	1357	1570	1161	1177	1336	1568	1160
绍兴市	846	874	802	851	1050	1479	1638	1708	3149
舟山市	—	1151	1141	1213	1310	—	—	—	—
台州市	850	854	853	778	853	1403	1573	1753	1921

2.3.1 从数字看形势①

2017 年，长三角核心区 15 个城市的农村居民人均教育文化娱乐消费支出在 1160～3149 元。其中，绍兴市以 3149 元居第一位，湖州市以 1160 元列最后一位，绍兴市是湖州市的 2.71 倍。上海市的农村人均教育文化娱乐消费支出为 1220 元。江苏地区各城市的农村居民人均教育文化娱乐消费支出在 1575～2608 元。浙江地区各城市的农村居民人均教育文化娱乐消费支出在 1160～3149 元，如表 2-8 所示。

表 2-8　2002 年、2017 年长三角核心区 15 个城市的农村居民人均
教育文化娱乐消费支出及增长情况

地区	2002 年农村居民人均教育文化娱乐消费支出（元）	2017 年农村居民人均教育文化娱乐消费支出（元）	2017 年比 2002 年增长倍数（倍）	2002～2017 年年均增长率（%）
上海市	661	1220	0.85	4.17
南京市	274	2608	8.52	16.21
无锡市	515	2020	2.92	9.54
常州市	406	2059	4.07	11.43
苏州市	524	2397	3.57	10.67
南通市	433	1594	2.68	9.08
扬州市	301	2052	5.82	13.65
镇江市	446	2415	4.41	11.92
泰州市	300	1575	4.25	11.69
江苏地区	400	2090	4.23	11.65

---

①　江苏地区的农村人均消费统计口径自 2013 年（含）起调整。台州市 2000～2005 年数据缺失。舟山市数据缺失严重，未被纳入 2.3.1～2.3.3 节分析。

续表

地区	2002年农村居民人均教育文化娱乐消费支出（元）	2017年农村居民人均教育文化娱乐消费支出（元）	2017年比2002年增长倍数（倍）	2002～2017年年均增长率（%）
杭州市	460	1894	3.12	9.89
宁波市	519	1877	2.62	8.95
嘉兴市	431	1452	2.37	8.43
湖州市	359	1160	2.23	8.13
绍兴市	495	3149	5.36	13.13
台州市	—	1921	—	—
浙江地区	453	1909	3.21	10.06
长三角核心区	437	1960	3.49	10.52

注：江苏地区、浙江地区和长三角核心区的数据为各地区中各城市的数据平均值。

图 2-7 显示了 2002 年、2010 年、2017 年长三角核心区 15 个城市的农村居民人均教育文化娱乐消费支出变化情况①。图中显示，各城市的农村居民人均教育文化娱乐消费支出总体呈现稳定增长态势，除湖州市外，未出现下降的城市。2017 年，绍兴市、南京市、镇江市、苏州市、常州市、扬州市列前六位。

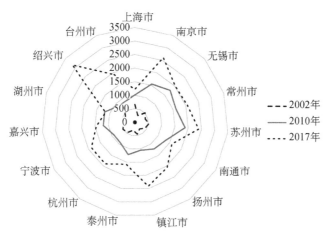

图 2-7　2002 年、2010 年、2017 年长三角核心区 15 个城市的农村居民人均教育文化娱乐消费支出变化情况（单位：元）

---

① 2002 年的数据不包括台州市的数据。

2017 年，长三角核心区 15 个城市的农村居民人均教育文化娱乐消费支出 1960 元。其中，绍兴市、南京市、镇江市、苏州市、常州市、扬州市、无锡市高于平均水平，其余 8 个城市低于平均水平，如图 2-8 所示。

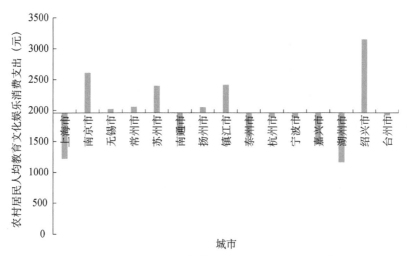

图 2-8　2017 年长三角核心区 15 个城市的农村居民人均教育文化娱乐消费支出与平均值比较

2.3.2　从增速看发展

江苏地区的农村居民人均教育文化娱乐消费支出在统计口径调整的前后两段时间内均呈稳定增长态势；浙江地区的农村居民人均教育文化娱乐消费支出总体呈现增长态势；上海市的农村居民人均教育文化娱乐消费支出波动较为明显，如图 2-9 所示。

在不考虑统计口径变化的情况下，2002 年以来，长三角核心区的农村居民人均教育文化娱乐消费支出呈现不断上升的趋势，由 2002 年的 437 元增长到 2017 年的 1960 元，增长了 3.49 倍，年均增长率为 10.52%。其中，上海市增长了 0.85 倍，年均增长率为 4.17%；江苏地区增长了 4.23 倍，年均增长率为 11.65%；浙江地区增长了 3.21 倍，年均增长率为 10.06%，如表 2-8 所示。

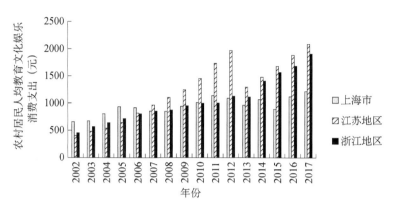

图 2-9　2002～2017 年上海市、江苏地区、浙江地区的农村居民人均教育文化娱乐消费支出变化情况

2.3.3　从构成看特征

　　长三角核心区 15 个城市的农村居民人均教育文化娱乐消费支出存在明显差异，单纯的总量不能全面地反映一个城市文化消费的特征，如表 2-7 所示。可通过农村居民人均教育文化娱乐消费支出与农村居民人均消费支出之比，从构成的角度衡量不同区域间文化消费的特征。表 2-9 表明，2017 年长三角核心区 15 个城市的农村居民人均教育文化娱乐消费支出与农村居民人均消费支出之比存在较为显著的差异。其中，绍兴市最高，湖州市最低。从区域来看，江苏地区的农村居民人均教育文化娱乐消费支出与农村居民人均消费支出之比最高，为 12.3%；浙江地区该比值为9.5%；上海市该比值最低，仅为 6.7%。

表 2-9　2017 年长三角核心区 15 个城市的农村居民人均教育
文化娱乐消费支出与农村居民人均消费支出之比

地区	农村居民人均教育文化娱乐消费支出（元）	农村居民人均消费支出（元）	农村居民人均教育文化娱乐消费支出与农村居民人均消费支出之比（%）
上海市	1 220	18 090	6.7
南京市	2 608	17 155	15.2
无锡市	2 020	17 849	11.3
常州市	2 059	20 298	10.1

地区	农村居民人均教育文化娱乐消费支出（元）	农村居民人均消费支出（元）	农村居民人均教育文化娱乐消费支出与农村居民人均消费支出之比（%）
苏州市	2 397	19 998	12.0
南通市	1 594	14 766	10.8
扬州市	2 052	17 127	12.0
镇江市	2 415	14 637	16.5
泰州市	1 575	14 543	10.8
江苏地区	2 090	17 047	12.3
杭州市	1 894	21 983	8.6
宁波市	1 877	20 239	9.3
嘉兴市	1 452	20 240	7.2
湖州市	1 160	18 665	6.2
绍兴市	3 149	19 216	16.4
台州市	1 921	19 929	9.6
浙江地区	1 909	20 045	9.5
长三角核心区	1 960	18 316	10.7

注：江苏地区、浙江地区和长三角核心区的数据为各地区中各城市的数据平均值。

2.4　文化体育与传媒支出

　　文化体育与传媒支出是指政府在文化、文物、体育、广播影视、新闻出版等方面的支出。我国的文化体育与传媒支出包括文化事业费、文物事业费、体育事业费、广播影视事业费、新闻出版事业费以及其他文化体育与传媒支出六大类。

　　表2-10展示了2007～2017年长三角核心区16个城市的文化体育与传媒支出。在空间维度上，各城市间的差距较为明显；在时间维度上，各城市的文化体育与传媒支出总体上稳定增长。

表 2-10 2007~2017 年长三角核心区 16 个城市的
文化体育与传媒支出 （单位：亿元）

城市	2007 年	2008 年	2009 年	2010 年	2011 年	2012 年
上海市	43.41	49.52	53.12	54.95	68.80	72.51
南京市	4.68	6.50	6.26	8.59	12.84	20.88
无锡市	4.93	6.27	5.00	11.22	14.89	16.77
常州市	3.41	4.30	4.75	8.29	5.86	10.02
苏州市	10.47	14.77	11.62	13.57	17.82	24.94
南通市	2.06	2.51	2.73	3.59	6.30	11.40
扬州市	1.83	1.96	2.30	3.17	5.32	5.98
镇江市	1.36	1.46	1.76	2.26	2.87	4.04
泰州市	1.52	1.79	3.32	3.94	7.55	7.64
杭州市	7.29	13.56	12.20	15.39	18.50	20.79
宁波市	11.85	10.77	10.74	11.10	11.12	12.77
嘉兴市	2.14	2.99	3.63	5.47	5.72	5.67
湖州市	1.42	1.63	1.86	3.03	2.41	2.88
绍兴市	2.62	3.85	4.05	5.38	7.38	5.33
舟山市	1.37	1.73	1.94	3.48	3.93	3.14
台州市	2.56	3.84	4.21	3.82	4.03	5.02

城市	2013 年	2014 年	2015 年	2016 年	2017 年
上海市	89.17	86.38	108.22	113.34	191.32
南京市	27.80	30.84	26.06	30.78	37.24
无锡市	19.33	12.64	14.35	14.08	13.32
常州市	6.73	7.04	6.85	7.54	6.40
苏州市	26.73	41.69	28.67	37.57	40.30
南通市	12.57	10.59	12.53	12.34	9.14
扬州市	3.69	6.59	8.43	9.55	8.57
镇江市	5.65	7.23	8.46	9.57	8.36
泰州市	8.13	7.25	7.92	6.36	7.66
杭州市	22.36	24.24	44.92	28.39	30.93
宁波市	13.91	14.65	25.50	30.64	33.00
嘉兴市	6.51	7.96	9.11	9.44	10.50

城市	2013 年	2014 年	2015 年	2016 年	2017 年
湖州市	3.44	4.31	4.68	5.34	5.54
绍兴市	8.10	7.42	10.62	10.07	9.53
舟山市	3.66	4.19	5.03	5.61	5.10
台州市	5.39	5.80	8.27	9.49	9.47

2.4.1 从数字看形势

2017 年，长三角核心区文化体育与传媒支出为 426.38 亿元。其中，上海市为 191.32 亿元，占比为 44.87%；江苏地区为 130.99 亿元，占比为 30.72%；浙江地区为 104.07 亿元，占比为 24.41%，如表 2-11 所示。16 个城市中，上海市以191.32 亿元列第一位，舟山市以 5.10 亿元列最后一位。江苏地区 8 个城市的文化体育与传媒支出占长三角核心区三成，其中苏州市文化体育与传媒支出最多，占比为 9.45%。

表 2-11 2007 年、2017 年长三角核心区 16 个城市的文化体育与传媒支出及增长情况

地区	2007 年文化体育与传媒支出		2017 年文化体育与传媒支出		2017 年比 2007 年增长倍数（倍）	2007～2017 年年均增长率（%）
	总额（亿元）	占比（%）	总额（亿元）	占比（%）		
上海市	43.41	42.18	191.32	44.87	3.41	15.99
南京市	4.68	4.55	37.24	8.73	6.96	23.05
无锡市	4.93	4.79	13.32	3.12	1.70	10.45
常州市	3.41	3.31	6.40	1.50	0.88	6.50
苏州市	10.47	10.17	40.30	9.45	2.85	14.43
南通市	2.06	2.00	9.14	2.14	3.44	16.07
扬州市	1.83	1.78	8.57	2.01	3.68	16.70
镇江市	1.36	1.32	8.36	1.96	5.15	19.91
泰州市	1.52	1.48	7.66	1.80	4.04	17.55
江苏地区	30.26	29.40	130.99	30.72	3.33	15.78
杭州市	7.29	7.08	30.93	7.26	3.24	15.55

续表

地区	2007年文化体育与传媒支出		2017年文化体育与传媒支出		2017年比2007年增长倍数（倍）	2007～2017年年均增长率（%）
	总额（亿元）	占比（%）	总额（亿元）	占比（%）		
宁波市	11.85	11.51	33.00	7.74	1.78	10.78
嘉兴市	2.14	2.08	10.50	2.46	3.91	17.24
湖州市	1.42	1.38	5.54	1.30	2.90	14.58
绍兴市	2.62	2.55	9.53	2.24	2.64	13.78
舟山市	1.37	1.33	5.10	1.20	2.72	14.05
台州市	2.56	2.49	9.47	2.22	2.70	13.98
浙江地区	29.25	28.42	104.07	24.41	2.56	13.53
长三角核心区	102.92	100.00	426.38	100.00	3.14	15.27

图 2-10 显示了 2007 年、2012 年、2017 年长三角核心区 16 个城市的文化体育与传媒支出。图中显示，除了江苏地区的无锡市、常州市、南通市之外，其他城市的文化体育与传媒支出呈现稳定增长态势。2017 年，上海市、苏州市、南京市、宁波市、杭州市列前五位，文化体育与传媒支出均超过 30 亿元。排在第六位的无锡市文化体育与传媒支出只有 13.32 亿元。

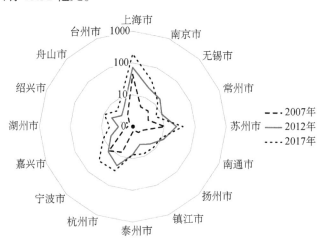

图 2-10　2007 年、2012 年、2017 年长三角核心区 16 个城市的文化体育与传媒支出（单位：亿元）

2017 年，长三角核心区 16 个城市的平均文化体育与传媒支出为 26.65 亿元。其中，上海市、苏州市、南京市、宁波市、杭州市高于平均水平，其余 11 个城市低于平

均水平，如图 2-11 所示。高于平均水平的 5 个城市的文化体育与传媒支出达到了
332.79 亿元，占长三角核心区总收入的 78.05%。

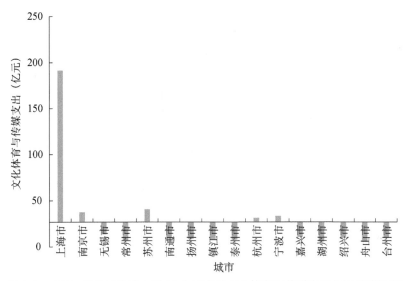

图 2-11 2017 年长三角核心区 16 个城市的文化体育与传媒支出与平均值比较

2.4.2 从增速看发展

2007～2017 年，长三角核心区的文化体育与传媒支出呈现不断上升的趋势。2007
年，长三角核心区的文化体育与传媒支出为 102.92 亿元，2017 年达到 426.38 亿元。
其中，上海市增长了 3.41 倍，年均增长率为 15.99%，江苏地区增长了 3.33 倍，年均
增长率为 15.78%，浙江地区增长了 2.56 倍，年均增长率为 13.53%，如表 2-11 所示。
上海市增长最快，江苏地区与上海市增速基本相当，浙江地区增速稍慢，如图 2-12
所示。

2007～2017 年，上海市、江苏地区、浙江地区的文化体育与传媒支出基本呈现
稳定增长的格局。上海市文化体育与传媒支出稳居长三角核心区各城市首位。2017
年，上海市文化体育与传媒支出远高于其他 15 个城市，是列最后一位的舟山市的
37.51 倍。

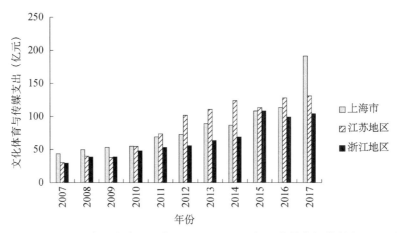

图 2-12　2007～2017 年上海市、江苏地区、浙江地区的文化体育与传媒支出变化情况

2.4.3　从构成看特征

长三角核心区 16 个城市的文化体育与传媒支出存在显著差异，单纯的总量不能全面地反映一个城市文化产业发展的特征，如表 2-10 所示。可通过文化体育与传媒支出占一般公共预算支出比重和人均文化体育与传媒支出，从构成的角度来衡量一个城市财政支持文化事业、文化产业发展的力度。表 2-12 表明，2017 年长三角核心区 16 个城市的文化体育与传媒支出占一般公共预算支出比重和人均文化体育与传媒支出存在较为显著的差异。

在文化体育与传媒支出占一般公共预算支出比重方面，南京市、上海市、宁波市、苏州市、镇江市、嘉兴市排在前六位。南京市的文化体育与传媒支出占一般公共预算支出比重最高，为 2.75%；南通市的文化体育与传媒支出占一般公共预算支出比重最低，为 1.13%。长三角核心区的文化体育与传媒支出占一般公共预算支出比重为 2.19%。其中，上海市占比为 2.53%，江苏地区占比为 1.91%，浙江地区占比为 2.06%。

在人均文化体育与传媒支出方面，上海市、南京市、舟山市、宁波市、苏州市、杭州市排在前六位。上海市的人均文化体育与传媒支出最高，为 791.1 元，南通市人均文化体育与传媒支出最低，为 125.1 元。长三角核心区的人均文化体育与传媒支出为 382.3 元。其中，上海市的人均文化体育与传媒支出为 791.1 元，江苏地区的人均文化体育与传媒支出为 262.3 元，浙江地区的人均文化体育与传媒支出为 278.1 元。

表 2-12　2017 年长三角核心区 16 个城市的文化体育与传媒支出占一般

公共预算支出比重和人均文化体育与传媒支出

地区	文化体育与传媒支出（亿元）	一般公共预算支出（亿元）	常住人口（万人）	文化体育与传媒支出占一般公共预算支出比重（%）	人均文化体育与传媒支出（元）
上海市	191.32	7 547.62	2 418.3	2.53	791.1
南京市	37.24	1 354.09	833.5	2.75	446.8
无锡市	13.32	987.66	655.3	1.35	203.3
常州市	6.40	551.55	471.7	1.16	135.7
苏州市	40.30	1 771.47	1 068.4	2.27	377.2
南通市	9.14	810.08	730.5	1.13	125.1
扬州市	8.57	507.64	450.8	1.69	190.1
镇江市	8.36	386.64	318.6	2.16	262.4
泰州市	7.66	475.79	465.2	1.61	164.7
江苏地区	130.99	6 844.92	4 994.0	1.91	262.3
杭州市	30.93	1 540.92	946.8	2.01	326.7
宁波市	33.00	1 410.60	800.5	2.34	412.2
嘉兴市	10.50	494.70	465.6	2.12	225.5
湖州市	5.54	325.02	299.5	1.70	185.0
绍兴市	9.53	469.83	501.0	2.03	190.2
舟山市	5.10	258.60	116.8	1.97	436.6
台州市	9.47	563.10	611.8	1.68	154.8
浙江地区	104.07	5 062.77	3 742.0	2.06	278.1
长三角核心区	426.38	19 455.31	11 154.3	2.19	382.3

3 公共图书馆

3.1 公共图书馆藏书量

公共图书馆指文化部门主办的面向社会服务的图书馆。公共图书馆藏书量指公共图书馆已编目的图书、期刊和报纸的合订本、小册子、手稿，以及缩微制品、录像带、录音带、光盘等视听文献资料数量之和。

表 3-1 展示了 2000～2017 年长三角核心区 16 个城市的公共图书馆藏书量。在空间维度上，各城市间的差距较为明显；在时间维度上，各城市的公共图书馆藏书量总体上稳定增长。

表 3-1　2000～2017 年长三角核心区 16 个城市的

公共图书馆藏书量　　　　　　　　　（单位：万册）

城市	2000 年	2001 年	2002 年	2003 年	2004 年	2005 年	2006 年	2007 年	2008 年
上海市	5668.0	5500.0	5817.0	5893.8	5852.3	6049.4	6062.4	6253.9	6394.1
南京市	1003.1	1026.4	1048.7	1097.3	1167.6	1150.1	1186.8	1217.7	1252.6
无锡市	203.4	198.9	206.0	206.3	214.5	222.6	249.3	261.7	277.1
常州市	160.7	165.2	172.7	178.6	185.4	193.7	201.5	210.3	219.0
苏州市	296.2	290.4	299.5	308.6	344.5	409.2	487.4	462.5	610.9
南通市	177.5	180.6	186.9	195.9	201.0	220.9	249.9	251.1	261.1
扬州市	141.5	136.0	138.4	160.6	165.5	194.8	203.9	211.9	219.4
镇江市	120.2	116.3	116.3	132.9	133.8	142.3	148.0	156.0	170.7
泰州市	90.8	91.9	91.9	94.9	97.8	102.7	110.7	121.8	127.7
杭州市	625.6	647.6	706.0	243.5	264.9	312.3	347.8	414.0	495.1
宁波市	131.0	137.0	145.4	204.5	222.9	264.1	302.7	335.8	610.0
嘉兴市	127.3	144.6	151.2	165.0	191.6	210.0	228.4	254.5	303.1
湖州市	61.4	63.0	66.3	69.1	73.0	79.9	101.4	111.6	120.2
绍兴市	107.5	111.0	116.0	119.6	128.1	158.6	157.8	168.2	182.1
舟山市	34.7	45.0	46.4	49.2	49.8	52.2	55.0	56.8	60.7
台州市	92.2	93.4	96.2	130.6	133.7	139.4	141.2	138.4	149.3
城市	2009 年	2010 年	2011 年	2012 年	2013 年	2014 年	2015 年	2016 年	2017 年
上海市	6593.4	6808.7	6893.2	7202.4	7239.0	7362.6	7568.2	7676.4	7773.1

城市	2009 年	2010 年	2011 年	2012 年	2013 年	2014 年	2015 年	2016 年	2017 年
南京市	1297.9	1339.3	1377.4	1573.6	1505.3	1567.2	1634.3	1762.3	1879.3
无锡市	295.1	360.9	462.6	565.4	392.1	449.8	518.6	709.8	788.1
常州市	231.8	242.3	240.4	375.5	284.9	303.0	314.0	451.7	500.1
苏州市	713.6	802.7	1223.0	1662.9	1353.8	1509.9	1745.7	1878.0	2218.1
南通市	276.7	286.9	332.3	361.5	397.1	445.5	470.3	500.0	630.9
扬州市	235.8	244.9	260.0	282.1	278.8	293.7	321.1	354.2	395.3
镇江市	185.2	198.8	220.3	277.0	255.8	282.9	300.3	315.5	347.9
泰州市	147.3	161.8	167.5	192.6	217.7	243.9	257.0	270.2	289.5
杭州市	612.0	711.9	835.7	1035.4	1183.1	1249.4	1336.4	1488.7	1590.3
宁波市	633.2	677.8	732.7	789.2	667.9	721.9	770.3	835.9	899.0
嘉兴市	352.0	421.1	506.9	593.6	582.3	680.1	747.6	787.1	830.3
湖州市	132.3	140.5	172.7	203.2	201.8	217.4	231.2	246.5	290.1
绍兴市	221.5	212.4	267.3	293.2	296.4	336.7	382.0	417.4	475.6
舟山市	69.9	76.7	96.8	103.8	128.5	143.7	165.1	184.4	200.6
台州市	169.0	179.8	274.7	308.4	239.8	262.3	378.8	572.2	826.6

3.1.1 从数字看形势

2017 年，长三角核心区公共图书馆藏书量为 19 934.8 万册。其中，上海市为 7773.1 万册，占比为 38.99%；江苏地区为 7049.2 万册，占比为 35.36%；浙江地区为 5112.5 万册，占比为 25.65%，如表 3-2 所示。16 个城市中，上海市以 7773.1 万册列第一位，舟山市以 200.6 万册列最后一位。江苏地区 8 个城市的公共图书馆藏书量占长三角核心区 1/3 强，其中苏州市公共图书馆藏书量最多，占比为 11.13%。

表 3-2　2000 年、2017 年长三角核心区 16 个城市的公共图书馆藏书量及增长情况

地区	2000 年公共图书馆藏书量		2017 年公共图书馆藏书量		2017 年比 2000 年增长倍数（倍）	2000～2017 年年均增长率（%）
	总量（万册）	占比（%）	总量（万册）	占比（%）		
上海市	5 668.0	62.69	7 773.1	38.99	0.37	1.88
南京市	1 003.1	11.09	1 879.3	9.43	0.87	3.76
无锡市	203.4	2.25	788.1	3.95	2.87	8.29

续表

地区	2000 年公共图书馆藏书量		2017 年公共图书馆藏书量		2017 年比 2000 年增长倍数（倍）	2000～2017 年年均增长率（%）
	总量（万册）	占比（%）	总量（万册）	占比（%）		
常州市	160.7	1.78	500.1	2.51	2.11	6.91
苏州市	296.2	3.28	2 218.1	11.13	6.49	12.57
南通市	177.5	1.96	630.9	3.16	2.55	7.75
扬州市	141.5	1.57	395.3	1.98	1.79	6.23
镇江市	120.2	1.33	347.9	1.74	1.89	6.45
泰州市	90.8	1.00	289.5	1.45	2.19	7.06
江苏地区	2 193.4	24.26	7 049.2	35.36	2.21	7.11
杭州市	625.6	6.92	1 590.3	7.98	1.54	5.64
宁波市	131.0	1.45	899.0	4.51	5.86	12.00
嘉兴市	127.3	1.41	830.3	4.16	5.52	11.66
湖州市	61.4	0.68	290.1	1.46	3.72	9.56
绍兴市	107.5	1.19	475.6	2.39	3.42	9.14
舟山市	34.7	0.38	200.6	1.01	4.78	10.87
台州市	92.2	1.02	826.6	4.15	7.97	13.77
浙江地区	1 179.7	13.05	5 112.5	25.65	3.33	9.01
长三角核心区	9 041.1	100.00	19 934.8	100.00	1.20	4.76

　　图 3-1 显示了 2000 年、2010 年、2017 年长三角核心区 16 个城市的公共图书馆藏书量变化情况。图中显示，各城市公共图书馆藏书量呈现稳定增长态势，未出现下滑的城市。2017 年，上海市、苏州市、南京市、杭州市、宁波市、嘉兴市列前六位。

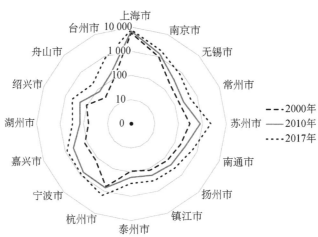

图 3-1　2000 年、2010 年、2017 年长三角核心区 16 个城市的公共图书馆藏书量变化情况（单位：万册）

2017 年，长三角核心区 16 个城市的公共图书馆平均藏书量为 1245.9 万册。其中，上海市、苏州市、南京市、杭州市 4 个城市高于平均水平，其余 12 个城市低于平均水平，如图 3-2 所示。高于平均水平的 4 个城市的公共图书馆藏书量达到了 13 460.8 万册，占长三角核心区公共图书馆藏书量总和的 67.52%。

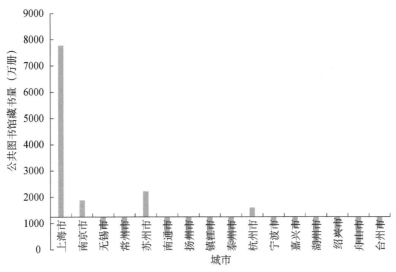

图 3-2　2017 年长三角核心区 16 个城市的公共图书馆藏书量与平均值比较

3.1.2　从增速看发展

2000～2017 年，长三角核心区的公共图书馆藏书量呈现不断上升的趋势。2000 年长三角核心区公共图书馆藏书量为 9041.1 万册，2017 年达到 19 934.8 万册。其中，上海市增长了 0.37 倍，年均增长率为 1.88%；江苏地区增长了 2.21 倍，年均增长率为 7.11%；浙江地区增长了 3.33 倍，年均增长率为 9.01%，如表 3-2 所示。浙江地区增长最快，江苏地区增速与浙江地区增速接近，上海市增速略慢，如图 3-3 所示。

2000 年以来，上海市、江苏地区、浙江地区的公共图书馆藏书量呈现稳定增长的格局（因统计口径不同，江苏地区 2013 年下降）。上海市公共图书馆藏书量稳居长三角核心区各城市首位，是列最后一位的舟山市的 38.75 倍。

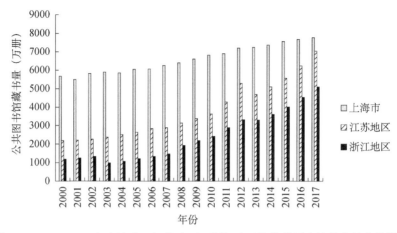

图 3-3　2000～2017 年上海市、江苏地区、浙江地区的公共图书馆藏书量变化情况

3.1.3　从构成看特征

　　长三角核心区 16 个城市的公共图书馆藏书量存在显著差异，单纯的总量不能全面地反映一个城市公共图书馆行业发展的特征，如表 3-1 所示。可通过人均公共图书馆藏书量，从构成的角度衡量一个城市公共图书馆的图书资源情况。表 3-3 表明，2017年长三角核心区 16 个城市的人均公共图书馆藏书量存在较为显著的差异。其中，上海市、南京市、苏州市、嘉兴市、舟山市、杭州市排在前六位。上海市人均公共图书馆藏书量最高，为 3.21 册；泰州市人均公共图书馆藏书量最低，为 0.62 册。长三角核心区人均公共图书馆藏书量为 1.79 册。其中，上海市人均公共图书馆藏书量为 3.21册，江苏地区人均公共图书馆藏书量为 1.41 册，浙江地区人均公共图书馆藏书量为1.37 册。

表 3-3　2017 年长三角核心区 16 个城市的人均公共图书馆藏书量

地区	公共图书馆藏书量（万册）	常住人口（万人）	人均公共图书馆藏书量（册）
上海市	7 773.1	2 418.3	3.21
南京市	1 879.3	833.5	2.25
无锡市	788.1	655.3	1.20
常州市	500.1	471.7	1.06
苏州市	2 218.1	1 068.4	2.08

续表

地区	公共图书馆藏书量（万册）	常住人口（万人）	人均公共图书馆藏书量（册）
南通市	630.9	730.5	0.86
扬州市	395.3	450.8	0.88
镇江市	347.9	318.6	1.09
泰州市	289.5	465.2	0.62
江苏地区	7 049.2	4 994.0	1.41
杭州市	1 590.3	946.8	1.68
宁波市	899.0	800.5	1.12
嘉兴市	830.3	465.6	1.78
湖州市	290.1	299.5	0.97
绍兴市	475.6	501.0	0.95
舟山市	200.6	116.8	1.72
台州市	826.6	611.8	1.35
浙江地区	5 112.5	3 742.0	1.37
长三角核心区	19 934.8	11 154.3	1.79

3.2　公共图书馆总流通人次

公共图书馆总流通人次是指公共图书馆内阅读和借出阅读书、刊、缩微制品、视听文献、电子文献等的读者人次。

表 3-4 展示了 2003～2017 年长三角核心区 16 个城市的公共图书馆总流通人次。在空间维度上，各城市间的差距较为明显；在时间维度上，各城市的公共图书馆总流通人次总体上稳定增长。

表 3-4　2003～2017 年长三角核心区 16 个城市的
公共图书馆总流通人次　　　　（单位：万人次）

城市	2003 年	2004 年	2005 年	2006 年	2007 年	2008 年	2009 年	2010 年
上海市	1204.0	1317.5	1249.4	1342.4	1323.3	1370.0	1460.0	1853.0
南京市	239.3	244.7	235.4	255.7	258.6	265.6	268.3	377.4

续表

城市	2003 年	2004 年	2005 年	2006 年	2007 年	2008 年	2009 年	2010 年
无锡市	115.6	128.9	135.1	152.5	167.0	179.2	239.4	256.8
常州市	61.6	84.6	86.3	83.6	81.7	91.3	146.8	124.5
苏州市	363.1	325.0	430.2	415.8	506.9	652.9	826.3	942.4
南通市	107.3	129.7	147.3	163.6	126.6	145.0	153.2	169.6
扬州市	68.5	84.0	142.8	134.0	148.5	131.6	122.1	124.0
镇江市	59.2	66.4	68.5	73.0	77.9	80.1	111.0	137.7
泰州市	70.0	79.7	96.8	101.9	112.2	121.0	141.8	145.0
杭州市	151.4	160.4	225.1	266.6	356.2	732.2	966.3	988.1
宁波市	130.0	196.7	257.6	336.9	383.6	424.0	538.0	536.5
嘉兴市	105.1	152.1	179.8	207.5	232.7	275.0	424.2	475.1
湖州市	44.8	48.6	45.2	95.7	192.3	223.1	217.8	316.9
绍兴市	92.1	94.2	99.9	133.6	143.6	178.4	226.6	245.7
舟山市	24.9	30.5	29.7	29.5	29.1	30.0	58.9	50.7
台州市	85.7	86.2	85.8	90.3	131.0	169.2	91.7	103.8

城市	2011 年	2012 年	2013 年	2014 年	2015 年	2016 年	2017 年
上海市	1925.7	2061.7	3605.0	3961.0	3931.4	4170.0	2992.5
南京市	413.7	447.9	503.7	453.8	483.4	578.8	719.9
无锡市	348.2	438.0	410.8	488.1	605.4	675.5	716.1
常州市	132.2	188.1	209.2	206.0	217.2	237.1	236.9
苏州市	1255.2	1684.5	1978.9	2129.4	2394.7	2536.1	2929.2
南通市	187.3	205.2	213.9	252.0	282.4	328.9	366.6
扬州市	149.4	175.6	176.5	194.7	199.1	165.4	403.9
镇江市	122.2	154.7	258.7	272.7	276.3	260.5	285.1
泰州市	156.1	189.4	205.4	211.7	253.7	286.1	280.1
杭州市	1007.8	1155.9	1309.3	1245.4	1283.5	1258.6	1413.5
宁波市	612.7	824.5	626.1	680.1	839.5	1026.6	1299.4
嘉兴市	626.6	688.1	761.6	1018.4	1191.5	1365.3	1524.8
湖州市	259.9	312.5	313.3	394.3	412.4	443.1	449.9
绍兴市	280.3	276.5	257.4	277.5	668.2	772.2	791.3
舟山市	74.2	79.1	176.8	157.6	164.3	183.3	214.1
台州市	211.1	234.1	293.8	322.9	1477.4	2281.0	2232.8

3.2.1 从数字看形势

2017 年，长三角核心区公共图书馆总流通人次为 16 856.1 万人次。其中，上海市为 2992.5 万人次，占比为 17.75%；江苏地区为 5937.8 万人次，占比为 35.23%；浙江地区为 7925.8 万人次，占比为 47.02%，如表 3-5 所示。16 个城市中，上海市以 2992.5 万人次列第一位，舟山市以 214.1 万人次列最后一位。江苏地区 8 个城市的公共图书馆总流通人次占长三角核心区 1/3 强，其中苏州市公共图书馆总流通人次最多，占比为 17.38%。

表 3-5　2003 年、2017 年长三角核心区 16 个城市的公共图书馆总流通人次及增长情况

地区	2003 年公共图书馆总流通人次		2017 年公共图书馆总流通人次		2017 年比 2003 年增长倍数（倍）	2003～2017 年年均增长率（%）
	总次数（万人次）	占比（%）	总次数（万人次）	占比（%）		
上海市	1 204.0	41.20	2 992.5	17.75	1.49	6.72
南京市	239.3	8.19	719.9	4.27	2.01	8.18
无锡市	115.6	3.96	716.1	4.25	5.19	13.91
常州市	61.6	2.11	236.9	1.40	2.85	10.10
苏州市	363.1	12.42	2 929.2	17.38	7.07	16.08
南通市	107.3	3.67	366.6	2.17	2.42	9.17
扬州市	68.5	2.34	403.9	2.40	4.90	13.51
镇江市	59.2	2.03	285.1	1.69	3.82	11.88
泰州市	70.0	2.39	280.1	1.66	3.00	10.41
江苏地区	1 084.6	37.11	5 937.8	35.23	4.47	12.91
杭州市	151.4	5.18	1 413.5	8.39	8.34	17.30
宁波市	130.0	4.45	1 299.4	7.71	9.00	17.87
嘉兴市	105.1	3.60	1 524.8	9.05	13.51	21.05
湖州市	44.8	1.53	449.9	2.67	9.04	17.91
绍兴市	92.1	3.15	791.3	4.69	7.59	16.61
舟山市	24.9	0.85	214.1	1.27	7.60	16.61

续表

地区	2003年公共图书馆总流通人次		2017年公共图书馆总流通人次		2017年比2003年增长倍数（倍）	2003~2017年年均增长率（%）
	总次数（万人次）	占比（%）	总次数（万人次）	占比（%）		
台州市	85.7	2.93	2 232.8	13.25	25.05	26.22
浙江地区	634.0	21.69	7 925.8	47.02	11.50	19.77
长三角核心区	2 922.6	100.00	16 856.1	100.00	4.77	13.33

图3-4显示了2003年、2010年、2017年长三角核心区16个城市的公共图书馆总流通人次变化情况。图中显示，各城市公共图书馆总流通人次呈现稳定增长态势，未出现下滑的城市。2017年，上海市、苏州市、台州市、嘉兴市、杭州市、宁波市列前六位。

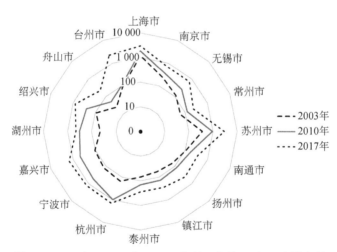

图3-4　2003年、2010年、2017年长三角核心区16个城市的
公共图书馆总流通人次变化情况（单位：万人次）

2017年，长三角核心区16个城市的公共图书馆平均流通人次为1053.5万人次。其中，上海市、苏州市、台州市、嘉兴市、杭州市、宁波市高于平均水平，其余10个城市低于平均水平，如图3-5所示。高于平均水平的6个城市的公共图书馆总流通人次达到了12 392.2万人次，占长三角核心区公共图书馆总流通人次总和的73.52%。

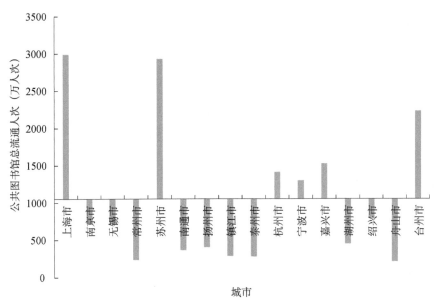

图 3-5　2017 年长三角核心区 16 个城市的公共图书馆总流通人次与平均值比较

3.2.2　从增速看发展

2003～2017 年，长三角核心区的公共图书馆总流通人次呈现不断上升的趋势。2003 年长三角核心区公共图书馆总流通人次为 2922.6 万人次，2017 年达到 16 856.1 万人次。其中，上海市增长了 1.49 倍，年均增长率为 6.72%；江苏地区增长了 4.47 倍，年均增长率为 12.91%；浙江地区增长了 11.50 倍，年均增长率为 19.77%，如表 3-5 所示。浙江地区增长最快，江苏地区增速次之，上海市在 2017 年有一定程度的下降，如图 3-6 所示。

2003 年以来，上海市、江苏地区、浙江地区的公共图书馆总流通人次基本呈现稳定增长的格局。上海市公共图书馆总流通人次稳居长三角核心区各城市首位，是列最后一位的舟山市的 13.98 倍。

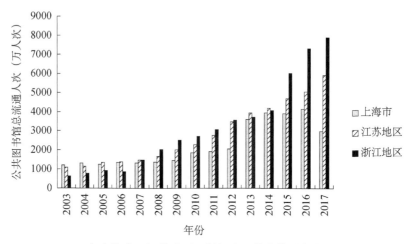

图 3-6　2003～2017 年上海市、江苏地区、浙江地区的公共图书馆总流通人次变化情况

3.2.3　从构成看特征

　　长三角核心区 16 个城市的公共图书馆总流通人次存在显著差异，单纯的总量不能全面地反映一个城市公共图书馆行业发展的特征，如表 3-4 所示。可通过人均公共图书馆总流通人次，从构成的角度衡量一个城市公共图书馆的图书资源利用情况。表 3-6 表明，2017 年长三角核心区 16 个城市的人均公共图书馆总流通人次存在较为显著的差异。其中，台州市、嘉兴市、苏州市、舟山市、宁波市、绍兴市排在前六位。台州市人均公共图书馆总流通人次最高，为 3.65 次；常州市和南通市人均公共图书馆总流通人次最低，均为 0.50 次。长三角核心区人均公共图书馆总流通人次为 1.51 次。其中，上海市人均公共图书馆总流通人次为 1.24 次，江苏地区人均公共图书馆总流通人次为 1.19 次，浙江地区人均公共图书馆总流通人次为 2.12 次。

表 3-6　2017 年长三角核心区 16 个城市的人均公共图书馆总流通人次

地区	公共图书馆总流通人次（万人次）	常住人口（万人）	人均公共图书馆总流通人次（次）
上海市	2 992.5	2 418.3	1.24
南京市	719.9	833.5	0.86
无锡市	716.1	655.3	1.09

地区	公共图书馆总流通人次（万人次）	常住人口（万人）	人均公共图书馆总流通人次（次）
常州市	236.9	471.7	0.50
苏州市	2 929.2	1 068.4	2.74
南通市	366.6	730.5	0.50
扬州市	403.9	450.8	0.90
镇江市	285.1	318.6	0.89
泰州市	280.1	465.2	0.60
江苏地区	5 937.8	4 994.0	1.19
杭州市	1 413.5	946.8	1.49
宁波市	1 299.4	800.5	1.62
嘉兴市	1 524.8	465.6	3.27
湖州市	449.9	299.5	1.50
绍兴市	791.3	501.0	1.58
舟山市	214.1	116.8	1.83
台州市	2 232.8	611.8	3.65
浙江地区	7 925.8	3 742.0	2.12
长三角核心区	16 856.1	11 154.3	1.51

3.3　公共图书馆本年收入

公共图书馆本年收入指公共图书馆从各种渠道获得的收入，包括财政补助收入、上级补助收入、事业收入、经营收入、附属单位上缴收入和其他收入。

表3-7展示了2003～2017年长三角核心区16个城市的公共图书馆本年收入。在空间维度上，各城市间的差距较为明显；在时间维度上，各城市的公共图书馆本年收入总体上稳定增长。

表 3-7 2003～2017 年长三角核心区 16 个城市的
公共图书馆本年收入   （单位：千元）

城市	2003 年	2004 年	2005 年	2006 年	2007 年	2008 年	2009 年	2010 年
上海市	301 143	326 576	382 521	405 829	487 115	517 145	619 894	638 152
南京市	19 101	20 300	23 642	26 328	36 814	37 507	50 357	39 517
无锡市	11 139	13 802	15 872	17 831	22 652	27 318	29 907	29 632
常州市	9 424	11 147	10 427	11 493	12 820	15 277	16 681	22 336
苏州市	39 700	34 297	44 779	58 274	63 199	66 623	79 553	84 891
南通市	9 345	11 223	12 795	12 438	15 122	16 325	19 849	18 306
扬州市	5 199	6 771	9 547	10 519	11 657	10 444	12 157	12 999
镇江市	7 619	6 558	7 599	8 851	10 391	10 561	13 329	15 076
泰州市	5 103	25 970	6 221	6 672	10 151	10 412	13 283	11 902
杭州市	28 054	37 401	40 593	39 891	63 746	94 134	113 030	107 915
宁波市	19 206	23 362	28 861	32 519	37 254	44 270	47 207	71 320
嘉兴市	14 603	15 121	16 086	19 393	23 180	31 898	39 853	42 179
湖州市	5 145	5 881	10 101	21 148	13 940	14 838	16 281	17 471
绍兴市	11 109	14 009	23 861	19 426	24 812	34 446	36 278	38 873
舟山市	4 105	5 019	5 637	7 131	8 477	9 533	12 109	14 155
台州市	7 617	9 830	10 204	12 006	14 656	16 483	20 743	24 292
城市	2011 年	2012 年	2013 年	2014 年	2015 年	2016 年	2017 年	
上海市	672 867	744 249	866 396	925 812	953 031	1 099 779	2 209 357	
南京市	48 846	72 479	77 093	72 650	82 065	127 609	226 291	
无锡市	60 051	45 017	49 104	60 286	61 223	68 949	70 020	
常州市	21 235	29 240	29 359	28 988	30 652	39 817	46 421	
苏州市	105 404	138 877	145 760	153 125	188 092	282 247	262 148	
南通市	23 333	37 238	39 742	49 014	69 030	56 525	60 749	
扬州市	15 320	22 405	23 560	34 018	58 299	67 185	54 868	
镇江市	16 511	25 369	24 874	26 678	39 769	30 227	39 247	
泰州市	16 125	20 765	25 314	29 118	32 835	34 359	37 323	
杭州市	126 083	179 113	160 159	159 018	182 128	239 404	198 521	
宁波市	71 286	91 344	84 687	98 844	132 012	144 985	178 188	
嘉兴市	58 335	58 181	59 910	66 636	101 491	91 382	157 135	
湖州市	22 769	27 081	50 174	37 055	46 819	46 433	62 662	
绍兴市	38 866	45 741	48 326	75 774	72 128	76 925	83 447	
舟山市	15 489	20 475	28 783	25 569	31 118	34 792	34 103	
台州市	30 320	56 719	61 219	48 111	64 938	84 363	135 216	

3.3.1 从数字看形势

2017 年，长三角核心区公共图书馆本年收入为 3 855 696 千元。其中，上海市为 2 209 357 千元，占比为 57.30%；江苏地区为 797 067 千元，占比为 20.67%；浙江地区为 849 272 千元，占比为 22.03%，如表 3-8 所示。16 个城市中，上海市以 2 209 357 千元列第一位，舟山市以 34 103 千元列最后一位。江苏地区 8 个城市的公共图书馆本年收入占长三角核心区的 20.67%，其中苏州市公共图书馆本年收入最多，占比为 6.80%。

表 3-8　2003 年、2017 年长三角核心区 16 个城市的公共图书馆本年收入及增长情况

地区	2003 年公共图书馆本年收入		2017 年公共图书馆本年收入		2017 年比 2003 年增长倍数（倍）	2003～2017 年年均增长率（%）
	总额（千元）	占比（%）	总额（千元）	占比（%）		
上海市	301 143	60.52	2 209 357	57.30	6.34	15.30
南京市	19 101	3.84	226 291	5.87	10.85	19.31
无锡市	11 139	2.24	70 020	1.82	5.29	14.03
常州市	9 424	1.89	46 421	1.20	3.93	12.06
苏州市	39 700	7.98	262 148	6.80	5.60	14.43
南通市	9 345	1.88	60 749	1.58	5.50	14.31
扬州市	5 199	1.04	54 868	1.42	9.55	18.33
镇江市	7 619	1.53	39 247	1.02	4.15	12.42
泰州市	5 103	1.03	37 323	0.97	6.31	15.27
江苏地区	106 630	21.43	797 067	20.67	6.48	15.45
杭州市	28 054	5.64	198 521	5.15	6.08	15.00
宁波市	19 206	3.86	178 188	4.62	8.28	17.25
嘉兴市	14 603	2.93	157 135	4.08	9.76	18.50
湖州市	5 145	1.03	62 662	1.62	11.18	19.55
绍兴市	11 109	2.23	83 447	2.16	6.51	15.49
舟山市	4 105	0.83	34 103	0.88	7.31	16.33
台州市	7 617	1.53	135 216	3.51	16.75	22.81
浙江地区	89 839	18.05	849 272	22.03	8.45	17.40
长三角核心区	497 612	100.00	3 855 696	100.00	6.34	15.30

图 3-7 显示了 2003 年、2010 年、2017 年长三角核心区 16 个城市的公共图书馆本

年收入变化情况。图中显示，各城市公共图书馆本年收入呈现稳定增长态势，未出现下滑的城市。2017 年，上海市、苏州市、南京市、杭州市、宁波市、嘉兴市列前六位。

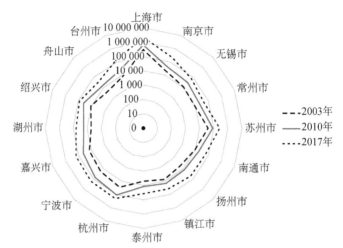

图 3-7　2003 年、2010 年、2017 年长三角核心区 16 个城市的公共图书馆本年收入变化情况（单位：千元）

2017 年，长三角核心区 16 个城市的公共图书馆平均本年收入为 240 981 千元。其中，上海市、苏州市高于平均水平，其余 14 个城市低于平均水平，如图 3-8 所示。高于平均水平的 2 个城市的公共图书馆本年收入达到了 2 471 505 千元，占长三角核心区公共图书馆本年收入总和的 64.10%。

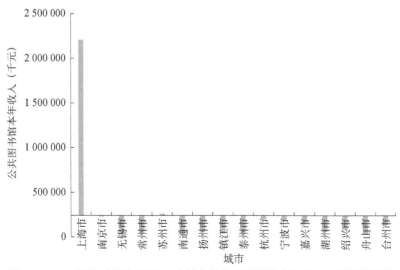

图 3-8　2017 年长三角核心区 16 个城市的公共图书馆本年收入与平均值比较

3.3.2 从增速看发展

2003～2017 年，长三角核心区的公共图书馆本年收入呈现不断上升的趋势。2003 年长三角核心区公共图书馆本年收入为 497 612 千元，2017 年达到 3 855 696 千元。其中，上海市增长了 6.34 倍，年均增长率为 15.30%；江苏地区增长了 6.48 倍，年均增长率为 15.45%；浙江地区增长了 8.45 倍，年均增长率为 17.40%，如表 3-8 所示。浙江地区增长最快，但与江苏地区和上海市的增速差距不大，如图 3-9 所示。

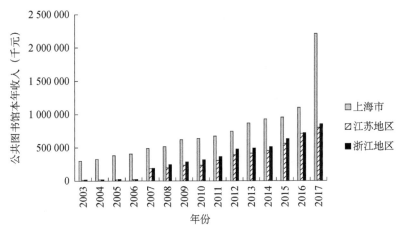

图 3-9　2003～2017 年上海市、江苏地区、浙江地区的公共图书馆本年收入变化情况

2003 年以来，上海市、江苏地区、浙江地区的公共图书馆本年收入呈现较快增长的格局。上海市公共图书馆本年收入稳居长三角核心区各城市首位，2017 年上海市公共图书馆本年收入远高于其他 15 个城市，是列最后一位的舟山市的 64.78 倍。

3.3.3 从人均看特征

长三角核心区 16 个城市的公共图书馆本年收入存在显著差异，单纯的总量不能全面地反映一个城市公共图书馆行业发展的特征，如表 3-7 所示。可通过人均公共图书馆本年收入衡量一个城市公共图书馆的收入。表3-9表明，2017年长三角核心区16个城市的人均公共图书馆本年收入存在较为显著的差异。其中，上海市、嘉兴市、舟山市、南京市、苏州市、宁波市排在前六位。上海市人均公共图书馆本年收入最高，为91.36元；泰州市人均公共图书馆本年收入最低，为8.02元。长三角核心区人均公共图书馆本年收入为34.57元。其中，江苏地区人均公共图书馆本年收入为15.96元，浙江地区人均公共图书馆本年收入为22.70元。

表3-9　2017年长三角核心区16个城市的人均公共图书馆本年收入

地区	公共图书馆本年收入（千元）	常住人口（万人）	人均公共图书馆本年收入（元）
上海市	2 209 357	2 418.3	91.36
南京市	226 291	833.5	27.15
无锡市	70 020	655.3	10.69
常州市	46 421	471.7	9.84
苏州市	262 148	1 068.4	24.54
南通市	60 749	730.5	8.32
扬州市	54 868	450.8	12.17
镇江市	39 247	318.6	12.32
泰州市	37 323	465.2	8.02
江苏地区	797 067	4 994.0	15.96
杭州市	198 521	946.8	20.97
宁波市	178 188	800.5	22.26
嘉兴市	157 135	465.6	33.75
湖州市	62 662	299.5	20.92
绍兴市	83 447	501.0	16.66
舟山市	34 103	116.8	29.20
台州市	135 216	611.8	22.10
浙江地区	849 272	3 742.0	22.70
长三角核心区	3 855 696	11 154.3	34.57

3.4 公共图书馆本年支出

公共图书馆本年支出指公共图书馆机构在业务活动中发生的各项资产耗费和损失等支出情况，包括基本支出、项目支出、上缴上级支出、经营支出、对附属单位补助支出和结转自筹基建。

表 3-10 展示了 2003～2017 年长三角核心区 16 个城市的公共图书馆本年支出。在空间维度上，各城市间的差距较为明显；在时间维度上，各城市的公共图书馆本年支出总体上稳定增长。

表 3-10　2003～2017 年长三角核心区 16 个城市的
公共图书馆本年支出　　　　　　（单位：千元）

城市	2003 年	2004 年	2005 年	2006 年	2007 年	2008 年	2009 年	2010 年
上海市	294 319	323 689	367 569	385 885	455 370	526 517	632 384	637 276
南京市	18 533	19 400	22 525	26 197	32 364	40 238	46 596	40 265
无锡市	11 064	13 720	15 589	17 900	22 691	27 221	29 851	29 323
常州市	9 414	11 120	10 423	11 493	12 820	15 277	16 682	22 336
苏州市	39 661	34 708	52 830	57 509	61 288	67 556	80 496	87 991
南通市	9 133	11 082	12 572	12 298	14 888	16 391	19 742	18 093
扬州市	5 305	7 012	9 633	10 177	11 818	10 174	11 770	12 720
镇江市	7 631	6 489	7 648	8 851	10 148	10 324	13 929	15 020
泰州市	5 070	25 412	6 438	6 580	9 620	9 991	12 387	12 439
杭州市	28 204	36 860	40 381	45 036	63 100	94 031	112 642	105 298
宁波市	19 572	23 208	27 805	31 706	37 155	43 110	46 581	61 517
嘉兴市	14 545	15 605	16 341	18 651	22 873	31 603	38 904	41 418
湖州市	5 062	5 068	8 729	19 958	13 891	15 011	17 206	16 958
绍兴市	10 532	14 048	23 424	19 936	24 416	33 457	36 140	38 961
舟山市	3 657	4 856	5 440	6 981	8 279	8 804	11 744	13 560
台州市	4 777	9 660	9 787	11 826	14 142	15 848	19 641	22 439

城市	2011 年	2012 年	2013 年	2014 年	2015 年	2016 年	2017 年
上海市	699 550	764 270	843 610	920 270	935 558	1 047 488	1 330 586
南京市	45 522	69 782	72 766	68 942	77 547	119 509	148 980

续表

城市	2011 年	2012 年	2013 年	2014 年	2015 年	2016 年	2017 年
无锡市	45 216	49 092	49 671	56 430	62 323	69 448	71 549
常州市	21 235	29 240	29 982	28 988	30 652	39 583	46 554
苏州市	102 530	133 433	15 103	153 283	205 371	285 389	265 234
南通市	23 299	37 226	37 738	47 659	68 473	55 087	60 815
扬州市	14 572	21 254	23 713	35 486	57 986	63 139	56 712
镇江市	16 485	21 626	22 627	26 229	39 769	32 671	39 247
泰州市	13 216	20 300	23 329	31 142	29 329	34 437	37 097
杭州市	125 382	176 487	160 982	157 564	182 111	237 793	197 574
宁波市	72 638	84 301	85 417	103 327	138 863	142 971	178 229
嘉兴市	57 772	58 200	59 936	66 579	98 468	90 749	156 210
湖州市	22 310	27 380	33 379	48 188	42 086	47 694	58 426
绍兴市	37 792	43 451	49 080	64 848	83 664	75 766	82 091
舟山市	15 747	18 525	26 859	27 095	28 774	32 118	36 061
台州市	30 327	54 187	67 534	48 490	65 325	74 789	141 386

3.4.1 从数字看形势

2017 年，长三角核心区公共图书馆本年支出为 2 906 751 千元。其中，上海市为 1 330 586 千元，占比为 45.78%；江苏地区为 726 188 千元，占比为 24.98%；浙江地区为 849 977 千元，占比为 29.24%，如表 3-11 所示。16 个城市中，上海市列第一位，舟山市以 36 061 千元列最后一位。江苏地区 8 个城市的公共图书馆本年支出占长三角核心区约 1/4，其中苏州市公共图书馆本年支出最多，占比为 9.12%。

表 3-11　2003 年、2017 年长三角核心区 16 个城市的公共图书馆本年支出及增长情况

地区	2003 年公共图书馆本年支出		2017 年公共图书馆本年支出		2017 年比 2003 年增长倍数（倍）	2003～2017 年年均增长率（%）
	总额（千元）	占比（%）	总额（千元）	占比（%）		
上海市	294 319	60.50	1 330 586	45.78	3.52	11.38
南京市	18 533	3.81	148 980	5.13	7.04	16.05
无锡市	11 064	2.27	71 549	2.46	5.47	14.26
常州市	9 414	1.94	46 554	1.60	3.95	12.09

续表

地区	2003年公共图书馆本年支出		2017年公共图书馆本年支出		2017年比2003年增长倍数（倍）	2003～2017年年均增长率（%）
	总额（千元）	占比（%）	总额（千元）	占比（%）		
苏州市	39 661	8.15	265 234	9.13	5.69	14.54
南通市	9 133	1.88	60 815	2.09	5.66	14.50
扬州市	5 305	1.09	56 712	1.95	9.69	18.44
镇江市	7 631	1.57	39 247	1.35	4.14	12.41
泰州市	5 070	1.04	37 097	1.28	6.32	15.28
江苏地区	105 811	21.75	726 188	24.98	5.86	14.75
杭州市	28 204	5.80	197 574	6.80	6.01	14.92
宁波市	19 572	4.02	178 229	6.13	8.11	17.09
嘉兴市	14 545	2.99	156 210	5.37	9.74	18.48
湖州市	5 062	1.04	58 426	2.01	10.54	19.09
绍兴市	10 532	2.17	82 091	2.82	6.79	15.80
舟山市	3 657	0.75	36 061	1.24	8.86	17.76
台州市	4 777	0.98	141 386	4.86	28.60	27.38
浙江地区	86 349	17.75	849 977	29.24	8.84	17.74
长三角核心区	486 479	100.00	2 906 751	100.00	4.98	13.62

图 3-10 显示了 2003 年、2010 年、2017 年长三角核心区 16 个城市的公共图书馆本年支出变化情况。图中显示，各城市公共图书馆本年支出呈现稳定增长态势，未出现下滑的城市。2017 年，上海市、苏州市、杭州市、宁波市、嘉兴市、南京市列前六位。

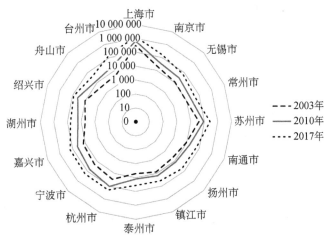

图 3-10 2003 年、2010 年、2017 年长三角核心区 16 个城市的公共图书馆本年支出变化情况（单位：千元）

2017年，长三角核心区16个城市的平均公共图书馆本年支出为181 672千元。其中，上海市、苏州市、杭州市3个城市高于平均水平，其余13个城市低于平均水平，如图3-11所示。高于平均水平的3个城市的公共图书馆本年支出达到了1 793 394千元，占长三角核心区公共图书馆本年支出总和的61.70%。

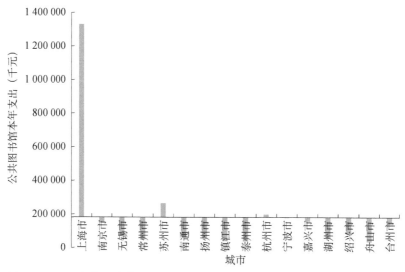

图3-11　2017年长三角核心区16个城市的公共图书馆本年支出与平均值比较

3.4.2　从增速看发展

2003～2017年，长三角核心区公共图书馆本年支出呈现不断上升的趋势。2003年长三角核心区公共图书馆本年支出为486 479千元，2017年达到2 906 751千元。其中，上海市增长了3.52倍，年均增长率为11.38%；江苏地区增长了5.86倍，年均增长率为14.75%；浙江地区增长了8.84倍，年均增长率为17.74%，如表3-11所示。浙江地区增长最快，江苏地区次之，上海市增速略慢，如图3-12所示。

2003年以来，上海市、江苏地区、浙江地区的公共图书馆本年支出总体呈现稳定增长的格局。上海市公共图书馆本年支出稳居长三角核心区各城市首位，2017年上海市公共图书馆本年支出远高于其他15个城市，是列最后一位的舟山市的36.90倍。

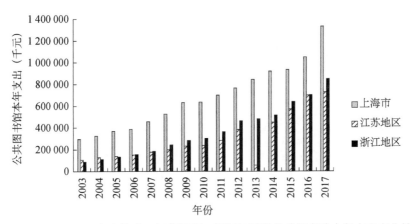

图 3-12 　2003～2017 年上海市、江苏地区、浙江地区的公共图书馆本年支出变化情况

3.4.3 从构成看特征

　　长三角核心区 16 个城市的公共图书馆本年支出存在显著差异，单纯的总量不能全面地反映一个城市公共图书馆行业发展的特征，如表 3-10 所示。可通过人均公共图书馆本年支出，从构成的角度衡量一个城市公共图书馆的投入情况。表 3-12表明，2017 年长三角核心区 16 个城市的人均公共图书馆本年支出存在较为显著的差异。其中，上海市、嘉兴市、舟山市、苏州市、台州市、宁波市排在前六位。上海市人均公共图书馆本年支出最高，为 55.02 元；泰州市人均公共图书馆本年支出最低，为 7.97 元。长三角核心区人均公共图书馆本年支出为 26.06 元。其中，江苏地区人均公共图书馆本年支出为 14.54 元，浙江地区人均公共图书馆本年支出为22.71 元。

表 3-12　2017 年长三角核心区 16 个城市的人均公共图书馆本年支出

地区	公共图书馆本年支出（千元）	常住人口（万人）	人均公共图书馆本年支出（元）
上海市	1 330 586	2 418.3	55.02
南京市	148 980	833.5	17.87
无锡市	71 549	655.3	10.92
常州市	46 554	471.7	9.87
苏州市	265 234	1 068.4	24.83
南通市	60 815	730.5	8.33

续表

地区	公共图书馆本年支出（千元）	常住人口（万人）	人均公共图书馆本年支出（元）
扬州市	56 712	450.8	12.58
镇江市	39 247	318.6	12.32
泰州市	37 097	465.2	7.97
江苏地区	726 188	4 994.0	14.54
杭州市	197 574	946.8	20.87
宁波市	178 229	800.5	22.26
嘉兴市	156 210	465.6	33.55
湖州市	58 426	299.5	19.51
绍兴市	82 091	501.0	16.39
舟山市	36 061	116.8	30.87
台州市	141 386	611.8	23.11
浙江地区	849 977	3 742.0	22.71
长三角核心区	2 906 751	11 154.3	26.06

4 博物馆、文物保护管理机构

4.1　博物馆藏品数

博物馆指为了研究、教育、欣赏的目的，收藏、保护、展示人类活动和自然环境的见证物，向公众开放，非营利性、永久性的社会服务机构，包括以博物馆（院）、纪念馆（舍）、美术（艺术）馆、科技馆、陈列馆等专有名称开展活动的单位。

博物馆藏品数指博物馆根据收藏品的文化属性、自然属性等情况，所划分的文物藏品、标本藏品、模型藏品（含具有收藏、展示价值的雕塑、绘画等艺术作品）和复制品藏品的总和。该指标所统计的藏品是指报告期末，该机构已经整理并登记入账的藏品数。

表 4-1 展示了 2003～2017 年长三角核心区 16 个城市的博物馆藏品数。在空间维度上，各城市间的差距较为明显；在时间维度上，各城市的博物馆藏品数基本呈现稳定增长态势。

表 4-1　2003～2017 年长三角核心区
16 个城市的博物馆藏品数　　　　（单位：件/套）

城市	2003 年	2004 年	2005 年	2006 年	2007 年	2008 年	2009 年	2010 年
上海市	281 079	—	300 604	306 406	312 384	317 873	322 335	327 455
南京市	103 308	105 569	84 465	85 761	88 223	89 574	280 946	292 408
无锡市	28 214	28 814	29 328	30 087	41 467	46 292	50 118	57 272
常州市	17 808	22 014	22 277	28 079	30 663	192 223	68 380	198 167
苏州市	53 217	59 947	98 288	98 926	99 570	129 644	131 662	135 424
南通市	49 177	45 867	52 008	52 607	52 443	82 585	98 681	150 296
扬州市	28 380	27 089	27 402	28 906	29 241	29 813	31 504	33 763
镇江市	45 151	35 202	34 428	34 573	36 602	37 149	37 074	33 621
泰州市	28 391	23 423	23 807	23 806	23 791	23 792	23 854	24 888
杭州市	18 415	16 394	18 853	19 695	26 824	28 200	29 137	30 483
宁波市	78 959	74 809	75 012	83 190	84 436	151 019	143 453	143 753
嘉兴市	48 180	44 264	43 589	43 682	45 225	46 119	47 416	50 900
湖州市	21 437	22 034	23 325	26 962	33 911	31 251	34 470	33 630
绍兴市	49 476	66 265	55 063	55 754	58 937	59 392	60 045	62 825
舟山市	5 718	4 510	10 171	5 882	6 155	6 175	6 184	6 477
台州市	22 702	22 833	22 916	23 219	23 334	23 472	24 740	26 567

城市	2011 年	2012 年	2013 年	2014 年	2015 年	2016 年	2017 年
上海市	374 685	2 158 074	2 282 961	2 359 064	2 152 643	2 253 481	2 103 805
南京市	304 408	312 419	320 449	342 321	359 308	355 247	381 232
无锡市	73 647	75 795	76 946	78 288	82 775	87 875	89 642
常州市	200 628	209 806	207 682	231 514	236 638	249 603	254 921
苏州市	111 808	114 020	141 525	137 465	159 062	162 074	141 587
南通市	153 623	154 863	167 598	176 471	174 601	166 675	162 020
扬州市	34 528	34 573	35 199	35 887	36 804	37 358	37 402
镇江市	37 997	39 110	42 672	47 181	47 414	46 744	41 372
泰州市	25 091	37 399	42 151	47 298	26 782	28 302	28 857
杭州市	31 284	31 530	45 355	46 570	62 482	84 650	125 924
宁波市	143 236	157 839	95 994	101 604	120 425	206 457	206 882
嘉兴市	49 776	75 967	110 352	119 061	125 506	125 545	131 384
湖州市	37 084	37 357	62 126	63 552	68 360	44 206	55 248
绍兴市	63 498	63 823	64 326	64 786	65 422	80 264	87 689
舟山市	6 730	23 251	23 563	24 972	30 114	31 835	34 069
台州市	26 407	34 529	46 474	38 809	68 995	72 197	79 273

4.1.1　从数字看形势

2017 年，长三角核心区博物馆藏品数为 3 961 307 件/套。其中，上海市为 2 103 805 件/套，占比为 53.11%；江苏地区为 1 137 033 件/套，占比为 28.70%；浙江地区为 720 469 件/套，占比为 18.19%，如表 4-2 所示。16 个城市中，上海市以 2 103 805 件/套列第一位，泰州市以 28 857 件/套列最后一位。江苏地区 8 个城市的博物馆藏品数占长三角核心区近三成，其中南京市博物馆藏品数最多，占比为 9.62%。

表 4-2　2003 年、2017 年长三角核心区 16 个城市的博物馆藏品数及增长情况

地区	2003 年博物馆藏品数		2017 年博物馆藏品数		2017 年比 2003 年增长倍数（倍）	2003～2017 年年均增长率（%）
	总量（件/套）	占比（%）	总量（件/套）	占比（%）		
上海市	281 079	31.96	2 103 805	53.11	6.48	15.46
南京市	103 308	11.74	381 232	9.62	2.69	9.78

续表

地区	2003 年博物馆藏品数		2017 年博物馆藏品数		2017 年比 2003 年增长倍数（倍）	2003～2017 年年均增长率（%）
	总量（件/套）	占比（%）	总量（件/套）	占比（%）		
无锡市	28 214	3.21	89 642	2.26	2.18	8.61
常州市	17 808	2.02	254 921	6.44	13.31	20.94
苏州市	53 217	6.05	141 587	3.57	1.66	7.24
南通市	49 177	5.59	162 020	4.09	2.29	8.89
扬州市	28 380	3.23	37 402	0.94	0.32	1.99
镇江市	45 151	5.13	41 372	1.05	−0.08	−0.62
泰州市	28 391	3.23	28 857	0.73	0.02	0.12
江苏地区	353 646	40.20	1 137 033	28.70	2.22	8.70
杭州市	18 415	2.09	125 924	3.18	5.84	14.72
宁波市	78 959	8.98	206 882	5.22	1.62	7.12
嘉兴市	48 180	5.48	131 384	3.32	1.73	7.43
湖州市	21 437	2.44	55 248	1.40	1.58	7.00
绍兴市	49 476	5.62	87 689	2.21	0.77	4.17
舟山市	5 718	0.65	34 069	0.86	4.96	13.60
台州市	22 702	2.58	79 273	2.00	2.49	9.34
浙江地区	244 887	27.84	720 469	18.19	1.94	8.01
长三角核心区	879 612	100.00	3 961 307	100.00	3.50	11.35

图 4-1 显示了 2003 年、2010 年、2017 年长三角核心区 16 个城市的博物馆藏品数变化情况。图中显示，除了镇江市之外，其他城市博物馆藏品数呈现稳定增长态势。2017 年，上海市、南京市、常州市、苏州市、南通市、宁波市列前六位。

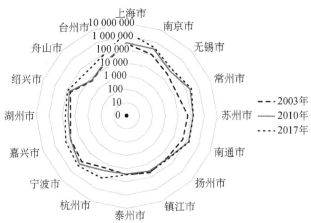

图 4-1　2003 年、2010 年、2017 年长三角核心区 16 个城市的博物馆藏品数变化情况（单位：件/套）

2017 年，长三角核心区 16 个城市的博物馆平均藏品数为 247 581.69 件/套。其中，上海市、南京市、常州市 3 个城市高于平均水平，其余 13 个城市低于平均水平，如图 4-2 所示。高于平均水平的 3 个城市的博物馆藏品数达到了 2 739 958 件/套，占长三角核心区博物馆藏品数总和的 69.17%。

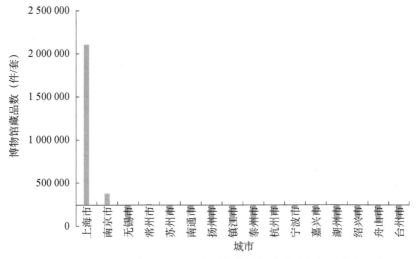

图 4-2　2017 年长三角核心区 16 个城市的博物馆藏品数与平均值比较

4.1.2　从增速看发展

2003～2017 年，长三角核心区博物馆藏品数基本呈现不断上升的趋势。2003 年，长三角核心区博物馆藏品数为 879 612 件/套，2017 年达到 3 961 307 件/套。其中，上海市年均增长率为 15.46%，江苏地区年均增长率为 8.70%，浙江地区年均增长率为 8.01%，如表 4-2 所示。上海市增长最快，江苏地区次之，浙江地区增速略慢，如图 4-3 所示。

2003 年以来，江苏地区、浙江地区博物馆藏品数基本呈现稳定增长趋势，上海市博物馆藏品数在 2012 年迅速增加，之后在 2014 年达到最高点。上海市博物馆藏品数稳居长三角核心区各城市首位，2017 年上海市博物馆藏品数是列最后一位的泰州市的 72.90 倍。

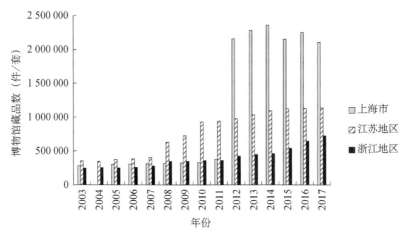

图 4-3　2003～2017 年上海市、江苏地区、浙江地区的博物馆藏品数变化情况

4.1.3　从构成看特征

　　长三角核心区 16 个城市的博物馆藏品数存在显著差异，单纯的总量不能全面地反映一个城市博物馆行业发展的特征，如表 4-1 所示。可通过每万人博物馆藏品数，从平均的角度衡量一个城市博物馆的藏品资源情况。表 4-3 表明，2017 年长三角核心区 16 个城市的每万人博物馆藏品数存在较为显著的差异。其中，上海市、常州市、南京市、舟山市、嘉兴市、宁波市排在前六位。上海市每万人博物馆藏品数最高，达到了 869.95 件/套；泰州市每万人博物馆藏品数最低，为 62.03 件/套。长三角核心区每万人博物馆藏品数为 355.14 件/套。其中，上海市每万人博物馆藏品数为 869.95 件/套，江苏地区每万人博物馆藏品数为 227.68 件/套，浙江地区每万人博物馆藏品数为 192.54 件/套。

表 4-3　2017 年长三角核心区 16 个城市的每万人博物馆藏品数

地区	博物馆藏品数（件/套）	常住人口（万人）	每万人博物馆藏品数（件/套）
上海市	2 103 805	2 418.3	869.95
南京市	381 232	833.5	457.39
无锡市	89 642	655.3	136.80
常州市	254 921	471.7	540.43
苏州市	141 587	1 068.4	132.52

地区	博物馆藏品数（件/套）	常住人口（万人）	每万人博物馆藏品数（件/套）
南通市	162 020	730.5	221.79
扬州市	37 402	450.8	82.97
镇江市	41 372	318.6	129.86
泰州市	28 857	465.2	62.03
江苏地区	1 137 033	4 994.0	227.68
杭州市	125 924	946.8	133.00
宁波市	206 882	800.5	258.44
嘉兴市	131 384	465.6	282.18
湖州市	55 248	299.5	184.47
绍兴市	87 689	501.0	175.03
舟山市	34 069	116.8	291.69
台州市	79 273	611.8	129.57
浙江地区	720 469	3 742.0	192.54
长三角核心区	3 961 307	11 154.3	355.14

4.2 博物馆参观人次

博物馆参观人次指向社会开放的博物馆当年接待的所有参观人次的累计数。

表 4-4 展示了 2003～2017 年长三角核心区 16 个城市的博物馆参观人次。在空间维度上，各城市间的差距较为明显；在时间维度上，各城市的博物馆参观人次基本呈现稳定增长态势。

表 4-4 2003～2017 年长三角核心区
16 个城市的博物馆参观人次   （单位：万人次）

城市	2003 年	2004 年	2005 年	2006 年	2007 年	2008 年	2009 年	2010 年
上海市	211.9	468.0	549.9	470.5	372.8	478.2	486.4	624.6
南京市	160.6	113.9	167.7	173.6	170.6	229.3	1157.9	1079.8
无锡市	10.7	11.1	27.5	34.0	59.7	85.1	154.1	248.6
常州市	12.0	19.3	25.0	34.8	57.0	67.8	92.9	91.0

续表

城市	2003 年	2004 年	2005 年	2006 年	2007 年	2008 年	2009 年	2010 年
苏州市	30.0	55.0	66.3	69.1	690.8	523.8	526.7	851.3
南通市	16.0	16.7	37.0	56.3	58.3	220.4	264.7	191.3
扬州市	28.1	36.0	68.2	65.7	63.3	93.0	103.8	140.1
镇江市	88.2	106.7	119.2	179.9	155.8	209.5	272.6	283.5
泰州市	39.4	29.4	44.8	38.3	59.1	67.6	97.1	160.3
杭州市	65.0	122.5	194.4	233.1	330.2	355.1	350.7	358.4
宁波市	37.7	60.9	79.0	73.3	29.2	104.3	188.1	299.9
嘉兴市	159.6	230.0	162.6	168.5	179.6	67.2	271.9	106.8
湖州市	17.2	31.0	53.9	84.6	112.1	122.3	153.1	154.7
绍兴市	49.7	88.0	76.9	97.5	128.6	167.2	211.4	239.7
舟山市	5.5	9.8	11.6	10.7	9.7	13.1	24.1	30.6
台州市	10.1	12.7	12.5	11.5	17.8	12.3	17.2	118.1

城市	2011 年	2012 年	2013 年	2014 年	2015 年	2016 年	2017 年
上海市	783.3	1633.1	1767.8	1967.1	1935.1	2218.4	2270.1
南京市	1129.9	1649.0	1789.2	2306.1	2523.4	2645.5	2705.9
无锡市	656.0	344.0	674.7	638.4	617.7	615.2	634.0
常州市	152.4	162.3	180.4	247.4	329.8	372.5	379.2
苏州市	305.8	368.4	359.7	572.1	794.0	955.4	958.3
南通市	240.0	312.4	350.6	402.2	411.7	394.0	419.7
扬州市	153.1	147.2	174.4	191.4	175.3	201.3	222.0
镇江市	328.7	339.9	346.2	368.7	372.8	373.2	389.2
泰州市	216.9	316.6	330.4	420.2	482.0	491.9	534.9
杭州市	509.5	585.3	997.7	1093.5	920.3	988.5	1187.0
宁波市	212.2	378.9	399.1	425.3	406.4	623.1	641.5
嘉兴市	328.8	555.4	658.4	747.7	911.0	1000.3	1174.5
湖州市	173.6	188.3	248.3	219.4	275.0	271.2	281.9
绍兴市	265.4	359.6	321.4	323.6	330.0	354.0	358.4
舟山市	26.2	33.7	36.2	40.7	70.2	61.3	80.0
台州市	21.1	61.9	54.7	57.1	290.4	1008.3	1004.7

4.2.1　从数字看形势

2017 年,长三角核心区博物馆参观人次为 13 241.3 万人次。其中,上海市为 2270.1

万人次，占比为 17.14%；江苏地区为 6243.2 万人次，占比为 47.15%；浙江地区为 4728.0 万人次，占比为 35.71%，如表 4-5 所示。16 个城市中，南京市以 2705.9 万人次列第一位，舟山市以 80.0 万人次列最后一位。江苏地区 8 个城市的博物馆参观人次占长三角核心区近五成，其中南京市博物馆参观人次最多，占比为 20.44%。

表 4-5　2003 年、2017 年长三角核心区 16 个城市的博物馆参观人次及增长情况

地区	2003 年博物馆参观人次		2017 年博物馆参观人次		2017 年比 2003 年增长倍数（倍）	2003～2017 年年均增长率（%）
	总人次（万人次）	占比（%）	总人次（万人次）	占比（%）		
上海市	211.9	22.50	2 270.1	17.14	9.71	18.46
南京市	160.6	17.05	2 705.9	20.44	15.85	22.35
无锡市	10.7	1.14	634.0	4.79	58.25	33.85
常州市	12.0	1.27	379.2	2.86	30.60	27.97
苏州市	30.0	3.19	958.3	7.24	30.94	28.07
南通市	16.0	1.70	419.7	3.17	25.23	26.28
扬州市	28.1	2.98	222.0	1.68	6.90	15.91
镇江市	88.2	9.37	389.2	2.94	3.41	11.19
泰州市	39.4	4.18	534.9	4.04	12.58	20.48
江苏地区	385.0	40.88	6 243.2	47.15	15.22	22.02
杭州市	65.0	6.90	1 187.0	8.96	17.26	23.06
宁波市	37.7	4.00	641.5	4.84	16.02	22.44
嘉兴市	159.6	16.95	1 174.5	8.87	6.36	15.32
湖州市	17.2	1.83	281.9	2.13	15.39	22.11
绍兴市	49.7	5.28	358.4	2.71	6.21	15.16
舟山市	5.5	0.59	80.0	0.60	13.55	21.07
台州市	10.1	1.07	1 004.7	7.59	98.48	38.90
浙江地区	344.8	36.62	4 728.0	35.71	12.71	20.57
长三角核心区	941.7	100.00	13 241.3	100.00	17.14	23.00

图 4-4 显示了 2003 年、2010 年、2017 年长三角核心区 16 个城市的博物馆参观人次变化情况。图中显示，长三角核心区 16 个城市的博物馆参观人次呈现稳定增长态势。2017 年，南京市、上海市、杭州市、嘉兴市、台州市、苏州市列前六位。

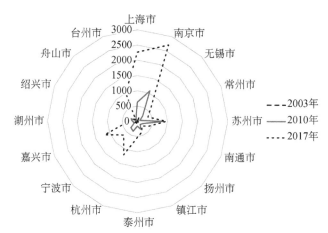

图 4-4　2003 年、2010 年、2017 年长三角核心区 16 个城市的
博物馆参观人次变化情况（单位：万人次）

　　2017 年，长三角核心区 16 个城市的博物馆平均参观人次为 827.58 万人次。其中，南京市、上海市、杭州市、嘉兴市、台州市、苏州市 6 个城市高于平均水平，其余 10 个城市低于平均水平，如图 4-5 所示。高于平均水平的 6 个城市的博物馆参观人次达到了 9300.5 万人次，占长三角核心区博物馆参观人次总和的 70.24%。

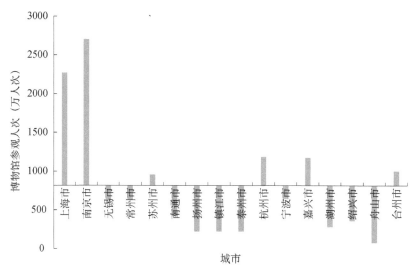

图 4-5　2017 年长三角核心区 16 个城市的博物馆参观人次与平均值比较

4.2.2 从增速看发展

2003～2017 年，长三角核心区博物馆参观人次呈现不断上升的趋势。2003 年，长三角核心区博物馆参观人次为 941.7 万人次，2017 年达到 13 241.3 万人次。其中，上海市增长了 9.71 倍，年均增长率为 18.46%；江苏地区增长了 15.22 倍，年均增长率为 22.02%；浙江地区增长了 12.71 倍，年均增长率为 20.57%，如表 4-5 所示。江苏地区增长最快，浙江地区次之，上海市增速略慢，如图 4-6 所示。

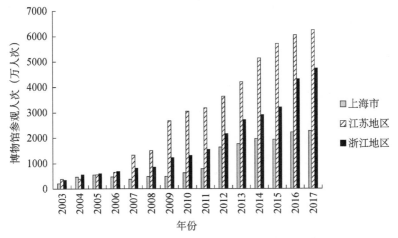

图 4-6　2003～2017 年上海市、江苏地区、浙江地区的博物馆参观人次变化情况

2003 年以来，上海市、江苏地区、浙江地区的博物馆参观人次呈现稳定增长趋势。2003～2008 年，上海市博物馆参观人次居长三角核心区各城市首位，2009 年之后被南京市超越。2017 年，南京市博物馆参观人次达到 2705.9 万人次，是列最后一位的舟山市的 33.82 倍。

4.2.3 从人均看特征

长三角核心区 16 个城市的博物馆参观人次存在显著差异，单纯的总量不能全面地反映一个城市博物馆行业发展的特征，如表 4-4 所示。可通过人均博物馆参观人次衡量一个城市博物馆资源的利用情况。表 4-6 表明，2017 年长三角核心区 16 个城市的人均博物馆参观人次存在较为显著的差异。其中，南京市、嘉兴市、台州市、杭州市、镇江市、泰州市排在前六位。南京市人均博物馆参观人次最高，达到了 3.25 人次，相当于每人每年参观博物馆多于 3 次；扬州市人均博物馆参观人次最少，为 0.49 人次，即每人每年参观博物馆还不到 1 次。长三角核心区人均博物馆参观人次为 1.19 人次。其中，上海市人均博物馆参观人次为 0.94 人次，江苏地区人均博物馆参观人次为 1.25人次，浙江地区人均博物馆参观人次为 1.26 人次。

表 4-6 2017 年长三角核心区 16 个城市的人均博物馆参观人次

地区	博物馆参观人次（万人次）	常住人口（万人）	人均博物馆参观人次（人次）
上海市	2 270.1	2 418.3	0.94
南京市	2 705.9	833.5	3.25
无锡市	634.0	655.3	0.97
常州市	379.2	471.7	0.80
苏州市	958.3	1 068.4	0.90
南通市	419.7	730.5	0.57
扬州市	222.0	450.8	0.49
镇江市	389.2	318.6	1.22
泰州市	534.9	465.2	1.15
江苏地区	6 243.2	4 994.0	1.25
杭州市	1 187.0	946.8	1.25
宁波市	641.5	800.5	0.80
嘉兴市	1 174.5	465.6	2.52
湖州市	281.9	299.5	0.94
绍兴市	358.4	501.0	0.72
舟山市	80.0	116.8	0.68
台州市	1 004.7	611.8	1.64
浙江地区	4 728.0	3 742.0	1.26
长三角核心区	13 241.3	11 154.3	1.19

4.3 博物馆财政拨款收入

博物馆财政拨款收入指博物馆从同级财政部门取得的财政预算资金，包括公共预算财政拨款和政府性基金预算财政拨款。

表4-7展示了2003～2017年长三角核心区16个城市的博物馆财政拨款收入。在空间维度上，各城市间的博物馆财政拨款收入差距较为明显；在时间维度上，各城市的博物馆财政拨款收入总体上呈现稳定增长态势。

表 4-7 2003～2017年长三角核心区16个城市的
博物馆财政拨款收入 （单位：千元）

城市	2003 年	2004 年	2005 年	2006 年	2007 年	2008 年	2009 年	2010 年
上海市	120 891	141 369	156 013	164 795	185 215	210 118	286 001	298 179
南京市	14 094	17 316	24 962	20 247	31 389	37 919	90 974	48 530
无锡市	3 658	4 574	5 526	6 278	8 461	17 531	31 955	48 992
常州市	2 930	3 667	3 730	4 806	6 684	11 726	13 060	19 085
苏州市	17 301	17 921	22 579	34 702	38 822	74 956	67 276	69 481
南通市	3 481	4 571	8 809	13 182	10 839	15 380	20 853	25 433
扬州市	4 470	5 478	4 100	8 749	11 797	13 890	16 591	22 555
镇江市	12 616	16 286	14 915	14 819	27 843	18 773	17 529	29 099
泰州市	4 653	4 008	4 554	5 684	8 476	10 474	12 747	16 946
杭州市	16 658	35 560	25 657	32 035	48 239	83 252	127 937	352 307
宁波市	6 555	10 549	12 228	15 243	13 453	29 113	31 852	40 371
嘉兴市	12 296	11 936	15 885	20 207	16 395	21 069	21 176	31 188
湖州市	2 399	4 124	3 549	6 489	14 090	13 542	14 782	18 644
绍兴市	1 929	2 406	3 139	3 329	5 304	52 201	55 678	55 259
舟山市	929	485	4 529	1 616	3 307	5 506	6 059	7 414
台州市	1 903	2 799	3 303	4 321	4 018	5 142	6 297	7 228

城市	2011 年	2012 年	2013 年	2014 年	2015 年	2016 年	2017 年
上海市	389 072	830 260	972 372	1 634 051	1 250 358	1 133 567	2 287 591
南京市	117 241	150 503	223 323	209 762	367 404	340 055	443 141
无锡市	59 134	76 094	75 531	94 368	93 107	100 827	113 793
常州市	22 073	30 322	23 714	32 204	36 047	46 669	47 158

续表

城市	2011 年	2012 年	2013 年	2014 年	2015 年	2016 年	2017 年
苏州市	86 061	122 501	189 167	168 710	175 386	180 697	195 596
南通市	26 735	38 388	32 782	46 446	38 382	45 488	43 982
扬州市	19 177	21 746	36 674	26 860	56 333	48 396	62 475
镇江市	22 438	41 340	30 612	46 768	52 811	40 817	42 820
泰州市	17 900	29 770	34 128	37 587	42 510	43 335	45 147
杭州市	143 821	103 031	164 549	147 975	154 751	182 336	199 945
宁波市	56 520	85 226	88 000	136 221	105 746	125 218	137 744
嘉兴市	42 573	59 740	56 052	69 431	79 019	100 879	109 829
湖州市	17 291	30 604	35 436	34 248	47 474	43 410	48 472
绍兴市	59 236	61 064	43 755	43 683	45 138	56 926	69 587
舟山市	9 200	10 314	9 220	12 182	13 251	14 889	15 463
台州市	9 042	13 195	15 562	19 832	36 503	47 221	56 197

4.3.1　从数字看形势

2017 年，长三角核心区博物馆财政拨款收入为 3 918 940 千元。其中，上海市为 2 287 591 千元，占比为 58.37%；江苏地区为 994 112 千元，占比为 25.37%；浙江地区为 637 237 千元，占比为 16.26%，如表 4-8 所示。16 个城市中，上海市以 2 287 591 千元列第一位，舟山市以 15 463 千元列最后一位。江苏地区 8 个城市的博物馆财政拨款收入占长三角核心区 1/4 强，其中南京市博物馆财政拨款收入最多，占比为 11.31%。

表 4-8　2003 年、2017 年长三角核心区 16 个城市的博物馆财政拨款收入及增长情况

地区	2003 年博物馆财政拨款收入		2017 年博物馆财政拨款收入		2017 年比 2003 年增长倍数（倍）	2003～2017 年年均增长率（%）
	总额（千元）	占比（%）	总额（千元）	占比（%）		
上海市	120 891	53.31	2 287 591	58.37	17.92	23.37
南京市	14 094	6.22	443 141	11.31	30.44	27.93
无锡市	3 658	1.61	113 793	2.90	30.11	27.83
常州市	2 930	1.29	47 158	1.20	15.09	21.95
苏州市	17 301	7.63	195 596	4.99	10.31	18.91
南通市	3 481	1.54	43 982	1.12	11.63	19.86
扬州市	4 470	1.97	62 475	1.60	12.98	20.73

续表

地区	2003 年博物馆财政拨款收入		2017 年博物馆财政拨款收入		2017年比2003年增长倍数（倍）	2003～2017年年均增长率（%）
	总额（千元）	占比（%）	总额（千元）	占比（%）		
镇江市	12 616	5.56	42 820	1.09	2.39	9.12
泰州市	4 653	2.05	45 147	1.15	8.70	17.62
江苏地区	63 203	27.87	994 112	25.37	14.73	21.75
杭州市	16 658	7.35	199 945	5.10	11.00	19.42
宁波市	6 555	2.89	137 744	3.52	20.01	24.30
嘉兴市	12 296	5.42	109 829	2.80	7.93	16.93
湖州市	2 399	1.06	48 472	1.24	19.21	23.95
绍兴市	1 929	0.85	69 587	1.78	35.07	29.19
舟山市	929	0.41	15 463	0.40	15.64	22.25
台州市	1 903	0.84	56 197	1.43	28.53	27.36
浙江地区	42 669	18.82	637 237	16.26	13.93	21.30
长三角核心区	226 763	100.00	3 918 940	100.00	16.28	22.57

　　图 4-7 显示了 2003 年、2010 年、2017 年长三角核心区 16 个城市的博物馆财政拨款收入变化情况。图中显示，除了杭州市之外，长三角核心区其他城市博物馆财政拨款收入呈现稳定增长态势。2017 年，上海市、南京市、杭州市、苏州市、宁波市、无锡市列前六位。

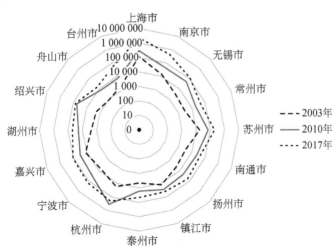

图 4-7　2003 年、2010 年、2017 年长三角核心区 16 个城市的博物馆财政拨款收入变化情况（单位：千元）

2017 年，长三角核心区 16 个城市的博物馆平均财政拨款收入为 244 933.75 千元。上海市博物馆财政拨款收入远高于其他城市，拉高了平均水平，导致只有上海市、南京市的博物馆财政拨款收入高于平均水平，其余 14 个城市均低于平均水平，如图 4-8 所示。高于平均水平的 2 个城市的博物馆财政拨款收入达到了 2 730 732 千元，占长三角核心区博物馆财政拨款收入总和的 69.68%。

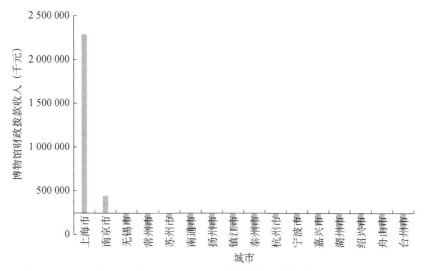

图 4-8　2017 年长三角核心区 16 个城市的博物馆财政拨款收入与平均值比较

4.3.2　从增速看发展

2003～2017 年，长三角核心区的博物馆财政拨款收入基本呈现不断上升的趋势。2003 年，长三角核心区博物馆财政拨款收入为 226 763 千元，2017 年达到 3 918 940 千元。其中，上海市增长了 17.92 倍，年均增长率为 23.37%；江苏地区增长了 14.73 倍，年均增长率为 21.75%；浙江地区增长了 13.93 倍，年均增长率为 21.30%，如表 4-8 所示。上海市增速最快，江苏地区次之，浙江地区增速略慢，如图 4-9 所示。

2003 年以来，上海市、江苏地区、浙江地区的博物馆财政拨款收入基本呈现稳定增长趋势。除了 2010 年之外，上海市博物馆财政拨款收入稳居长三角核心区各城市首位。2017 年，上海市博物馆财政拨款收入远高于其他 15 个城市，是列最后一位的舟山市的 147.94 倍。

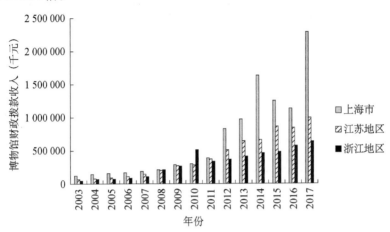

图 4-9 2003～2017 年上海市、江苏地区、浙江地区的博物馆财政拨款收入变化情况

4.3.3 从人均看特征

长三角核心区 16 个城市的博物馆财政拨款收入存在显著差异，单纯的总量不能全面地反映一个城市博物馆财政支持的全貌，如表 4-7 所示。可通过人均博物馆财政拨款收入衡量一个城市对博物馆发展的支持情况。表 4-9 表明，2017 年长三角核心区 16 个城市的人均博物馆财政拨款收入存在较为显著的差异。其中，上海市、南京市、嘉兴市、杭州市、苏州市、无锡市排在前六位。上海市人均博物馆财政拨款收入最高，达到了 94.60 元；南通市人均博物馆财政拨款收入最低，仅为 6.02 元。长三角核心区人均博物馆财政拨款收入为 35.13 元。其中，上海市人均博物馆财政拨款收入为 94.60 元，江苏地区人均博物馆财政拨款收入为 19.91 元，浙江地区人均博物馆财政拨款收入为 17.03 元。

表 4-9 2017 年长三角核心区 16 个城市的人均博物馆财政拨款收入

地区	博物馆财政拨款收入（千元）	常住人口（万人）	人均博物馆财政拨款收入（元）
上海市	2 287 591	2 418.3	94.60
南京市	443 141	833.5	53.17
无锡市	113 793	655.3	17.37

地区	博物馆财政拨款收入（千元）	常住人口（万人）	人均博物馆财政拨款收入（元）
常州市	47 158	471.7	10.00
苏州市	195 596	1 068.4	18.31
南通市	43 982	730.5	6.02
扬州市	62 475	450.8	13.86
镇江市	42 820	318.6	13.44
泰州市	45 147	465.2	9.70
江苏地区	994 112	4 994.0	19.91
杭州市	199 945	946.8	21.12
宁波市	137 744	800.5	17.21
嘉兴市	109 829	465.6	23.59
湖州市	48 472	299.5	16.18
绍兴市	69 587	501.0	13.89
舟山市	15 463	116.8	13.24
台州市	56 197	611.8	9.19
浙江地区	637 237	3 742.0	17.03
长三角核心区	3 918 940	11 154.3	35.13

4.4　博物馆本年支出

博物馆本年支出指博物馆机构在业务活动中发生的各项资产耗费和损失等支出情况，包括基本支出、项目支出、上缴上级支出、经营支出、对附属单位补助支出和结转自筹基建。

表 4-10 展示了 2003～2017 年长三角核心区 16 个城市的博物馆本年支出。在空间维度上，各城市间的差距较为明显；在时间维度上，各城市的博物馆本年支出总体上呈现稳定增长态势。

表 4-10 2003～2017 年长三角核心区
16 个城市的博物馆本年支出 （单位：千元）

城市	2003 年	2004 年	2005 年	2006 年	2007 年	2008 年	2009 年	2010 年
上海市	247 949	—	203 764	222 568	264 162	276 969	305 045	332 485
南京市	18 355	21 505	30 386	37 137	45 303	58 162	144 702	97 062
无锡市	4 253	5 070	6 060	6 870	11 174	18 712	29 728	49 312
常州市	3 597	3 602	3 858	5 106	7 279	12 260	13 600	19 026
苏州市	20 407	21 852	25 575	43 780	49 337	91 405	104 322	104 083
南通市	5 096	7 244	10 079	14 529	10 788	18 736	26 756	34 419
扬州市	5 552	7 599	9 428	13 255	16 110	20 912	16 955	21 936
镇江市	15 491	19 300	19 696	22 679	28 402	24 806	26 221	36 577
泰州市	5 103	4 841	5 201	5 968	9 306	9 601	15 246	15 994
杭州市	29 020	40 807	27 572	44 259	51 514	80 931	123 623	291 426
宁波市	12 201	12 881	16 674	20 208	18 512	36 440	47 777	60 129
嘉兴市	19 609	19 133	17 422	21 968	19 490	25 818	33 055	35 945
湖州市	4 454	6 783	11 926	11 832	106 749	31 725	34 828	46 875
绍兴市	8 478	17 628	19 943	23 084	26 154	48 883	54 482	62 223
舟山市	2 133	962	14 284	5 491	5 789	6 331	6 986	8 543
台州市	2 137	2 716	3 832	3 867	4 299	5 715	6 929	8 099

城市	2011 年	2012 年	2013 年	2014 年	2015 年	2016 年	2017 年
上海市	458 223	1 089 334	1 186 816	2 054 931	1 564 554	1 654 516	2 406 932
南京市	158 657	136 814	247 067	220 719	314 153	382 073	636 970
无锡市	71 473	78 231	120 960	101 863	101 482	108 755	125 561
常州市	22 683	36 392	32 208	37 263	41 736	54 029	53 244
苏州市	111 012	137 422	197 484	141 049	190 394	199 759	201 722
南通市	36 599	67 335	44 280	54 397	45 510	54 378	345 011
扬州市	24 131	31 138	36 361	48 575	54 958	59 372	74 525
镇江市	34 889	46 789	40 143	51 991	199 150	55 093	52 717
泰州市	18 554	27 191	37 743	42 082	41 910	44 482	47 700
杭州市	213 418	113 501	181 783	190 982	262 953	228 943	235 815
宁波市	70 625	125 575	106 013	158 376	131 696	166 835	175 682
嘉兴市	45 199	78 894	77 221	94 546	128 113	137 402	148 304
湖州市	44 037	68 501	46 745	49 869	90 747	94 362	113 041
绍兴市	71 538	74 260	60 265	53 151	52 084	61 550	80 384

城市	2011 年	2012 年	2013 年	2014 年	2015 年	2016 年	2017 年
舟山市	8 186	13 639	12 182	14 744	21 449	19 327	21 843
台州市	12 685	16 489	18 603	21 828	13 724	90 329	88 124

4.4.1　从数字看形势

2017 年，长三角核心区博物馆本年支出为 4 807 575 千元。其中上海市为 2 406 932 千元，占比为 50.07%；江苏地区为 1 537 450 千元，占比为 31.98%；浙江地区为 863 193 千元，占比为 17.95%，如表 4-11 所示。16 个城市中，上海市以 2 406 932 千元列第一位，舟山市以 21 843 千元列最后一位。江苏地区 8 个城市的博物馆本年支出占长三角核心区近三成，其中南京市博物馆本年支出最多，占比为 13.25%。

表 4-11　2003 年、2017 年长三角核心区 16 个城市的博物馆本年支出及增长情况

地区	2003 年博物馆本年支出		2017 年博物馆本年支出		2017 年比 2003 年增长倍数（倍）	2003～2017 年年均增长率（%）
	总额（千元）	占比（%）	总额（千元）	占比（%）		
上海市	247 949	61.40	2 406 932	50.07	8.71	17.63
南京市	18 355	4.55	636 970	13.25	33.70	28.83
无锡市	4 253	1.05	125 561	2.61	28.52	27.35
常州市	3 597	0.89	53 244	1.11	13.80	21.23
苏州市	20 407	5.05	201 722	4.20	8.88	17.78
南通市	5 096	1.26	345 011	7.18	66.70	35.13
扬州市	5 552	1.37	74 525	1.55	12.42	20.38
镇江市	15 491	3.84	52 717	1.10	2.40	9.14
泰州市	5 103	1.26	47 700	0.99	8.35	17.31
江苏地区	77 854	19.28	1 537 450	31.98	18.75	23.75
杭州市	29 020	7.19	235 815	4.91	7.13	16.14
宁波市	12 201	3.02	175 682	3.65	13.40	20.99
嘉兴市	19 609	4.86	148 304	3.08	6.56	15.55
湖州市	4 454	1.10	113 041	2.35	24.38	25.99
绍兴市	8 478	2.10	80 384	1.67	8.48	17.43

续表

地区	2003 年博物馆本年支出		2017 年博物馆本年支出		2017 年比 2003 年增长倍数（倍）	2003～2017 年年均增长率（%）
	总额（千元）	占比（%）	总额（千元）	占比（%）		
舟山市	2 133	0.53	21 843	0.45	9.24	18.08
台州市	2 137	0.53	88 124	1.83	40.24	30.43
浙江地区	78 032	19.32	863 193	17.95	10.06	18.73
长三角核心区	403 835	100.00	4 807 575	100.00	10.90	19.35

图 4-10 显示了 2003 年、2010 年、2017 年长三角核心区 16 个城市的博物馆本年支出变化情况。图中显示，除了杭州市在 2017 年有所下降之外，长三角核心区其他城市的博物馆本年支出呈现稳定增长态势。2017 年，上海市、南京市、南通市、杭州市、苏州市、宁波市列前六位。

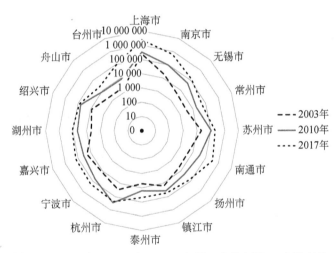

图 4-10　2003 年、2010 年、2017 年长三角核心区 16 个城市的
博物馆本年支出变化情况（单位：千元）

2017 年，长三角核心区 16 个城市的博物馆平均本年支出为 300 473 千元。上海市博物馆本年支出远高于其他城市，拉高了平均水平，导致只有上海市、南京市、南通市 3 个城市高于平均水平，其余 13 个城市均低于平均水平，如图 4-11 所示。高于平均水平的 3 个城市的博物馆本年支出达到了 3 388 913 千元，占长三角核心区博物馆本年支出总和的 70.49%。

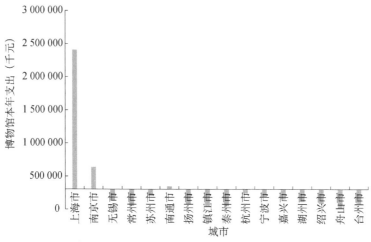

图 4-11 2017 年长三角核心区 16 个城市的博物馆本年支出与平均值比较

4.4.2 从增速看发展

2003～2017 年，长三角核心区博物馆本年支出基本呈现不断上升的趋势。2003 年，长三角核心区博物馆本年支出为 403 835 千元，2017 年达到 4 807 575 千元。其中，上海市年均增长率为 17.63%，江苏地区年均增长率为 23.75%，浙江地区年均增长率为 18.73%，如表 4-11 所示。江苏地区增速最快，浙江地区次之，上海市增速略慢，如图 4-12 所示。

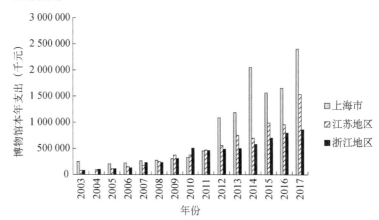

图 4-12 2003～2017 年上海市、江苏地区、浙江地区的博物馆本年支出变化情况

2003 年以来，上海市、江苏地区、浙江地区的博物馆本年支出基本呈现稳定增长趋势。上海市博物馆本年支出稳居长三角核心区各城市首位。2017 年，上海市博物馆本年支出达到 2 406 932 千元，远高于其他 15 个城市，是列最后一位的舟山市的 110.19 倍。

4.4.3　从构成看特征

长三角核心区 16 个城市的博物馆本年支出存在显著差异，单纯的总量不能全面地反映一个城市博物馆本年支出的特征，如表 4-10 所示。可通过人均博物馆本年支出衡量一个城市博物馆发展的情况。表 4-12 表明，2017 年长三角核心区 16 个城市的人均博物馆本年支出存在较为显著的差异。其中，上海市、南京市、南通市、湖州市、嘉兴市、杭州市排在前六位。上海市人均博物馆本年支出最高，达到了 99.53 元；泰州市人均博物馆本年支出最低，为 10.25 元。长三角核心区人均博物馆本年支出为 43.10 元。其中，上海市人均博物馆本年支出为 99.53 元，江苏地区人均博物馆本年支出为 30.79 元，浙江地区人均博物馆本年支出为 23.07 元。

表 4-12　2017 年长三角核心区 16 个城市的人均博物馆本年支出

地区	博物馆本年支出（千元）	常住人口（万人）	人均博物馆本年支出（元）
上海市	2 406 932	2 418.3	99.53
南京市	636 970	833.5	76.42
无锡市	125 561	655.3	19.16
常州市	53 244	471.7	11.29
苏州市	201 722	1 068.4	18.88
南通市	345 011	730.5	47.23
扬州市	74 525	450.8	16.53
镇江市	52 717	318.6	16.55
泰州市	47 700	465.2	10.25
江苏地区	1 537 450	4 994.0	30.79
杭州市	235 815	946.8	24.91
宁波市	175 682	800.5	21.95
嘉兴市	148 304	465.6	31.85
湖州市	113 041	299.5	37.74

续表

地区	博物馆本年支出（千元）	常住人口（万人）	人均博物馆本年支出（元）
绍兴市	80 384	501.0	16.04
舟山市	21 843	116.8	18.70
台州市	88 124	611.8	14.40
浙江地区	863 193	3 742.0	23.07
长三角核心区	4 807 575	11 154.3	43.10

4.5 文物保护管理机构财政拨款收入①

文物保护管理机构财政拨款收入指文物保护管理机构从同级财政部门取得的财政预算资金，包括公共预算财政拨款和政府性基金预算财政拨款。

表 4-13 展示了 2004～2017 年长三角核心区 16 个城市的文物保护管理机构财政拨款收入。在空间维度上，各城市间的文物保护管理机构财政拨款收入差距较为明显；在时间维度上，各城市的文物保护管理机构财政拨款收入总体上呈现稳定增长态势。

表 4-13 2004～2017 年长三角核心区 16 个城市的
文物保护管理机构财政拨款收入　　（单位：千元）

城市	2004 年	2005 年	2006 年	2007 年	2008 年	2009 年	2010 年
上海市	2 547	4 801	7 017	5 357	27 305	12 368	15 643
南京市	2 252	15 039	13 074	8 130	2 470	2 778	14 557
无锡市	7 879	7 801	5 187	7 417	8 939	10 246	12 124
常州市	1 766	1 935	2 148	2 701	2 529	3 211	3 343
苏州市	9 993	11 062	12 115	17 272	19 167	23 118	22 167
南通市	751	136	260	271	1 945	357	375
扬州市	1 380	2 943	2 042	3 688	3 059	2 542	5 756
镇江市	1 092	4 465	1 289	4 925	7 292	5 071	1 755

———————

① 湖州市 2005 年及之前的该指标数据缺失，泰州市 2007～2011 年和 2013～2014 年的该指标数据缺失。

城市	2004 年	2005 年	2006 年	2007 年	2008 年	2009 年	2010 年
泰州市	205	317	197	—	—	—	—
杭州市	29 626	12 446	10 898	35 779	54 203	232 233	89 696
宁波市	13 659	14 932	17 087	23 205	38 491	31 966	36 697
嘉兴市	1 275	1 759	2 333	3 027	2 745	3 850	4 624
湖州市	—	—	212	112	500	425	3 597
绍兴市	4 432	4 958	6 920	9 985	19 956	16 508	20 363
舟山市	800	1 200	1 400	1 700	1 800	2 000	3 200
台州市	1 948	2 641	3 528	4 487	4 158	3 052	4 150
城市	2011 年	2012 年	2013 年	2014 年	2015 年	2016 年	2017 年
上海市	18 823	14 121	27 890	26 440	28 430	27 870	27 600
南京市	33 347	34 139	47 106	74 941	24 800	33 079	27 986
无锡市	11 771	14 271	9 933	9 582	10 417	12 440	13 135
常州市	19 274	4 829	5 337	9 014	7 174	7 667	9 253
苏州市	23 722	29 911	41 321	33 148	37 375	40 613	63 869
南通市	867	500	750	1 035	1 021	300	350
扬州市	6 460	12 008	14 641	31 559	39 458	9 004	16 383
镇江市	2 042	1 189	1 093	1 262	2 315	3 201	36 494
泰州市	—	600	—	—	956	600	1 627
杭州市	134 609	157 328	265 715	180 119	253 213	341 079	334 198
宁波市	43 450	47 611	48 096	57 408	74 613	77 021	76 551
嘉兴市	5 145	6 872	7 175	7 250	8 374	11 240	14 051
湖州市	474	601	2 571	9 963	14 486	10 283	17 146
绍兴市	22 765	30 122	28 089	28 078	29 839	36 559	39 607
舟山市	1 720	1 320	4 690	5 090	2 978	2 643	1 733
台州市	5 470	1 995	7 625	11 476	12 747	21 026	14 085

4.5.1 从数字看形势

2017 年，长三角核心区文物保护管理机构财政拨款收入为 694 068 千元。其中，上海市为 27 600 千元，占比为 3.98%；江苏地区为 169 097 千元，占比为 24.36%；浙江地区为 497 371 千元，占比为 71.66%，如表 4-14 所示。杭州市文物保护管理机构财政拨款收入占长三角核心区文物保护管理机构财政拨款收入的比例远高于其他城市。16 个城市中，杭州市以 334 198 千元列第一位，南通市以 350 千元列最后一位。江苏地区 8 个城市的文物保护管理机构财政拨款收入占长三角核心区约 1/4，其中苏州市文物保护管理机构财政拨款收入最多，占比为 9.20%。

表 4-14　2004 年、2017 年长三角核心区 16 个城市的文物保护管理机构财政拨款收入及增长情况

地区	2004 年文物保护管理机构财政拨款收入		2017 年文物保护管理机构财政拨款收入		2017 年比 2004 年增长倍数（倍）	2004～2017 年年均增长率（%）
	总额（千元）	占比（%）	总额（千元）	占比（%）		
上海市	2 547	3.20	27 600	3.98	9.84	20.12
南京市	2 252	2.83	27 986	4.03	11.43	21.39
无锡市	7 879	9.90	13 135	1.89	0.67	4.01
常州市	1 766	2.22	9 253	1.33	4.24	13.59
苏州市	9 993	12.55	63 869	9.20	5.39	15.34
南通市	751	0.94	350	0.05	-0.53	-5.70
扬州市	1 380	1.73	16 383	2.36	10.87	20.96
镇江市	1 092	1.37	36 494	5.26	32.42	30.99
泰州市	205	0.26	1 627	0.23	6.94	17.27
江苏地区	25 318	31.80	169 097	24.36	5.68	15.73
杭州市	29 626	37.22	334 198	48.15	10.28	20.49
宁波市	13 659	17.16	76 551	11.03	4.60	14.18
嘉兴市	1 275	1.60	14 051	2.03	10.02	20.27
湖州市	—	0.00	17 146	2.47	—	—
绍兴市	4 432	5.57	39 607	5.71	7.94	18.35
舟山市	800	1.00	1 733	0.25	1.17	6.13
台州市	1 948	2.45	14 085	2.03	6.23	16.44
浙江地区	51 740	65.00	497 371	71.66	8.61	19.02
长三角核心区	79 605	100.00	694 068	100.00	7.72	18.13

图 4-13 显示了 2004 年、2010 年、2017 年长三角核心区 14 个城市的文物保护管理机构财政拨款收入变化情况。图中显示，长三角核心区 14 个城市的文物保护管理机构财政拨款收入基本呈现稳定增长态势（只有南通市和舟山市略有波动）。2017 年，杭州市、宁波市、苏州市、绍兴市、镇江市、南京市列前六位。

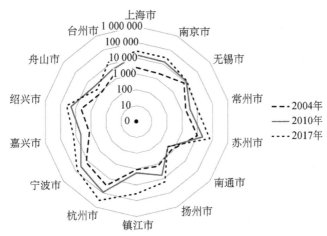

图 4-13 2004 年、2010 年、2017 年长三角核心区 14 个城市的文物
保护管理机构财政拨款收入变化情况（单位：千元）

注：不含泰州市和湖州市数据。

2017 年，长三角核心区 16 个城市的文物保护管理机构平均财政拨款收入为 43 379 千元。杭州市文物保护管理机构财政拨款收入远高于其他城市，拉高了平均水平，导致只有杭州市、宁波市、苏州市 3 个城市高于平均水平，其余 13 个城市均低于平均水平，如图 4-14 所示。高于平均水平的 3 个城市的文物保护管理机构财政拨款收入达到了 474 618 千元，占长三角核心区文物保护管理机构财政拨款收入总和的 68.38%。

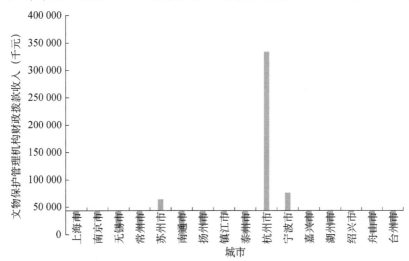

图 4-14 2017 年长三角核心区 16 个城市的文物保护管理机构财政拨款收入与平均值比较

4.5.2　从增长看发展

2004～2017 年，长三角核心区文物保护管理机构财政拨款收入呈现不断上升的趋势。2004 年长三角核心区文物保护管理机构财政拨款收入为 79 605 千元，2017 年达到 694 068 千元。其中，上海市增长了 9.84 倍，年均增长率为 20.12%；江苏地区增长了 5.68 倍，年均增长率为 15.73%；浙江地区增长了 8.61 倍，年均增长率为 19.02%，如表 4-14 所示。上海市增长速度最快，浙江地区和上海市增速相当，浙江地区居第二位，江苏地区增速最慢。如图 4-15 所示。

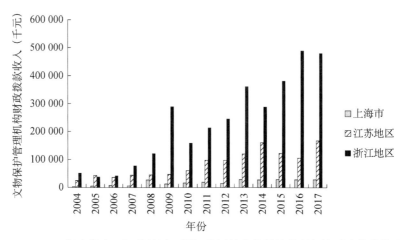

图 4-15　2004～2017 年上海市、江苏地区、浙江地区的文物保护管理机构财政拨款收入变化情况

2004 年以来，上海市、江苏地区、浙江地区的文物保护管理机构财政拨款收入总体呈现增长态势。杭州市文物保护管理机构财政拨款收入稳居长三角核心区各城市首位。2017 年，杭州市文物保护管理机构财政拨款收入达到 334 198 千元，远高于其他 15 个城市，是列最后一位的南通市的 954.85 倍。

4.5.3　从人均看特征

长三角核心区 16 个城市的文物保护管理机构财政拨款收入存在显著差异，单纯的总量不能全面地反映一个城市文物保护管理机构财政支持的全貌，如表4-13所示。可通过人均文物保护管理机构财政拨款收入衡量一个城市对文物保护管理机构的支持情况。表4-15表明，2017年长三角核心区16个城市的人均文物保护管理机构财政拨款收入存在较为显著的差异。其中，杭州市、镇江市、宁波市、绍兴市、苏州市、湖州市排在前六位。杭州市人均文物保护管理机构财政拨款收入最高，达到了35.30元；南通市人均文物保护管理机构财政拨款收入最低，为0.05元。

长三角核心区人均文物保护管理机构财政拨款收入为6.22元。其中，上海市人均文物保护管理机构财政拨款收入为1.14元，江苏地区人均文物保护管理机构财政拨款收入为3.39元，浙江地区人均文物保护管理机构财政拨款收入为13.29元。

表4-15　2017年长三角核心区16个城市的人均文物保护管理机构财政拨款收入

地区	文物保护管理机构财政拨款收入（千元）	常住人口（万人）	人均文物保护管理机构财政拨款收入（元）
上海市	27 600	2418.3	1.14
南京市	27 986	833.5	3.36
无锡市	13 135	655.3	2.00
常州市	9 253	471.7	1.96
苏州市	63 869	1 068.4	5.98
南通市	350	730.5	0.05
扬州市	16 383	450.8	3.63
镇江市	36 494	318.6	11.45
泰州市	1 627	465.2	0.35
江苏地区	169 097	4 994.0	3.39
杭州市	334 198	946.8	35.30
宁波市	76 551	800.5	9.56
嘉兴市	14 051	465.6	3.02
湖州市	17 146	299.5	5.72
绍兴市	39 607	501.0	7.91
舟山市	1 733	116.8	1.48
台州市	14 085	611.8	2.30
浙江地区	497 371	3 742.0	13.29
长三角核心区	694 068	11 154.3	6.22

4.6 文物保护管理机构本年支出[①]

文物保护管理机构本年支出指文物保护管理机构在业务活动中发生的各项资产耗费和损失等支出情况，包括基本支出、项目支出、上缴上级支出、经营支出、对附属单位补助支出和结转自筹基建。

表 4-16 展示了 2004～2017 年长三角核心区 16 个城市的文物保护管理机构本年支出。在空间维度上，各城市间的差距较为明显；在时间维度上，各城市的文物保护管理机构本年支出总体上呈现稳定增长态势。

表 4-16　2004～2017 年长三角核心区 16 个城市的
文物保护管理机构本年支出　　　　（单位：千元）

城市	2004 年	2005 年	2006 年	2007 年	2008 年	2009 年	2010 年
上海市	2 594	4 925	8 231	5 829	10 926	54 420	26 995
南京市	5 470	4 512	14 211	6 500	6 191	4 965	16 652
无锡市	9 707	10 521	8 290	10 352	11 820	13 895	15 032
常州市	1 842	2 529	3 012	3 121	2 618	3 305	3 612
苏州市	10 619	12 290	14 665	18 148	19 943	23 677	24 784
南通市	400	1 232	260	271	1 887	337	375
扬州市	2 355	1 383	2 677	3 549	3 876	2 558	3 649
镇江市	1 399	4 542	2 738	3 357	10 027	5 079	1 755
泰州市	205	317	197	—	—	—	—
杭州市	197 970	152 787	144 898	179 593	186 219	405 238	275 669
宁波市	16 412	20 362	21 733	34 551	48 789	46 499	52 127
嘉兴市	2 429	1 879	2 650	2 993	3 066	3 561	4 184
湖州市	—	430	807	623	937	1 671	4 215
绍兴市	11 260	21 543	27 648	29 345	39 430	40 679	52 735

[①]　湖州市 2004 年的该指标数据缺失，泰州市 2007～2011 年和 2013～2014 年的该指标数据缺失，故本节图 4-16 和图 4-18 中不包含泰州市和湖州市数据。

续表

城市	2004 年	2005 年	2006 年	2007 年	2008 年	2009 年	2010 年
舟山市	800	1 200	1 400	1 700	1 810	2 250	3 200
台州市	1 518	2 124	3 101	4 345	3 624	2 948	3 185

城市	2011 年	2012 年	2013 年	2014 年	2015 年	2016 年	2017 年
上海市	23 123	20 314	40 460	31 820	29 740	28 650	28 910
南京市	34 252	37 621	44 359	69 407	13 857	19 020	26 234
无锡市	16 228	26 208	10 418	10 051	10 764	12 811	13 506
常州市	4 996	4 829	5 029	8 719	7 174	7 667	9 253
苏州市	23 576	30 265	39 648	32 614	41 980	42 421	56 269
南通市	867	500	750	1 035	1 021	300	350
扬州市	4 592	10 930	16 972	46 575	42 127	18 590	17 710
镇江市	2 092	1 189	1 093	1 262	2 315	3 201	36 494
泰州市	—	421	—	—	956	6 200	1 628
杭州市	314 573	394 787	490 515	493 322	662 238	807 934	984 321
宁波市	58 195	62 220	60 610	66 153	79 493	81 431	83 357
嘉兴市	5 477	6 868	8 660	7 928	9 088	12 864	14 232
湖州市	1 453	1 499	4 888	7 158	35 186	39 476	37 515
绍兴市	55 899	66 956	65 126	74 100	77 450	81 721	97 041
舟山市	1 595	1 320	4 690	5 090	2 978	2 275	1 861
台州市	5 259	2 729	9 853	11 391	11 890	20 590	14 645

4.6.1 从数字看形势

2017 年，长三角核心区的文物保护管理机构本年支出为 1 423 326 千元。其中，上海市为 28 910 千元，占比为 2.03%；江苏地区为 161 444 千元，占比为 11.34%；浙江地区为 1 232 972 千元，占比为 86.63%，如表 4-17 所示。16 个城市中，杭州市以 984 321 千元列第一位，南通市以 350 千元列最后一位。江苏地区 8 个城市的文物保护管理机构本年支出占长三角核心区 11.34%，其中苏州市的文物保护管理机构本年支出最多，占比为 3.95%。

表 4-17　2004 年、2017 年长三角核心区 16 个城市的文物保护管理机构本年支出及增长情况

地区	2004 年文物保护管理机构本年支出		2017 年文物保护管理机构本年支出		2017 年比 2004 年增长倍数（倍）	2004～2017 年年均增长率（%）
	总额（千元）	占比（%）	总额（千元）	占比（%）		
上海市	2 594	0.98	28 910	2.03	10.14	20.38
南京市	5 470	2.06	26 234	1.84	3.80	12.82
无锡市	9 707	3.66	13 506	0.95	0.39	2.57
常州市	1 842	0.70	9 253	0.65	4.02	13.22
苏州市	10 619	4.01	56 269	3.95	4.30	13.69
南通市	400	0.15	350	0.03	-0.13	-1.02
扬州市	2 355	0.89	17 710	1.24	6.52	16.79
镇江市	1 399	0.53	36 494	2.56	25.09	28.52
泰州市	205	0.08	1 628	0.11	6.94	17.28
江苏地区	31 997	12.07	161 444	11.34	4.05	13.26
杭州市	197 970	74.71	984 321	69.16	3.97	13.13
宁波市	16 412	6.19	83 357	5.86	4.08	13.32
嘉兴市	2 429	0.92	14 232	1.00	4.86	14.57
湖州市	—	0.00	37 515	2.64	—	—
绍兴市	11 260	4.25	97 041	6.82	7.62	18.02
舟山市	800	0.30	1 861	0.13	1.33	6.71
台州市	1 518	0.57	14 645	1.03	8.65	19.05
浙江地区	230 389	86.95	1 232 972	86.63	4.35	13.77
长三角核心区	264 980	100.00	1 423 326	100.00	4.37	13.80

　　图 4-16 显示了 2004 年、2010 年、2017 年长三角核心区 13 个城市（不含泰州市、台州市和湖州市）的文物保护管理机构本年支出变化情况。图中显示，长三角核心区 13 个城市的文物保护管理机构本年支出基本呈现稳定增长态势（无锡市、南通市和舟山市略有波动）。2017 年，杭州市、绍兴市、宁波市、苏州市、镇江市、上海市列前六位。

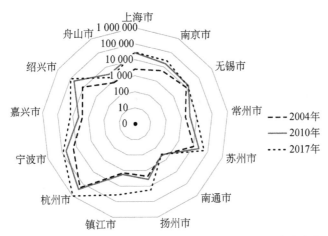

图 4-16　2004 年、2010 年、2017 年长三角核心区 13 个城市的
文物保护管理机构本年支出变化情况（单位：千元）

2017 年，长三角核心区 16 个城市的文物保护管理机构平均本年支出为 88 958 千元。杭州市文物保护管理机构本年支出远高于其他城市，拉高了平均水平，导致只有杭州市和绍兴市 2 个城市高于平均水平，其余 14 个城市均低于平均水平，如图 4-17 所示。高于平均水平的 2 个城市的文物保护管理机构本年支出达到了 1 081 362 千元，占长三角核心区文物保护管理机构本年支出总和的 75.97%。

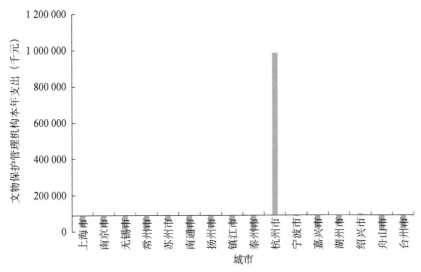

图 4-17　2017 年长三角核心区 16 个城市的文物保护管理机构本年支出与平均值比较

4.6.2　从增长看发展

2004～2017 年，长三角核心区文物保护管理机构本年支出呈现不断上升的趋势。2004 年长三角核心区文物保护管理机构本年支出为 264 980 千元，2017 年达到 1 423 326 千元。其中，上海市增长了 10.14 倍，年均增长率为 20.38%；江苏地区增长了 4.05 倍，年均增长率为 13.26%；浙江地区增长了 4.35 倍，年均增长率为 13.77%，如表 4-17 所示。上海市增长速度最快，江苏地区和浙江地区增速相当，如图 4-18 所示。

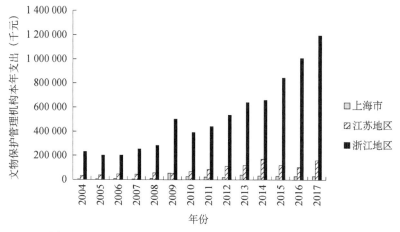

图 4-18　2004～2017 年上海市、江苏地区、浙江地区的文物
保护管理机构本年支出变化情况

2004 年以来，上海市、江苏地区、浙江地区的文物保护管理机构本年支出总体呈现增长态势。杭州市文物保护管理机构本年支出稳居长三角核心区各城市首位。2017 年，杭州市文物保护管理机构本年支出达到 984 321 千元，远高于其他 15 个城市，是列最后一位的南通市的 2812.35 倍。

4.6.3　从人均看特征

长三角核心区 16 个城市的文物保护管理机构本年支出存在显著差异，单纯的总量不能全面地反映一个城市文物保护管理机构支出的特征，如表 4-16 所示。可通过人均文物保护管理机构本年支出衡量一个城市文物保护管理机构的支出情况。表 4-18 表明，2017 年长三角核心区 16 个城市的人均文物保护管理机构本年支出存在较为显著的差异。其中，杭州市、绍兴市、湖州市、镇江市、宁波市、苏州市排在前六位。杭州市人均文物保护管理机构本年支出最高，达到了 103.96 元；南通市人均文物保护管理机构本年支出最低，为 0.05 元。长三角核心区人均文物保护管理机构本年支出为 12.76 元。其中，上海市人均文物保护管理机构本年支出为 1.20 元，江苏地区人均文物保护管理机构本年支出为 3.23 元，浙江地区人均文物保护管理机构本年支出为 32.95 元。

表 4-18　2017 年长三角核心区 16 个城市的人均文物保护管理机构本年支出

地区	文物保护管理机构本年支出（千元）	常住人口（万人）	人均文物保护管理机构本年支出（元）
上海市	28 910	2 418.3	1.20
南京市	26 234	833.5	3.15
无锡市	13 506	655.3	2.06
常州市	9 253	471.7	1.96
苏州市	56 269	1 068.4	5.27
南通市	350	730.5	0.05
扬州市	17 710	450.8	3.93
镇江市	36 494	318.6	11.45
泰州市	1 628	465.2	0.35
江苏地区	161 444	4 994.0	3.23
杭州市	984 321	946.8	103.96
宁波市	83 357	800.5	10.41
嘉兴市	14 232	465.6	3.06
湖州市	37 515	299.5	12.53
绍兴市	97 041	501.0	19.37
舟山市	1 861	116.8	1.59
台州市	14 645	611.8	2.39
浙江地区	1 232 972	3 742.0	32.95
长三角核心区	1 423 326	11 154.3	12.76

5 文化站、文化馆

5.1　文化站财政拨款收入

文化站是国家设立、政府举办的，乡、镇、街道办事处、区公所一级的最基层公共文化事业机构。文化站是向广大人民群众进行宣传教育，研究文化活动规律，创作文艺作品，组织、辅导群众开展文体活动，普及科学文化知识，并提供活动场所，具有公益性的文化传播与管理的文化事业机构。

文化站财政拨款收入指文化站从同级财政部门取得的财政预算资金，包括公共预算财政拨款和政府性基金预算财政拨款。

表 5-1 展示了 2003～2017 年长三角核心区 16 个城市的文化站财政拨款收入。在空间维度上，各城市间的差距较为明显；在时间维度上，多数城市保持稳定增长态势。

表 5-1　2003～2017 年长三角核心区
16 个城市的文化站财政拨款收入　　　　　　（单位：千元）

城市	2003 年	2004 年	2005 年	2006 年	2007 年	2008 年	2009 年	2010 年
上海市	56 549	71 701	151 201	121 333	180 574	211 269	294 441	370 781
南京市	5 871	7 901	15 700	9 698	13 145	21 785	19 571	22 813
无锡市	9 509	10 685	20 863	13 482	32 825	43 562	52 529	54 938
常州市	4 261	1 960	4 512	5 091	10 550	10 843	16 050	17 062
苏州市	10 790	15 427	39 478	37 339	55 395	71 463	87 855	97 650
南通市	1 976	3 208	5 681	8 342	12 935	12 904	15 157	17 412
扬州市	2 595	3 417	5 766	3 886	5 266	7 035	9 669	12 750
镇江市	3 182	3 243	4 654	3 389	11 306	8 742	7 021	7 732
泰州市	3 815	4 316	7 119	4 560	7 025	17 735	11 817	24 967
杭州市	19 439	20 758	27 833	32 201	55 486	70 557	86 955	128 481
宁波市	16 054	21 886	33 294	33 482	45 715	42 430	66 751	83 148
嘉兴市	4 879	11 353	16 998	25 350	28 348	31 959	34 621	54 744
湖州市	3 569	4 775	9 113	11 078	12 153	13 982	17 948	25 792
绍兴市	6 184	6 535	11 551	7 983	18 904	16 916	22 178	33 699
舟山市	5 308	5 800	4 085	4 913	10 784	10 162	19 594	24 350
台州市	12 014	13 895	14 046	17 330	20 892	19 938	23 574	27 157

续表

城市	2011 年	2012 年	2013 年	2014 年	2015 年	2016 年	2017 年
上海市	577 863	697 114	760 537	755 243	884 143	958 324	1 038 857
南京市	27 886	35 841	42 051	40 840	51 376	68 550	74 916
无锡市	109 947	68 683	81 745	121 613	135 198	79 743	84 711
常州市	22 622	28 269	34 686	34 709	41 445	46 532	49 236
苏州市	139 267	215 221	227 514	192 418	272 525	283 120	432 994
南通市	19 974	29 606	44 705	33 362	38 292	44 387	57 889
扬州市	14 399	17 360	23 271	57 278	26 315	28 579	42 257
镇江市	12 132	15 800	19 587	18 786	37 435	25 957	57 829
泰州市	31 075	33 463	36 884	30 061	29 978	30 470	35 260
杭州市	197 964	212 745	265 429	263 654	239 559	259 014	282 575
宁波市	87 057	146 698	111 914	110 020	122 534	188 695	196 799
嘉兴市	62 655	70 568	80 367	117 144	128 328	199 546	314 178
湖州市	27 516	31 197	28 334	113 374	43 988	55 821	61 862
绍兴市	42 841	36 558	33 812	44 202	54 965	58 255	67 855
舟山市	21 829	41 046	26 373	25 605	52 419	53 019	34 125
台州市	29 988	50 109	47 078	63 217	82 668	109 783	166 479

5.1.1 从数字看形势

2017 年，长三角核心区文化站财政拨款收入为 2 997 822 千元。其中，上海市为 1 038 857 千元，占比为 34.65%；江苏地区为 835 092 千元，占比为 27.86%；浙江地区为 1 123 873 千元，占比为 37.49%，如表 5-2 所示。16 个城市中，上海市以 1 038 857 千元列第一位，舟山市以 34 125 千元列最后一位。江苏地区 8 个城市的文化站财政拨款收入占长三角核心区 27.86%，其中苏州市文化站财政拨款收入最多，占比为 14.44%。

表 5-2　2003 年、2017 年长三角核心区 16 个城市的文化站财政拨款收入及增长情况

地区	2003 年文化站财政拨款收入		2017 年文化站财政拨款收入		2017 年比 2003 年增长倍数（倍）	2003～2017 年年均增长率（%）
	总额（千元）	占比（%）	总额（千元）	占比（%）		
上海市	56 549	34.07	1 038 857	34.65	17.37	23.11
南京市	5 871	3.53	74 916	2.50	11.76	19.95
无锡市	9 509	5.73	84 711	2.83	7.91	16.91

续表

地区	2003 年文化站财政拨款收入		2017 年文化站财政拨款收入		2017 年比 2003 年增长倍数（倍）	2003～2017 年年均增长率（%）
	总额（千元）	占比（%）	总额（千元）	占比（%）		
常州市	4 261	2.57	49 236	1.64	10.56	19.10
苏州市	10 790	6.50	432 994	14.44	39.13	30.18
南通市	1 976	1.19	57 889	1.93	28.30	27.28
扬州市	2 595	1.56	42 257	1.41	15.28	22.05
镇江市	3 182	1.92	57 829	1.93	17.17	23.02
泰州市	3 815	2.30	35 260	1.18	8.24	17.22
江苏地区	41 999	25.30	835 092	27.86	18.88	23.81
杭州市	19 439	11.71	282 575	9.43	13.54	21.07
宁波市	16 054	9.67	196 799	6.57	11.26	19.60
嘉兴市	4 879	2.94	314 178	10.48	63.39	34.65
湖州市	3 569	2.15	61 862	2.06	16.33	22.60
绍兴市	6 184	3.72	67 855	2.26	9.97	18.66
舟山市	5 308	3.20	34 125	1.14	5.43	14.22
台州市	12 014	7.24	166 479	5.55	12.86	20.66
浙江地区	67 447	40.63	1 123 873	37.49	15.66	22.26
长三角核心区	165 995	100.00	2 997 822	100.00	17.06	22.96

图 5-1 显示了 2003 年、2010 年、2017 年长三角核心区 16 个城市的文化站财政拨款收入变化情况。图中显示，长三角核心区 16 个城市的文化站财政拨款收入呈现稳定增长态势。2017 年，上海市、苏州市、嘉兴市、杭州市、宁波市、台州市列前六位。

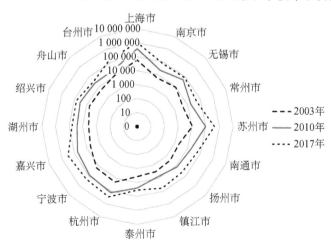

图 5-1　2003 年、2010 年、2017 年长三角核心区 16 个城市的文化站财政拨款收入变化情况（单位：千元）

2017 年，长三角核心区 16 个城市的文化站平均财政拨款收入为 187 364 千元。其中，上海市、苏州市、嘉兴市、杭州市、宁波市 5 个城市高于平均水平，其余 11 个城市均低于平均水平，如图 5-2 所示。高于平均水平的 5 个城市的文化站财政拨款收入达到了 2 265 403 千元，占长三角核心区文化站财政拨款收入总和的 75.57%。

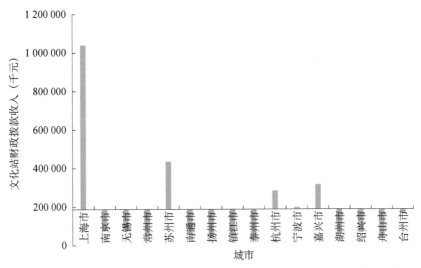

图 5-2　2017 年长三角核心区 16 个城市的文化站财政拨款收入与平均值比较

5.1.2　从增速看发展

2003～2017 年，长三角核心区文化站财政拨款收入基本呈现不断上升的趋势。2003 年长三角核心区文化站财政拨款收入为 165 995 千元，2017 年达到 2 997 822 千元。其中，上海市增长了 17.37 倍，年均增长率为 23.11%；江苏地区增长了 18.88 倍，年均增长率为 23.81%；浙江地区增长了 15.66 倍，年均增长率为 22.26%，如表 5-2 所示。江苏地区增速列首位，但与上海市和浙江地区差距不大，如图 5-3 所示。

2003 年以来，上海市、江苏地区、浙江地区的文化站财政拨款收入基本呈现稳定增长趋势。上海市文化站财政拨款收入稳居长三角核心区各城市首位。2017 年，上海市文化站财政拨款收入是列最后一位的舟山市的 30.44 倍。

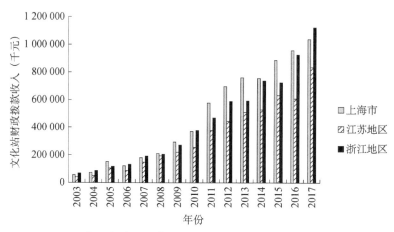

图 5-3　2003～2017 年上海市、江苏地区、浙江地区的文化站财政拨款收入变化情况

5.1.3　从人均看特征

长三角核心区 16 个城市的文化站财政拨款收入存在显著差异，单纯的总量不能全面地反映一个城市对文化站发展财政支持的全貌，如表 5-1 所示。可通过人均文化站财政拨款收入衡量一个城市对文化站发展的支持情况。表 5-3 表明，2017 年长三角核心区 16 个城市的人均文化站财政拨款收入存在较为显著的差异。其中，嘉兴市、上海市、苏州市、杭州市、舟山市、台州市排在前六位。嘉兴市人均文化站财政拨款收入最高，达到了 67.48 元；泰州市人均文化站财政拨款收入最低，仅为 7.58 元。长三角核心区人均文化站财政拨款收入为 26.88 元。其中，上海市人均文化站财政拨款收入为 42.96 元，江苏地区人均文化站财政拨款收入为 16.72 元，浙江地区人均文化站财政拨款收入为 30.03 元。

表 5-3　2017 年长三角核心区 16 个城市的人均文化站财政拨款收入

地区	文化站财政拨款收入（千元）	常住人口（万人）	人均文化站财政拨款收入（元）
上海市	1 038 857	2 418.3	42.96
南京市	74 916	833.5	8.99
无锡市	84 711	655.3	12.93
常州市	49 236	471.7	10.44
苏州市	432 994	1 068.4	40.53

续表

地区	文化站财政拨款收入（千元）	常住人口（万人）	人均文化站财政拨款收入（元）
南通市	57 889	730.5	7.92
扬州市	42 257	450.8	9.37
镇江市	57 829	318.6	18.15
泰州市	35 260	465.2	7.58
江苏地区	835 092	4 994.0	16.72
杭州市	282 575	946.8	29.85
宁波市	196 799	800.5	24.58
嘉兴市	314 178	465.6	67.48
湖州市	61 862	299.5	20.66
绍兴市	67 855	501.0	13.54
舟山市	34 125	116.8	29.22
台州市	166 479	611.8	27.21
浙江地区	1 123 873	3 742.0	30.03
长三角核心区	2 997 822	11 154.3	26.88

5.2　文化站本年支出

文化站本年支出指文化站在业务活动中发生的各项资产耗费和损失等支出，包括基本支出、项目支出、上缴上级支出、经营支出、对附属单位补助支出和结转自筹基建。

表 5-4 展示了 2003～2017 年长三角核心区 16 个城市的文化站本年支出。在空间维度上，各城市间的差距较为明显；在时间维度上，多数城市保持稳定增长态势。

表 5-4　2003～2017 年长三角核心区
16 个城市的文化站本年支出　　　（单位：千元）

城市	2003 年	2004 年	2005 年	2006 年	2007 年	2008 年	2009 年	2010 年
上海市	115 076	148 070	229 576	208 428	290 784	317 861	350 101	448 054
南京市	14 499	13 376	15 913	13 880	21 026	26 727	23 422	30 413
无锡市	17 870	26 544	18 899	22 744	43 275	52 853	59 525	65 557

续表

城市	2003 年	2004 年	2005 年	2006 年	2007 年	2008 年	2009 年	2010 年
常州市	5 036	3 538	4 746	5 729	12 272	12 268	18 603	18 221
苏州市	28 435	28 833	38 504	49 931	77 141	84 591	144 209	113 887
南通市	4 050	4 749	6 807	17 943	16 137	15 585	17 677	18 216
扬州市	4 515	5 429	5 774	6 236	9 087	9 918	12 483	15 151
镇江市	3 748	3 874	4 654	4 000	20 887	11 363	9 044	10 351
泰州市	5 480	5 968	7 117	6 774	11 251	21 921	15 261	29 859
杭州市	26 832	31 277	36 503	41 790	69 972	85 718	97 643	158 951
宁波市	22 852	27 331	37 079	44 636	69 263	54 427	75 030	93 193
嘉兴市	5 888	14 262	21 853	30 595	33 724	37 859	42 972	56 662
湖州市	6 603	9 511	12 494	17 134	16 473	20 072	22 201	31 113
绍兴市	7 860	7 855	13 473	10 597	22 633	23 352	27 816	38 944
舟山市	7 567	8 712	9 513	8 902	16 844	13 336	21 395	26 332
台州市	15 332	17 786	18 158	27 585	29 173	29 894	33 794	36 083

城市	2011 年	2012 年	2013 年	2014 年	2015 年	2016 年	2017 年
上海市	606 416	714 678	756 426	808 309	990 289	987 876	1 083 049
南京市	39 376	41 308	48 700	48 763	51 749	68 711	74 916
无锡市	121 658	78 156	89 784	125 315	140 663	84 276	94 014
常州市	24 338	29 858	37 716	35 797	40 425	45 654	49 236
苏州市	301 205	223 432	241 063	207 383	282 904	293 399	354 342
南通市	23 122	30 470	48 511	36 596	47 157	51 492	58 712
扬州市	17 940	19 843	25 615	60 147	29 278	30 813	44 595
镇江市	13 267	16 796	21 471	21 106	40 097	27 449	58 069
泰州市	32 771	34 798	40 675	34 300	36 464	36 187	36 086
杭州市	213 087	214 890	284 396	285 717	258 333	280 952	350 513
宁波市	102 579	167 577	136 163	129 798	135 619	208 005	207 821
嘉兴市	71 888	87 786	97 504	111 198	149 904	228 631	323 097
湖州市	35 762	38 282	49 564	134 215	59 182	66 176	78 704
绍兴市	43 684	42 069	48 766	54 631	65 148	64 256	83 204
舟山市	26 410	42 990	31 250	29 069	56 377	54 542	38 901
台州市	37 971	59 240	67 042	80 694	100 975	112 754	183 375

5.2.1 从数字看形势

2017 年，长三角核心区文化站本年支出为 3 118 634 千元。其中，上海市为 1 083 049 千元，占比为 34.73%；江苏地区为 769 970 千元，占比为 24.69%；浙江地区为 1 265 615 千元，占比为 40.58%，如表 5-5 所示。16 个城市中，上海市以 1 083 049 千元列第一位，泰州市以 36 086 千元列最后一位。江苏地区 8 个城市的文化站本年支出占长三角核心区近 1/4，其中苏州市文化站本年支出最多，占比为 11.36%。

表 5-5　2003 年、2017 年长三角核心区 16 个城市的文化站本年支出及增长情况

地区	2003 年文化站本年支出		2017 年文化站本年支出		2017 年比 2003 年增长倍数（倍）	2003～2017 年年均增长率（%）
	总额（千元）	占比（%）	总额（千元）	占比（%）		
上海市	115 076	39.46	1 083 049	34.73	8.41	17.37
南京市	14 499	4.97	74 916	2.40	4.17	12.45
无锡市	17 870	6.13	94 014	3.02	4.26	12.59
常州市	5 036	1.73	49 236	1.58	8.78	17.69
苏州市	28 435	9.75	354 342	11.36	11.46	19.74
南通市	4 050	1.39	58 712	1.88	13.50	21.05
扬州市	4 515	1.55	44 595	1.43	8.88	17.77
镇江市	3 748	1.28	58 069	1.86	14.49	21.62
泰州市	5 480	1.88	36 086	1.16	5.59	14.41
江苏地区	83 633	28.68	769 970	24.69	8.21	17.18
杭州市	26 832	9.20	350 513	11.24	12.06	20.15
宁波市	22 852	7.84	207 821	6.66	8.09	17.08
嘉兴市	5 888	2.02	323 097	10.36	53.87	33.12
湖州市	6 603	2.26	78 704	2.52	10.92	19.36
绍兴市	7 860	2.69	83 204	2.67	9.59	18.36
舟山市	7 567	2.59	38 901	1.25	4.14	12.41
台州市	15 332	5.26	183 375	5.88	10.96	19.39
浙江地区	92 934	31.86	1 265 615	40.58	12.62	20.51
长三角核心区	291 643	100.00	3 118 634	100.00	9.69	18.44

图 5-4 显示了 2003 年、2010 年、2017 年长三角核心区 16 个城市的文化站本年支

出变化情况。图中显示，长三角核心区 16 个城市的文化站本年支出呈现稳定增长态势。2017 年，上海市、苏州市、杭州市、嘉兴市、宁波市、台州市列前六位。

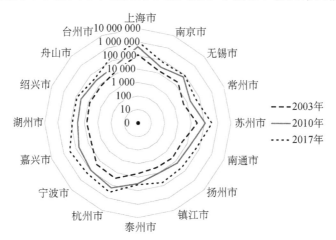

图 5-4 2003 年、2010 年、2017 年长三角核心区 16 个城市的文化站本年支出变化情况（单位：千元）

2017 年，长三角核心区 16 个城市的文化站平均本年支出为 194 915 千元。其中，上海市、苏州市、杭州市、嘉兴市、宁波市高于平均水平，其余 11 个城市均低于平均水平，如图 5-5 所示。高于平均水平的 5 个城市的文化站本年支出达到了 2 318 822 千元，占长三角核心区文化站本年支出总和的 74.35%。

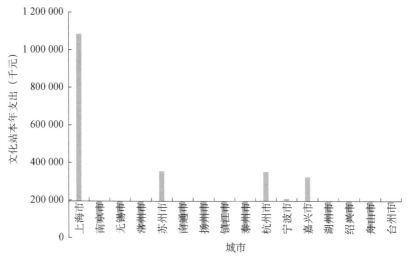

图 5-5 2017 年长三角核心区 16 个城市的文化站本年支出与平均值比较

5.2.2 从增速看发展

2003～2017 年,长三角核心区的文化站本年支出基本呈现不断上升的趋势。2003年,长三角核心区文化站本年支出为 291 643 千元,2017 年达到 3 118 634 千元。其中,上海市增长了 8.41 倍,年均增长率为 17.37%;江苏地区增长了 8.21 倍,年均增长率为 17.18%;浙江地区增长了 12.62 倍,年均增长率为 20.51%,如表 5-5 所示。浙江地区增速列首位,但与上海市和江苏地区差距不大,如图 5-6 所示。

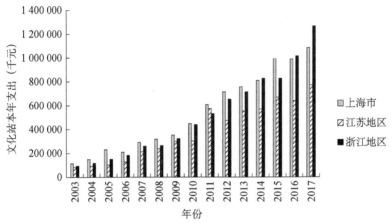

图 5-6　2003～2017 年上海市、江苏地区、浙江地区的文化站本年支出变化情况

2003 年以来,上海市、江苏地区、浙江地区的文化站本年支出总体呈现稳定增长趋势。上海市文化站本年支出稳居长三角核心区各城市首位。2017 年,上海市文化站本年支出达到 1 083 049 千元,远高于其他 15 个城市,是列最后一位的舟山市的30.01 倍。

5.2.3 从人均看特征

长三角核心区 16 个城市的文化站本年支出存在显著差异,单纯的总量不能全面地反映一个城市文化站发展的全貌,如表 5-4 所示。可通过人均文化站本年支出衡量一个城市文化站发展的情况。表 5-6 表明,2017 年长三角核心区 16 个城市的人均文化站本年支出存在较为显著的差异。其中，嘉兴市、上海市、杭州市、舟山市、苏州市、台州市排在前六位。嘉兴市人均文化站本年支出最高，达到了 69.39 元；泰州市人均文化站本年支出最低，为 7.76 元。长三角核心区人均文化站本年支出为 27.96 元。其中，上海市人均文化站本年支出为 44.79 元，江苏地区人均文化站本年支出为 15.42 元，浙江地区人均文化站本年支出为 33.82 元。

表 5-6　2017 年长三角核心区 16 个城市的人均文化站本年支出

地区	文化站本年支出（千元）	常住人口（万人）	人均文化站本年支出（元）
上海市	1 083 049	2 418.3	44.79
南京市	74 916	833.5	8.99
无锡市	94 014	655.3	14.35
常州市	49 236	471.7	10.44
苏州市	354 342	1 068.4	33.17
南通市	58 712	730.5	8.04
扬州市	44 595	450.8	9.89
镇江市	58 069	318.6	18.23
泰州市	36 086	465.2	7.76
江苏地区	769 970	4 994.0	15.42
杭州市	350 513	946.8	37.02
宁波市	207 821	800.5	25.96
嘉兴市	323 097	465.6	69.39
湖州市	78 704	299.5	26.28
绍兴市	83 204	501.0	16.61
舟山市	38 901	116.8	33.31
台州市	183 375	611.8	29.97
浙江地区	1 265 615	3 742.0	33.82
长三角核心区	3 118 634	11 154.3	27.96

5.3　文化馆财政拨款收入

文化馆是指专门从事群众文化活动的群众文化场馆，不包括由临时抽调人员组成、没有编制的农村和街道文化工作队、服务站等。

文化馆财政拨款收入指文化馆从同级财政部门取得的财政预算资金，包括公共预算财政拨款和政府性基金预算财政拨款。

表 5-7 展示了 2003～2017 年长三角核心区 16 个城市的文化馆财政拨款收入。在空间维度上，各城市间的差距较为明显；在时间维度上多数城市保持稳定增长态势。

表 5-7　2003～2017 年长三角核心区 16 个城市的
文化馆财政拨款收入　　　　　　　（单位：千元）

城市	2003 年	2004 年	2005 年	2006 年	2007 年	2008 年	2009 年	2010 年
上海市	54 729	60 335	72 070	84 058	108 719	132 657	158 615	167 212
南京市	8 282	13 070	18 562	20 829	23 299	25 217	31 303	30 826
无锡市	4 157	7 148	8 814	11 456	13 682	14 633	15 607	20 161
常州市	5 068	5 689	7 450	8 594	13 011	13 628	13 235	13 663
苏州市	9 512	12 697	15 354	16 636	19 888	24 291	30 012	36 276
南通市	6 084	7 398	10 162	9 762	12 961	14 446	14 815	15 373
扬州市	3 371	4 838	4 299	4 734	6 401	6 891	8 053	9 381
镇江市	4 253	7 821	4 531	3 768	7 805	7 281	8 311	9 842
泰州市	3 450	10 594	5 296	4 407	5 667	9 819	8 340	9 738
杭州市	8 034	16 008	17 538	19 157	23 822	30 954	36 150	37 612
宁波市	14 441	18 226	23 774	26 232	28 821	31 869	42 304	48 151
嘉兴市	6 590	7 557	10 824	11 410	13 726	17 509	20 021	32 973
湖州市	3 173	3 471	3 416	4 413	5 771	7 169	8 353	11 214
绍兴市	4 839	6 719	6 877	8 981	10 781	16 029	14 253	19 688
舟山市	4 975	6 013	7 589	8 143	15 561	13 458	16 276	19 618
台州市	8 708	12 602	15 756	15 114	22 128	21 876	20 330	22 390
城市	2011 年	2012 年	2013 年	2014 年	2015 年	2016 年	2017 年	
上海市	219 137	224 475	319 268	360 806	386 208	550 947	464 245	
南京市	43 136	71 099	58 156	57 526	58 901	105 647	118 255	
无锡市	21 065	25 425	33 495	35 917	37 460	40 076	44 016	
常州市	17 769	23 736	22 707	24 690	30 797	30 955	36 265	
苏州市	47 373	50 864	57 241	67 660	74 728	82 764	155 433	
南通市	22 624	36 234	114 323	117 703	39 795	44 245	60 117	
扬州市	12 430	13 577	20 806	17 321	23 626	25 704	29 158	
镇江市	12 780	22 792	20 365	24 119	35 608	27 277	32 229	
泰州市	10 702	17 817	32 168	24 541	28 586	34 962	36 795	
杭州市	49 219	62 829	62 460	66 091	65 583	77 846	99 273	
宁波市	51 062	62 223	69 588	81 159	61 129	65 643	119 561	

续表

城市	2011 年	2012 年	2013 年	2014 年	2015 年	2016 年	2017 年
嘉兴市	25 241	31 022	34 609	42 172	54 545	48 840	88 339
湖州市	10 523	20 041	20 717	29 290	17 689	21 400	47 363
绍兴市	23 628	34 973	34 706	55 090	38 418	35 501	71 900
舟山市	20 738	31 305	30 175	29 549	22 974	23 747	37 522
台州市	28 114	33 516	42 023	44 237	45 375	41 988	70 336

5.3.1 从数字看形势

2017 年，长三角核心区文化馆财政拨款收入为 1 510 807 千元。其中，上海市为 464 245 千元，占比为 30.73%；江苏地区为 512 268 千元，占比为 33.91%；浙江地区为 534 294 千元，占比为 35.36%，如表 5-8 所示。16 个城市中，上海市以 464 245 千元列第一位，扬州市以 29 158 千元列最后一位。江苏地区 8 个城市的文化馆财政拨款收入占长三角核心区约三成，其中苏州市文化馆财政拨款收入最多，占比为 10.29%。

表 5-8　2003 年、2017 年长三角核心区 16 个城市的文化馆财政拨款收入及增长情况

地区	2003 年文化馆财政拨款收入		2017 年文化馆财政拨款收入		2017 年比 2003 年增长倍数（倍）	2003～2017 年年均增长率（%）
	总额（千元）	占比（%）	总额（千元）	占比（%）		
上海市	54 729	36.57	464 245	30.73	7.48	16.50
南京市	8 282	5.53	118 255	7.83	13.28	20.91
无锡市	4 157	2.78	44 016	2.91	9.59	18.36
常州市	5 068	3.39	36 265	2.40	6.16	15.09
苏州市	9 512	6.36	155 433	10.29	15.34	22.08
南通市	6 084	4.06	60 117	3.98	8.88	17.78
扬州市	3 371	2.25	29 158	1.93	7.65	16.66
镇江市	4 253	2.84	32 229	2.13	6.58	15.56
泰州市	3 450	2.31	36 795	2.44	9.67	18.42
江苏地区	44 177	29.52	512 268	33.91	10.60	19.13
杭州市	8 034	5.37	99 273	6.57	11.36	19.67

续表

地区	2003 年文化馆财政拨款收入		2017 年文化馆财政拨款收入		2017 年比 2003 年增长倍数（倍）	2003～2017 年年均增长率（%）
	总额（千元）	占比（%）	总额（千元）	占比（%）		
宁波市	14 441	9.65	119 561	7.91	7.28	16.30
嘉兴市	6 590	4.40	88 339	5.85	12.41	20.37
湖州市	3 173	2.12	47 363	3.13	13.93	21.30
绍兴市	4 839	3.23	71 900	4.76	13.86	21.26
舟山市	4 975	3.32	37 522	2.48	6.54	15.53
台州市	8 708	5.82	70 336	4.66	7.08	16.09
浙江地区	50 760	33.91	534 294	35.36	9.53	18.31
长三角核心区	149 666	100.00	1 510 807	100.00	9.09	17.96

图 5-7 显示了 2003 年、2010 年、2017 年长三角核心区 16 个城市的文化馆财政拨款收入变化情况。图中显示，长三角核心区 16 个城市的文化馆财政拨款收入呈现稳定增长态势。2017 年，上海市、苏州市、宁波市、南京市、杭州市、嘉兴市列前六位。

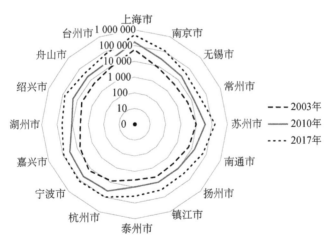

图 5-7　2003 年、2010 年、2017 年长三角核心区 16 个城市的
文化馆财政拨款收入变化情况（单位：千元）

2017 年，长三角核心区 16 个城市的文化馆平均财政拨款收入为 94 425 千元。其

中，上海市、苏州市、宁波市、南京市、杭州市 5 个城市高于平均水平，其余 11 个城市均低于平均水平，如图 5-8 所示。高于平均水平的 5 个城市的文化馆财政拨款收入达到了 956 767 千元，占长三角核心区文化馆财政拨款收入总和的 63.33%。

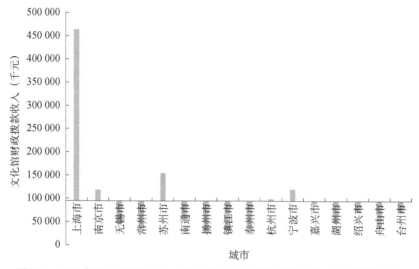

图 5-8　2017 年长三角核心区 16 个城市的文化馆财政拨款收入与平均值比较

5.3.2　从增速看发展

2003～2017 年，长三角核心区的文化馆财政拨款收入呈现不断上升的趋势。2003 年，长三角核心区文化馆财政拨款收入为 149 666 千元，2017 年达到 1 510 807 元。其中，上海市增长了 7.48 倍，年均增长率为 16.50%；江苏地区增长了 10.60 倍，年均增长率为 19.13%；浙江地区增长了 9.53 倍，年均增长率为 18.31%，如表 5-8 所示。江苏地区增速列首位，但与上海市和浙江地区差距不大，如图 5-9 所示。

2003 年以来，上海市、江苏地区、浙江地区的文化馆财政拨款收入基本呈现稳定增长趋势。上海市文化馆财政拨款收入稳居长三角核心区各城市首位。2017 年，上海市文化馆财政拨款收入是列最后一位的扬州市的 15.92 倍。

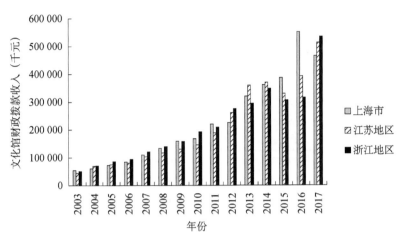

图 5-9　2003～2017 年上海市、江苏地区、浙江地区的文化馆财政拨款收入变化情况

5.3.3　从人均看特征

　　长三角核心区 16 个城市的文化馆财政拨款收入存在显著差异，单纯的总量不能全面地反映一个城市对文化馆发展财政支持的全貌，如表 5-7 所示。可通过人均文化馆财政拨款收入衡量一个城市对文化馆发展的支持情况。表 5-9 表明，2017 年长三角核心区 16 个城市的人均文化馆财政拨款收入存在较为显著的差异。其中，舟山市、上海市、嘉兴市、湖州市、宁波市、苏州市排在前六位。舟山市人均文化馆财政拨款收入最高，达到了 32.13 元；扬州市人均文化馆财政拨款收入最低，仅为 6.47 元。长三角核心区人均文化馆财政拨款收入为 13.54 元。其中，上海市人均文化馆财政拨款收入为 19.20 元，江苏地区人均文化馆财政拨款收入为 10.26 元，浙江地区人均文化馆财政拨款收入为 14.28 元。

表 5-9　2017 年长三角核心区 16 个城市的人均文化馆财政拨款收入

地区	文化馆财政拨款收入（千元）	常住人口（万人）	人均文化馆财政拨款收入（元）
上海市	464 245	2 418.3	19.20
南京市	118 255	833.5	14.19
无锡市	44 016	655.3	6.72
常州市	36 265	471.7	7.69
苏州市	155 433	1 068.4	14.55

续表

地区	文化馆财政拨款收入（千元）	常住人口（万人）	人均文化馆财政拨款收入（元）
南通市	60 117	730.5	8.23
扬州市	29 158	450.8	6.47
镇江市	32 229	318.6	10.12
泰州市	36 795	465.2	7.91
江苏地区	512 268	4 994.0	10.26
杭州市	99 273	946.8	10.49
宁波市	119 561	800.5	14.94
嘉兴市	88 339	465.6	18.97
湖州市	47 363	299.5	15.81
绍兴市	71 900	501.0	14.35
舟山市	37 522	116.8	32.13
台州市	70 336	611.8	11.50
浙江地区	534 294	3 742.0	14.28
长三角核心区	1 510 807	11 154.3	13.54

5.4 文化馆本年支出

文化馆本年支出指文化馆在业务活动中发生的各项资产耗费和损失等支出，包括基本支出、项目支出、上缴上级支出、经营支出、对附属单位补助支出和结转自筹基建。

表 5-10 展示了 2003～2017 年长三角核心区 16 个城市的文化馆本年支出。在空间维度上，各城市间的差距较为明显；在时间维度上，多数城市保持稳定增长态势。

表 5-10　2003～2017 年长三角核心区
16 个城市的文化馆本年支出　　　（单位：千元）

城市	2003 年	2004 年	2005 年	2006 年	2007 年	2008 年	2009 年	2010 年
上海市	134 596	159 928	160 096	156 299	184 755	183 082	214 869	215 154
南京市	11 519	23 368	29 207	33 868	36 874	35 256	41 776	42 970
无锡市	6 736	9 286	11 143	14 480	16 596	17 440	18 353	22 518

续表

城市	2003 年	2004 年	2005 年	2006 年	2007 年	2008 年	2009 年	2010 年
常州市	7 712	8 194	8 668	9 926	14 522	14 775	14 484	16 392
苏州市	11 970	18 424	22 126	25 983	29 863	33 416	35 651	42 187
南通市	8 081	9 092	12 051	11 213	16 976	17 220	18 051	17 430
扬州市	3 753	4 914	4 974	5 820	8 627	9 284	10 929	12 395
镇江市	6 183	7 882	8 095	7 970	12 590	13 660	16 604	17 779
泰州市	4 225	12 467	5 775	8 801	8 150	11 068	10 726	11 396
杭州市	20 810	25 437	25 707	27 396	30 843	40 153	47 596	48 791
宁波市	35 875	36 911	41 269	44 808	52 006	61 471	64 387	79 375
嘉兴市	9 641	13 338	14 910	14 680	17 154	21 729	24 406	38 174
湖州市	5 886	6 964	7 760	8 121	8 568	10 523	10 708	12 318
绍兴市	8 941	11 864	11 221	15 286	19 307	23 578	23 013	27 564
舟山市	5 772	7 561	8 855	10 307	20 232	16 810	18 635	21 436
台州市	10 110	14 480	17 335	18 510	25 604	23 978	24 513	27 543

城市	2011 年	2012 年	2013 年	2014 年	2015 年	2016 年	2017 年
上海市	273 818	254 057	356 198	376 865	427 792	523 806	565 697
南京市	55 461	81 535	61 328	66 801	68 302	103 257	120 983
无锡市	22 231	28 105	32 053	34 755	40 694	41 665	44 209
常州市	21 230	27 388	25 166	25 315	31 745	31 846	36 847
苏州市	56 399	69 542	71 876	77 376	82 385	88 972	101 688
南通市	26 384	38 998	116 367	119 196	41 599	46 002	62 791
扬州市	15 151	18 083	23 837	20 720	25 285	30 890	34 371
镇江市	22 458	28 107	23 151	27 424	39 294	29 686	32 795
泰州市	12 800	19 278	34 030	25 801	30 176	35 779	39 402
杭州市	60 114	67 899	70 901	78 107	70 072	81 086	103 922
宁波市	83 592	87 445	103 377	105 361	84 806	81 845	133 437
嘉兴市	32 484	39 145	43 857	51 350	61 822	54 530	92 205
湖州市	18 000	25 255	26 632	30 865	19 171	23 464	52 667
绍兴市	32 160	40 716	38 839	59 685	40 563	35 763	72 411
舟山市	24 393	36 294	33 815	34 169	27 966	27 378	41 419
台州市	31 255	37 239	45 582	48 509	47 470	43 232	75 745

5.4.1 从数字看形势

2017 年，长三角核心区文化馆本年支出为 1 610 589 千元。其中，上海市为 565 697 千元，占比为 35.13%；江苏地区为 473 086 千元，占比为 29.37%；浙江地区为 571 806 千元，占比为 35.50%，如表 5-11 所示。16 个城市中，上海市以 565 697 千元列第一位，镇江市以 32 795 千元列最后一位。江苏地区 8 个城市的文化馆本年支出占长三角核心区近三成，其中南京市文化馆本年支出最多，占比为 7.51%。

表 5-11 2003 年、2017 年长三角核心区 16 个城市的文化馆本年支出及增长情况

地区	2003 年文化馆本年支出		2017 年文化馆本年支出		2017 年比 2003 年增长倍数（倍）	2003～2017 年年均增长率（%）
	总额（千元）	占比（%）	总额（千元）	占比（%）		
上海市	134 596	46.13	565 697	35.13	3.20	10.80
南京市	11 519	3.95	120 983	7.51	9.50	18.29
无锡市	6 736	2.31	44 209	2.74	5.56	14.38
常州市	7 712	2.64	36 847	2.29	3.78	11.82
苏州市	11 970	4.10	101 688	6.31	7.50	16.51
南通市	8 081	2.77	62 791	3.90	6.77	15.77
扬州市	3 753	1.29	34 371	2.13	8.16	17.14
镇江市	6 183	2.12	32 795	2.04	4.30	12.66
泰州市	4 225	1.45	39 402	2.45	8.33	17.29
江苏地区	60 179	20.62	473 086	29.37	6.86	15.87
杭州市	20 810	7.13	103 922	6.45	3.99	12.17
宁波市	35 875	12.29	133 437	8.29	2.72	9.84
嘉兴市	9 641	3.30	92 205	5.72	8.56	17.50
湖州市	5 886	2.02	52 667	3.27	7.95	16.94
绍兴市	8 941	3.06	72 411	4.50	7.10	16.11
舟山市	5 772	1.98	41 419	2.57	6.18	15.12
台州市	10 110	3.46	75 745	4.70	6.49	15.47
浙江地区	97 035	33.25	571 806	35.50	4.89	13.51
长三角核心区	291 810	100.00	1 610 589	100.00	4.52	12.98

图 5-10 显示了 2003 年、2010 年、2017 年长三角核心区 16 个城市的文化馆本年

支出变化情况。图中显示，长三角核心区 16 个城市的文化馆本年支出呈现稳定增长态势。2017 年，上海市、宁波市、南京市、杭州市、苏州市、嘉兴市列前六位。

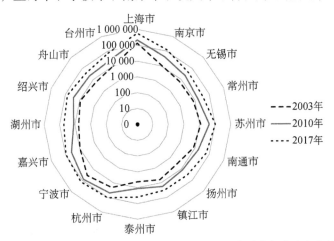

图 5-10　2003 年、2010 年、2017 年长三角核心区 16 个城市的文化馆本年支出变化情况（单位：千元）

2017 年，长三角核心区 16 个城市的文化馆平均本年支出为 100 662 千元。其中，上海市、宁波市、南京市、杭州市、苏州市 5 个城市高于平均水平，其余 11 个城市均低于平均水平，如图 5-11 所示。高于平均水平的 5 个城市的文化馆本年支出达到了 1 025 727 千元，占长三角核心区文化馆本年支出总和的 63.69%。

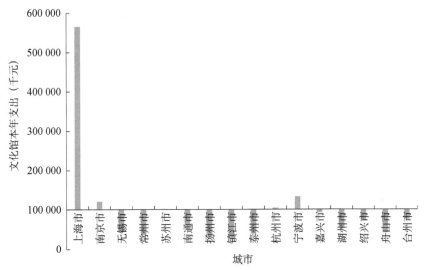

图 5-11　2017 年长三角核心区 16 个城市的文化馆本年支出与平均值比较

5.4.2　从增速看发展

2003~2017 年，长三角核心区文化馆本年支出呈现不断上升的趋势。2003 年，长三角核心区文化馆本年支出为 291 810 千元，2017 年达到 1 610 589 千元。其中，上海市增长了 3.20 倍，年均增长率为 10.80%；江苏地区增长了 6.86 倍，年均增长率为 15.87%；浙江地区增长了 4.89 倍，年均增长率为 13.51%，如表 5-11 所示。江苏地区增速列首位，浙江地区次之，上海增速略慢，如图 5-12 所示。

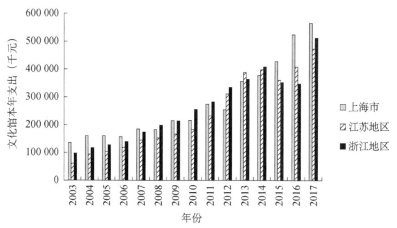

图 5-12　2003~2017 年上海市、江苏地区、浙江地区的文化馆本年支出变化情况

2003 年以来，上海市、江苏地区、浙江地区的文化馆本年支出总体呈现稳定增长的趋势。上海市文化馆本年支出稳居长三角核心区各城市首位。2017 年，上海市文化馆本年支出达到 565 697 千元，远高于其他 15 个城市，是列最后一位的镇江市的 17.25 倍。

5.4.3　从人均看特征

长三角核心区 16 个城市的文化馆本年支出存在显著差异，单纯的总量不能全面地反映一个城市文化馆发展的全貌，如表 5-10 所示。可通过人均文化馆本年支出衡量一个城市文化馆发展的情况。表 5-12 表明，2017 年长三角核心区 16 个城市的人均文化馆本年支出存在较为显著的差异。其中，舟山市、上海市、嘉兴市、湖州市、宁波市、南京市排在前六位。舟山市人均文化馆本年支出最高，达到了 35.46 元；无锡市人均文化馆本年支出最低，为 6.75 元。长三角核心区人均文化馆本年支出为 14.44 元。其中，上海市人均文化馆本年支出为 23.39 元，江苏地区人均文化馆本年支出为 9.47元，浙江地区人均文化馆本年支出为 15.28 元。

表 5-12　2017 年长三角核心区 16 个城市的人均文化馆本年支出

地区	文化馆本年支出（千元）	常住人口（万人）	人均文化馆本年支出（元）
上海市	565 697	2 418.3	23.39
南京市	120 983	833.5	14.52
无锡市	44 209	655.3	6.75
常州市	36 847	471.7	7.81
苏州市	101 688	1 068.4	9.52
南通市	62 791	730.5	8.60
扬州市	34 371	450.8	7.62
镇江市	32 795	318.6	10.29
泰州市	39 402	465.2	8.47
江苏地区	473 086	4 994.0	9.47
杭州市	103 922	946.8	10.98
宁波市	133 437	800.5	16.67
嘉兴市	92 205	465.6	19.80
湖州市	52 667	299.5	17.58
绍兴市	72 411	501.0	14.45
舟山市	41 419	116.8	35.46
台州市	75 745	611.8	12.38
浙江地区	571 806	3 742.0	15.28
长三角核心区	1 610 589	11 154.3	14.44

6 艺术表演团体、艺术表演场馆

6.1　艺术表演团体国内演出观众人次①

艺术表演团体指由文化部门主办或实行行业管理（经文化行政部门审批或已申报登记并领取相关许可证），专门从事表演艺术等活动的各类专业艺术表演团体，含民间职业剧团，不包括群众业余文艺表演团体。

艺术表演团体国内演出观众人次指计入演出场数的相关的观众人次。按时收费的，按进场观众人数计数，不论进场早晚、在场内时间多久，进一人，算一人次。

表 6-1 展示了 2004～2017 年长三角核心区 16 个城市的艺术表演团体国内演出观众人次。在空间维度上，各城市间的差距较为明显；在时间维度上，该指标波动较大，稳定性较差。

表 6-1　2004～2017 年长三角核心区 16 个城市的
艺术表演团体国内演出观众人次　　　（单位：万人次）

城市	2004 年	2005 年	2006 年	2007 年	2008 年	2009 年	2010 年
上海市	624.8	687.2	715.1	787.7	458.3	1012.0	1036.7
南京市	74.7	87.2	129.3	143.0	118.6	126.2	220.9
无锡市	185.8	202.0	184.0	177.4	199.5	237.4	318.0
常州市	133.0	133.2	189.9	197.2	182.5	199.3	951.0
苏州市	303.1	285.2	329.2	313.4	332.4	311.2	652.8
南通市	138.6	183.6	117.3	109.7	159.5	153.1	1040.5
扬州市	119.1	129.2	161.9	120.9	126.7	269.3	248.6
镇江市	15.9	21.6	22.3	31.7	28.8	44.6	554.0
泰州市	38.1	45.2	48.2	70.3	80.4	69.1	882.0
杭州市	552.5	756.2	953.7	1500.6	1383.6	1585.6	1887.9
宁波市	581.6	593.0	367.7	513.3	684.8	992.6	949.1
嘉兴市	49.3	33.7	73.4	41.1	98.4	76.5	51.8
湖州市	—	—	—	—	91.0	17.7	25.5
绍兴市	275.7	271.7	218.5	304.2	328.4	356.7	286.0

---

① 浙江地区该指标数据开始统计于 2004 年，故本节该指标分析的时间段为 2004～2017 年。湖州市 2004～2007 年该指标数据缺失，故本节相关分析均不包括 2004～2007 年的湖州市数据。

城市	2004 年	2005 年	2006 年	2007 年	2008 年	2009 年	2010 年
舟山市	76.0	113.8	26.0	53.3	35.2	34.8	63.6
台州市	78.3	83.9	212.5	1437.8	1119.1	1434.8	1743.2

城市	2011 年	2012 年	2013 年	2014 年	2015 年	2016 年	2017 年
上海市	1042.4	1514.5	1175.0	1017.1	862.9	1034.4	968.9
南京市	185.2	131.6	280.8	324.7	348.6	392.5	501.8
无锡市	445.9	130.3	179.7	118.2	184.2	309.1	232.4
常州市	146.1	180.0	226.7	189.3	294.9	255.4	278.1
苏州市	649.0	516.3	405.1	481.5	487.9	464.3	775.1
南通市	242.1	141.5	171.3	142.4	184.7	1173.8	173.7
扬州市	236.7	175.9	163.8	195.9	187.7	254.7	274.2
镇江市	41.3	31.1	59.1	58.8	51.4	57.0	50.2
泰州市	101.0	72.0	89.6	52.8	47.5	61.1	213.1
杭州市	925.2	1566.0	1975.5	2010.0	1988.6	938.3	1969.1
宁波市	1313.0	1860.3	2498.3	2542.0	857.6	1936.7	1681.1
嘉兴市	110.1	20.3	55.7	148.0	79.2	96.7	152.0
湖州市	38.2	39.3	18.5	33.0	34.4	126.0	154.2
绍兴市	146.1	655.2	1142.9	2029.0	1718.4	1820.7	2309.6
舟山市	38.0	146.6	139.9	60.0	123.3	276.3	289.6
台州市	623.9	720.3	361.7	1619.0	4477.7	5389.5	6370.2

6.1.1 从数字看形势

2017 年，长三角核心区艺术表演团体国内演出观众人次为 16 393.3 万人次。其中，上海市为 968.9 万人次，占比为 5.91%；江苏地区为 2498.6 万人次，占比为 15.24%；浙江地区为 12 925.8 万人次，占比为 78.85%，如表 6-2 所示。台州市艺术表演团体国内演出观众人次远高于其他城市艺术表演团体国内演出观众人次。16 个城市中，台州市以 6370.2 万人次列第一位，镇江市以 50.2 万人次列最后一位。江苏地区 8 个城市的艺术表演团体国内演出观众人次占长三角核心区的 15.24%，其中苏州市艺术表演团体国内演出观众人次最多，占比为 4.73%。

表 6-2　2004 年、2017 年长三角核心区 16 个城市的艺术表演团体国内演出观众人次及增长情况

地区	2004 年艺术表演团体国内演出观众人次		2017 年艺术表演团体国内演出观众人次		2017 年比2004 年增长倍数（倍）	2004～2017 年年均增长率（％）
	总人次（万人次）	占比（％）	总人次（万人次）	占比（％）		
上海市	624.8	19.24	968.9	5.91	0.55	3.43
南京市	74.7	2.30	501.8	3.06	5.72	15.78
无锡市	185.8	5.72	232.4	1.42	0.25	1.74
常州市	133.0	4.10	278.1	1.70	1.09	5.84
苏州市	303.1	9.34	775.1	4.73	1.56	7.49
南通市	138.6	4.27	173.7	1.06	0.25	1.75
扬州市	119.1	3.67	274.2	1.67	1.30	6.62
镇江市	15.9	0.49	50.2	0.30	2.16	9.25
泰州市	38.1	1.17	213.1	1.30	4.59	14.16
江苏地区	1 008.3	31.06	2 498.6	15.24	1.48	7.23
杭州市	552.5	17.02	1 969.1	12.01	2.56	10.27
宁波市	581.6	17.92	1 681.1	10.25	1.89	8.51
嘉兴市	49.3	1.52	152.0	0.93	2.08	9.05
湖州市	—	—	154.2	0.94	—	—
绍兴市	275.7	8.49	2 309.6	14.09	7.38	17.76
舟山市	76.0	2.34	289.6	1.77	2.81	10.84
台州市	78.3	2.41	6 370.2	38.86	80.36	40.27
浙江地区	1 613.4	49.70	12 925.8	78.85	7.01	17.36
长三角核心区	3 246.5	100.00	16 393.3	100.00	4.05	13.27

　　图 6-1 显示了 2004 年、2010 年、2017 年长三角核心区 16 个城市的艺术表演团体国内演出观众人次变化情况。图中显示，上海市、无锡市、常州市、南通市、镇江市、泰州市表现出先增加后下降的态势，其余城市除舟山市外都表现为持续增长的态势。台州市、绍兴市、南京市、泰州市、杭州市的艺术表演团体国内演出观众人次年均增长率均超过了 10%。2017 年，台州市、绍兴市、杭州市、宁波市、上海市、苏州市列前六位。

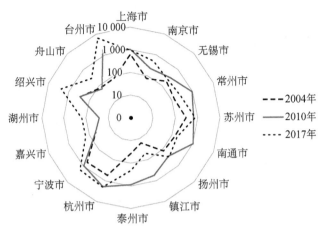

图 6-1 2004 年、2010 年、2017 年长三角核心区 16 个城市的艺术表演团体
国内演出观众人次变化情况（单位：万人次）

2017 年，长三角核心区 16 个城市的艺术表演团体国内演出平均观众人次为
1024.6 万人次。其中，台州市、绍兴市、杭州市、宁波市 4 个城市高于平均水平，均
来自浙江地区，其余 12 个城市均低于平均水平，如图 6-2 所示。高于平均水平的 4 个
城市的艺术表演团体国内演出观众人次达到了 12 330.0 万人次，占长三角核心区艺术
表演团体国内演出观众人次总和的 75.21%。

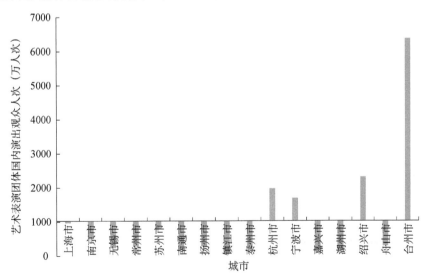

图 6-2 2017 年长三角核心区 16 个城市的艺术表演团体国内演出观众人次与平均值比较

6.1.2 从演变看发展

2004～2017 年，长三角核心区的艺术表演团体国内演出观众人次除了在 2008 年和 2011 年出现过短暂的下降之外，基本呈现持续上升的趋势。2004 年，长三角核心区艺术表演团体国内演出观众人次为 3246.5 万人次，2017 年达到 16 393.3 万人次。其中，上海市增长了 0.55 倍，年均增长率为 3.43%；江苏地区增长了 1.48 倍，年均增长率为 7.23%；浙江地区增长了 7.01 倍，年均增长率为 17.36%，如表 6-2 所示。浙江地区增速列首位，江苏地区次之，上海市增速较慢，如图 6-3 所示。

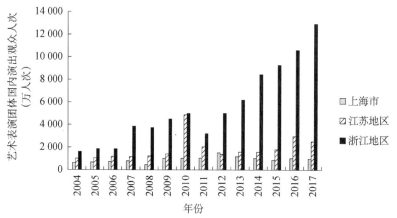

图 6-3 2004～2017 年上海市、江苏地区、浙江地区的艺术表演团体国内演出观众人次变化情况

2004 年以来，浙江地区艺术表演团体国内演出观众人次维持着较为稳定的增长格局，尤其在 2011 年之后增速明显。江苏地区艺术表演团体国内演出观众人次在 2010 年达到峰值，2012～2015 年波动不明显，2016 年和 2017 年两年有所上升。上海市艺术表演团体国内演出观众人次波动不大，在 2012 年达到峰值。2017 年，台州市艺术表演团体国内演出观众人次达到 6370.2 万人次，远高于其他 15 个城市，是列最后一位的镇江市的 126.90 倍。

6.1.3 从构成看特征

长三角核心区 16 个城市的艺术表演团体国内演出观众人次存在显著差异，单纯的总量不能全面地反映一个城市艺术表演团体的发展情况，如表 6-1 所示。可通过每万人观看艺术表演团体国内演出观众人次衡量一个城市艺术表演团体的发展情况。表 6-3 表明，2017 年长三角核心区 16 个城市的每万人观看艺术表演团体国内演出观众人次存在较为显著的差异，其中台州市、绍兴市、舟山市、宁波市、杭州市、苏州市排在前六位。台州市每万人观看艺术表演团体国内演出观众人次最高，达到了104 122.3 人次；镇江市每万人观看艺术表演团体国内演出观众人次最低，为 1575.6 人次。长三角核心区每万人观看艺术表演团体国内演出观众人次为 14 696.8 人次。其中，上海市每万人观看艺术表演团体国内演出观众人次为 4006.5 人次，江苏地区每万人观看艺术表演团体国内演出观众人次为 5003.2 人次，浙江地区每万人观看艺术表演团体国内演出观众人次为 34 542.5 人次。

表 6-3　2017 年长三角核心区 16 个城市的每万人观看艺术表演团体国内演出观众人次

地区	艺术表演团体国内演出观众人次（万人次）	常住人口（万人）	每万人观看艺术表演团体国内演出观众人次（人次）
上海市	968.9	2 418.3	4 006.5
南京市	501.8	833.5	6 020.4
无锡市	232.4	655.3	3 546.5
常州市	278.1	471.7	5 895.7
苏州市	775.1	1 068.4	7 254.8
南通市	173.7	730.5	2 377.8
扬州市	274.2	450.8	6 082.5
镇江市	50.2	318.6	1 575.6
泰州市	213.1	465.2	4 580.8
江苏地区	2 498.6	4 994.0	5 003.2
杭州市	1 969.1	946.8	20 797.4
宁波市	1 681.1	800.5	21 000.6
嘉兴市	152.0	465.6	3 264.6
湖州市	154.2	299.5	5 148.6
绍兴市	2 309.6	501.0	46 099.8
舟山市	289.6	116.8	24 794.5
台州市	6 370.2	611.8	104 122.3
浙江地区	12 925.8	3 742.0	34 542.5
长三角核心区	16 393.3	11 154.3	14 696.8

6.2　艺术表演团体财政拨款收入[①]

艺术表演团体财政拨款收入指艺术表演团体从同级财政部门取得的财政预算资金，包括公共预算财政拨款和政府性基金预算财政拨款。

表 6-4 展示了 2004～2017 年长三角核心区 15 个城市的艺术表演团体财政拨款收入。在空间维度上，各城市间的差距较为明显；在时间维度上，多数城市保持稳定增长态势。

表 6-4　2004～2017 年长三角核心区 15 个城市的

艺术表演团体财政拨款收入　　　　（单位：千元）

城市	2004 年	2005 年	2006 年	2007 年	2008 年	2009 年	2010 年
上海市	101 534	127 459	128 267	162 618	192 799	186 522	231 233
南京市	21 277	28 137	28 136	34 039	35 467	33 931	34 043
无锡市	9 674	13 188	18 126	25 410	25 715	30 816	27 722
常州市	8 105	7 266	8 688	10 630	11 660	14 004	12 607
苏州市	25 211	28 317	29 633	35 333	40 537	44 468	48 512
南通市	8 058	9 291	8 644	12 161	11 742	14 452	13 895
扬州市	9 566	10 391	13 221	16 485	19 176	20 450	19 883
镇江市	5 239	4 534	5 573	6 553	7 333	6 714	7 268
泰州市	3 572	3 452	3 649	5 637	6 186	30 951	8 394
杭州市	23 163	23 498	26 680	34 557	45 481	60 115	71 093
宁波市	17 110	20 678	18 609	23 505	37 402	48 384	58 163
嘉兴市	1 528	1 296	2 863	2 969	3 503	2 790	3 604
绍兴市	17 311	16 855	15 432	20 810	23 881	28 144	35 053
舟山市	1 849	1 999	3 406	3 823	4 598	6 868	6 853
台州市	2 271	2 593	3 324	4 275	4 681	6 841	6 424
城市	2011 年	2012 年	2013 年	2014 年	2015 年	2016 年	2017 年
上海市	378 291	628 061	468 070	555 130	720 720	767 720	866 300

[①]　浙江地区该指标数据起始于2004年。湖州市该指标数据缺失严重，故本节分析不含湖州市数据。

续表

城市	2011 年	2012 年	2013 年	2014 年	2015 年	2016 年	2017 年
南京市	36 056	50 219	76 717	51 810	55 280	75 446	80 336
无锡市	33 336	10 748	11 960	12 515	14 253	14 469	34 960
常州市	14 133	31 134	23 654	25 015	27 304	33 276	40 219
苏州市	66 426	69 910	88 857	88 256	117 349	126 924	164 663
南通市	17 036	39 980	23 987	26 966	28 997	27 464	31 969
扬州市	19 349	47 561	42 548	39 918	43 405	46 752	53 039
镇江市	8 913	13 620	10 492	12 752	13 682	21 760	22 351
泰州市	10 504	18 070	18 179	16 837	17 205	21 852	23 721
杭州市	75 928	205 977	104 190	—	92 493	126 704	126 835
宁波市	70 564	54 607	53 536	—	42 596	101 964	79 410
嘉兴市	5 150	106 791	5 816	—	8 389	7 861	9 136
绍兴市	38 239	38 466	51 282	—	69 963	88 207	86 927
舟山市	6 334	32 342	6 284	—	—	14 493	18 025
台州市	8 902	6 837	7 645	—	15 982	18 528	15 054

6.2.1 从数字看形势

2017 年，长三角核心区艺术表演团体财政拨款收入为 1 652 945 千元。其中，上海市为 866 300 千元，占比为 52.41%；江苏地区为 451 258 千元，占比为 27.30%；浙江地区为 335 387 千元，占比为 20.29%，如表 6-5 所示。15 个城市中，上海市以 866 300 千元列第一位，嘉兴市以 9136 千元列最后一位。江苏地区 8 个城市的艺术表演团体财政拨款收入占长三角核心区 1/4 强，其中苏州市艺术表演团体财政拨款收入最多，占比为 9.96%。

表 6-5　2004 年、2017 年长三角核心区 15 个城市的艺术表演团体财政拨款收入及增长情况

地区	2004 年艺术表演团体财政拨款收入		2017 年艺术表演团体财政拨款收入		2017 年比 2004 年增长倍数（倍）	2004～2017 年年均增长率（％）
	总额（千元）	占比（％）	总额（千元）	占比（％）		
上海市	101 534	39.74	866 300	52.41	7.53	17.93
南京市	21 277	8.33	80 336	4.86	2.78	10.76
无锡市	9 674	3.79	34 960	2.12	2.61	10.39
常州市	8 105	3.17	40 219	2.43	3.96	13.11

续表

地区	2004 年艺术表演团体财政拨款收入		2017 年艺术表演团体财政拨款收入		2017 年比 2004年增长倍数（倍）	2004～2017 年年均增长率（％）
	总额（千元）	占比（％）	总额（千元）	占比（％）		
苏州市	25 211	9.87	164 663	9.96	5.53	15.53
南通市	8 058	3.15	31 969	1.93	2.97	11.18
扬州市	9 566	3.74	53 039	3.21	4.54	14.08
镇江市	5 239	2.05	22 351	1.35	3.27	11.81
泰州市	3 572	1.40	23 721	1.44	5.64	15.68
江苏地区	90 702	35.50	451 258	27.30	3.98	13.14
杭州市	23 163	9.07	126 835	7.67	4.48	13.97
宁波市	17 110	6.70	79 410	4.81	3.64	12.53
嘉兴市	1 528	0.60	9 136	0.55	4.98	14.75
绍兴市	17 311	6.78	86 927	5.26	4.02	13.22
舟山市	1 849	0.72	18 025	1.09	8.75	19.14
台州市	2 271	0.89	15 054	0.91	5.63	15.66
浙江地区	63 232	24.76	335 387	20.29	4.30	13.69
长三角核心区	255 468	100.00	1 652 945	100.00	5.47	15.45

图 6-4 显示了 2004 年、2010 年、2017 年长三角核心区 15 个城市的艺术表演团体财政拨款收入变化情况。图中显示，长三角核心区 15 个城市的艺术表演团体财政拨款收入呈现稳定增长态势。2017 年，上海市、苏州市、杭州市、绍兴市、南京市、宁波市列前六位。

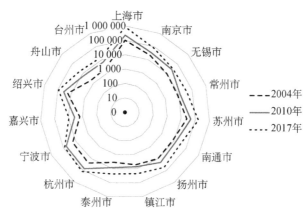

图 6-4　2004 年、2010 年、2017 年长三角核心区 15 个城市的
艺术表演团体财政拨款收入变化情况（单位：千元）

2017 年，长三角核心区 15 个城市的艺术表演团体平均财政拨款收入为 110 196 千元。其中，上海市、苏州市、杭州市三个城市高于平均水平，其余 12 个城市均低于平均水平，如图 6-5 所示。高于平均水平的 3 个城市的艺术表演团体财政拨款收入达到了 1 157 798 千元，占长三角核心区艺术表演团体财政拨款收入总和的 70.04%。

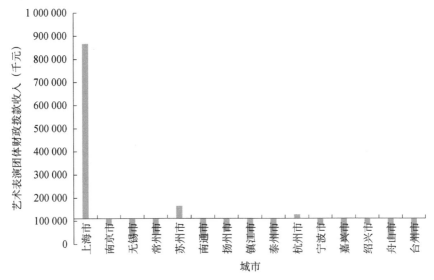

图 6-5　2017 年长三角核心区 15 个城市的艺术表演团体财政拨款收入与平均值比较

6.2.2　从增速看发展

2004～2017 年，长三角核心区的艺术表演团体财政拨款收入基本呈现不断上升的趋势。2004 年，长三角核心区艺术表演团体财政拨款收入为 255 468 千元，2017 年达到 1 652 945 千元。其中，上海市增长了 7.53 倍，年均增长率为 17.93%；江苏地区增长了 3.98 倍，年均增长率为 13.14%；浙江地区增长了 4.30 倍，年均增长率为 13.69%，如表 6-5 所示。上海市增速列首位，江苏地区和浙江地区增速相当，如图 6-6 所示。

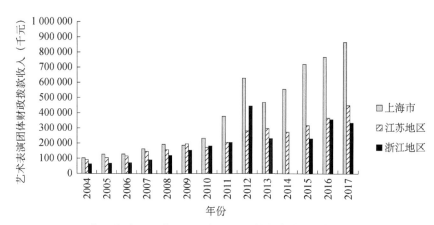

图 6-6　2004～2017 年上海市、江苏地区、浙江地区的艺术表演团体财政拨款收入变化情况

　　2004 年以来，上海市、江苏地区、浙江地区的艺术表演团体财政拨款收入呈现稳定增长趋势。上海市艺术表演团体财政拨款收入稳居长三角核心区各城市首位。2017年，上海市艺术表演团体财政拨款收入达到 866 300 千元，远高于其他 14 个城市，是列最后一位的嘉兴市的 94.82 倍。

6.2.3　从人均看特征

　　长三角核心区 16 个城市的艺术表演团体财政拨款收入存在显著差异，单纯的总量不能全面地反映一个城市对艺术表演团体财政支持的全貌，如表 6-4 所示。可通过人均艺术表演团体财政拨款收入来衡量一个城市对艺术表演团体发展的支持情况。表 6-6 显示，2017 年长三角核心区 15 个城市的人均艺术表演团体财政拨款收入存在较为显著的差异，其中上海市、绍兴市、舟山市、苏州市、杭州市、扬州市排在前六位。上海市人均艺术表演团体财政拨款收入最高，达到了 35.82 元；嘉兴市人均艺术表演团体财政拨款收入最低，为 1.96 元。长三角核心区人均艺术表演团体财政拨款收入为 15.23 元。其中，上海市人均艺术表演团体财政拨款收入为 35.82 元，江苏地区人均艺术表演团体财政拨款收入为 9.04 元，浙江地区人均艺术表演团体财政拨款收入为 9.74 元。

表6-6 2017年长三角核心区15个城市的人均艺术表演团体财政拨款收入

地区	艺术表演团体财政拨款收入（千元）	常住人口（万人）	人均艺术表演团体财政拨款收入（元）
上海市	866 300	2 418.3	35.82
南京市	80 336	833.5	9.64
无锡市	34 960	655.3	5.33
常州市	40 219	471.7	8.53
苏州市	164 663	1 068.4	15.41
南通市	31 969	730.5	4.38
扬州市	53 039	450.8	11.77
镇江市	22 351	318.6	7.02
泰州市	23 721	465.2	5.10
江苏地区	451 258	4 994.0	9.04
杭州市	126 835	946.8	13.40
宁波市	79 410	800.5	9.92
嘉兴市	9 136	465.6	1.96
绍兴市	86 927	501.0	17.35
舟山市	18 025	116.8	15.43
台州市	15 054	611.8	2.46
浙江地区	335 387	3 442.5	9.74
长三角核心区	1 652 945	10 854.8	15.23

6.3 艺术表演团体演出收入[①]

艺术表演团体演出收入指艺术表演团体通过售票或包场演出所取得的票房收入，不包括政府采购的公益性演出补贴收入。

表6-7展示了2004～2017年长三角核心区15个城市的艺术表演团体演出收入。在

---

① 浙江地区该指标数据起始于2004年。湖州市该指标数据缺失严重，本节分析不含湖州市数据。

空间维度上，各城市间的差距较为明显；在时间维度上，多数城市保持稳定增长态势。

表 6-7　2004~2017 年长三角核心区 15 个城市的

艺术表演团体演出收入　　　　　（单位：千元）

城市	2004 年	2005 年	2006 年	2007 年	2008 年	2009 年	2010 年
上海市	112 600	124 118	130 021	129 236	132 973	164 583	208 781
南京市	4 285	12 516	9 060	9 048	10 592	13 439	19 634
无锡市	10 189	9 707	10 470	11 642	15 868	15 691	31 911
常州市	3 096	4 102	5 261	5 197	4 768	8 316	8 092
苏州市	15 777	19 014	21 583	22 489	19 630	25 174	36 362
南通市	5 426	5 931	8 253	10 787	13 160	15 699	32 181
扬州市	3 882	5 037	5 862	8 064	9 221	9 223	12 946
镇江市	1 756	1 451	1 489	3 350	1 947	9 485	13 200
泰州市	1 112	2 282	2 067	2 449	2 522	7 794	3 422
杭州市	19 749	16 489	22 122	46 950	117 489	218 390	352 555
宁波市	19 173	14 252	17 326	33 872	37 915	109 065	77 216
嘉兴市	905	896	1 171	2 328	1 401	2 085	2 592
绍兴市	15 837	16 262	9 907	12 967	12 227	14 651	15 116
舟山市	1 833	2 538	—	2 556	2 003	1 406	2 274
台州市	2 446	2 445	18 768	71 560	79 576	39 079	38 971
城市	2011 年	2012 年	2013 年	2014 年	2015 年	2016 年	2017 年
上海市	305 035	420 646	415 070	371 360	501 060	413 140	565 020
南京市	32 411	13 112	35 365	42 087	47 562	50 230	56 113
无锡市	65 680	7 252	35 302	53 143	91 644	159 251	167 878
常州市	10 191	11 916	3 278	10 991	46 527	25 958	28 787
苏州市	52 849	37 238	34 850	48 967	55 060	48 199	77 883
南通市	31 399	16 258	3 635	25 698	34 071	39 720	23 364
扬州市	28 572	25 140	15 303	27 453	29 730	34 078	42 563
镇江市	30 354	16 277	—	11 939	12 901	14 532	14 333
泰州市	4 946	5 114	—	5 691	6 698	18 223	13 240
杭州市	470 860	384 263	444 808	254 317	420 555	3 189 788	3 059 080
宁波市	128 846	116 597	195 898	228 371	163 958	212 621	229 260
嘉兴市	31 121	2 755	2 923	5 566	5 553	6 128	7 807
绍兴市	14 467	66 901	160 467	162 665	217 355	209 020	259 277
舟山市	1 738	5 762	2 449	4 790	10 170	36 362	43 968
台州市	43 046	61 605	34 601	133 010	320 182	357 834	384 117

6.3.1 从数字看形势

2017 年，长三角核心区艺术表演团体演出收入为 4 972 690 千元。其中，上海市为 565 020 千元，占比为 11.36%；江苏地区为 424 161 千元，占比为 8.53%；浙江地区为 3 983 509 千元，占比为 80.11%，如表 6-8 所示。15 个城市中，杭州市以 3 059 080 千元列第一位，嘉兴市以 7807 千元列最后一位。

表 6-8　2004 年、2017 年长三角核心区 15 个城市的艺术表演团体演出收入及增长情况

地区	2004 年艺术表演团体演出收入		2017 年艺术表演团体演出收入		2017 年比 2004 年增长倍数（倍）	2004～2017 年年均增长率（%）
	总额（千元）	占比（%）	总额（千元）	占比（%）		
上海市	112 600	51.63	565 020	11.36	4.02	13.21
南京市	4 285	1.97	56 113	1.13	12.10	21.88
无锡市	10 189	4.67	167 878	3.38	15.48	24.05
常州市	3 096	1.42	28 787	0.58	8.30	18.71
苏州市	15 777	7.23	77 883	1.57	3.94	13.07
南通市	5 426	2.49	23 364	0.47	3.31	11.89
扬州市	3 882	1.78	42 563	0.85	9.96	20.23
镇江市	1 756	0.81	14 333	0.29	7.16	17.53
泰州市	1 112	0.51	13 240	0.27	10.91	20.99
江苏地区	45 523	20.88	424 161	8.53	8.32	18.73
杭州市	19 749	9.06	3 059 080	61.52	153.90	47.39
宁波市	19 173	8.79	229 260	4.61	10.96	21.03
嘉兴市	905	0.42	7 807	0.16	7.63	18.03
绍兴市	15 837	7.26	259 277	5.21	15.37	23.99
舟山市	1 833	0.84	43 968	0.88	22.99	27.69
台州市	2 446	1.12	384 117	7.72	156.04	47.54
浙江地区	59 943	27.49	3 983 509	80.11	65.45	38.10
长三角核心区	218 066	100.00	4 972 690	100.00	21.80	27.19

图 6-7 显示了 2004 年、2010 年、2017 年长三角核心区 15 个城市的艺术表演团体演出收入变化情况。图中显示，长三角核心区 15 个城市的艺术表演团体演出收入除

了南通市之外，其他城市均呈现稳定增长态势。2017 年，杭州市、上海市、台州市、绍兴市、宁波市、无锡市列前六位。

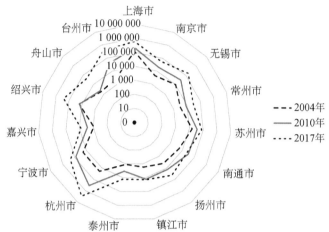

图 6-7　2004 年、2010 年、2017 年长三角核心区 15 个城市的
艺术表演团体演出收入变化情况（单位：千元）

　　2017 年，长三角核心区 15 个城市的艺术表演团体平均演出收入为 331 513 千元。其中，杭州市、上海市、台州市 3 个城市高于平均水平，其余 12 个城市均低于平均水平，如图 6-8 所示。高于平均水平的 3 个城市的艺术表演团体演出收入达到了 4 008 217 千元，占长三角核心区艺术表演团体演出收入总和的 80.60%。

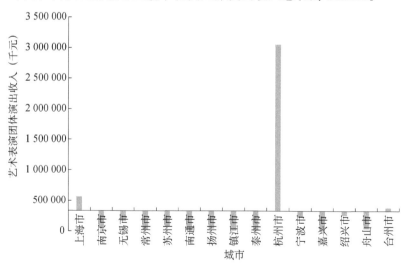

图 6-8　2017 年长三角核心区 15 个城市的艺术表演团体演出收入与平均值比较

6.3.2 从演变看发展

2004～2017 年，长三角核心区的艺术表演团体演出收入基本呈现不断上升的趋势。2004 年，长三角核心区艺术表演团体演出收入为 218 066 千元，2017 年达到 4 972 690 千元。其中，上海市增长了 4.02 倍，年均增长率为 13.21%；江苏地区增长了 8.32 倍，年均增长率为 18.73%；浙江地区增长了 65.45 倍，年均增长率为 38.10%，如表 6-8 所示。浙江地区增速列首位，江苏地区次之，上海市增速略慢，如图 6-9 所示。

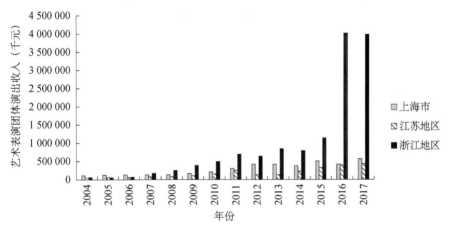

图 6-9　2004～2017 年上海市、江苏地区、浙江地区艺术表演团体演出收入变化情况

2004～2011 年，上海市、江苏地区、浙江地区艺术表演团体演出收入不断上升，2011 年之后两省一市的艺术表演团体演出收入有一定程度的波动。2017 年，杭州市艺术表演团体演出收入达到 3 059 080 千元，远高于其他 14 个城市，是列最后一位的嘉兴市的 391.84 倍。

6.3.3 从人均看特征

长三角核心区 15 个城市的艺术表演团体演出收入存在显著差异，单纯的总量不能全面地反映一个城市艺术表演团体的营收能力，如表 6-7 所示。可通过从业人员人均艺术表演团体演出收入（简称人均艺术表演团体演出收入）来衡量一个城市艺术表演团体的营收情况。表 6-9 表明，2017 年长三角核心区 15 个城市的人均艺术表演团体演出收入存在较为显著的差异，其中杭州市、无锡市、舟山市、常州市、上海市、台州市排在前六位。杭州市人均艺术表演团体演出收入最高，达到了 481 897 元；泰州市人均艺术表演团体演出收入最低，为 11 949 元。长三角核心区人均艺术表演团体演出收入为 111 079 元。其中，上海市人均艺术表演团体演出收入为 56 752 元，江苏地区人均艺术表演团体演出收入为 48 492 元，浙江地区人均艺术表演团体演出收入为 152 836 元。

表 6-9　2017 年长三角核心区 15 个城市的人均艺术表演团体演出收入

地区	艺术表演团体演出收入（千元）	从业人员（人）	人均艺术表演团体演出收入（元）
上海市	565 020	9 956	56 752
南京市	56 113	1 801	31 157
无锡市	167 878	1 328	126 414
常州市	28 787	500	57 574
苏州市	77 883	2 179	35 743
南通市	23 364	611	38 239
扬州市	42 563	834	51 035
镇江市	14 333	386	37 132
泰州市	13 240	1 108	11 949
江苏地区	424 161	8 747	48 492
杭州市	3 059 080	6 348	481 897
宁波市	229 260	5 294	43 306
嘉兴市	7 807	471	16 575
绍兴市	259 277	6 308	41 103
舟山市	43 968	642	68 486
台州市	384 117	7 001	54 866
浙江地区	3 983 509	26 064	152 836
长三角核心区	4 972 690	44 767	111 079

6.4　艺术表演场馆观众人次

艺术表演场馆指由文化部门主办或实行行业管理（经文化市场行政部门审批或已

申报登记并领取相关许可证），有观众席、舞台、灯光设备，公开售票、专供文艺团体演出的文化活动场所。其包括剧院（场）、音乐厅、歌剧院（场）、舞剧院（场）、话剧院（场）、戏院、马戏场、影剧院等进行文艺表演的场所，不包括电影院、礼堂、体育场馆、美术馆及绘画、雕塑等艺术馆。艺术表演场馆观众人次指艺术演出、电影放映等有收入的全部观众人次。

表 6-10 展示了 2003~2017 年长三角核心区 16 个城市的艺术表演场馆观众人次。在空间维度上，各城市间的差距较为明显；在时间维度上，该指标呈现一定的波动性。

表 6-10 2003~2017 年长三角核心区 16 个城市的
艺术表演场馆观众人次　　　　　　（单位：万人次）

城市	2003 年	2004 年	2005 年	2006 年	2007 年	2008 年	2009 年
上海市	815.4	1172.3	1067.7	1080.9	985.4	838.4	756.1
南京市	51.0	60.1	66.9	53.7	34.4	81.5	64.0
无锡市	116.1	58.8	72.1	183.7	312.4	163.5	425.4
常州市	77.5	69.7	95.1	139.4	81.0	49.6	66.8
苏州市	65.7	54.1	68.8	108.0	91.4	204.8	206.2
南通市	40.1	121.7	124.1	176.3	56.0	56.6	54.0
扬州市	14.3	13.4	18.8	19.9	27.3	17.8	14.5
镇江市	34.2	26.7	151.5	36.4	377.8	60.6	43.4
泰州市	21.5	8.3	8.6	7.9	7.9	12.2	7.2
杭州市	47.9	208.1	127.5	85.8	338.8	384.2	391.0
宁波市	31.6	93.8	247.2	65.2	319.0	277.2	225.6
嘉兴市	45.1	47.6	24.9	27.8	59.1	68.1	149.8
湖州市	3.0	26.5	16.5	25.0	18.7	64.0	156.4
绍兴市	29.8	43.3	164.3	81.9	83.1	87.7	88.6
舟山市	0.6	0.9	30.6	32.8	12.3	10.0	1.5
台州市	61.2	37.2	29.5	47.0	111.1	163.4	74.5
城市	2010 年	2011 年	2012 年	2013 年	2014 年	2015 年	2016 年	2017 年
上海市	784.5	1008.1	979.5	215.1	237.8	527.7	819.4	586.8
南京市	65.6	115.4	74.8	80.7	64.7	85.3	71.1	55.2
无锡市	249.6	328.7	348.4	332.8	230.4	246.3	274.7	288.1
常州市	127.1	139.1	77.8	125.7	147.9	199.7	157.7	147.2
苏州市	297.9	568.1	633.7	1106.5	709.8	837.3	693.9	642.2
南通市	51.0	106.4	72.3	98.1	110.4	190.2	337.5	117.3
扬州市	14.2	13.4	6.1	9.5	9.0	18.9	5.3	4.1

续表

城市	2010 年	2011 年	2012 年	2013 年	2014 年	2015 年	2016 年	2017 年
镇江市	34.7	68.4	38.9	41.8	12.0	21.5	29.6	26.2
泰州市	4.9	4.4	5.0	4.1	16.2	50.8	37.6	41.7
杭州市	355.6	324.7	371.1	84.8	88.5	247.4	132.3	147.6
宁波市	247.3	102.3	207.1	62.4	54.2	166.7	426.8	751.1
嘉兴市	41.9	55.4	73.6	127.9	134.1	178.0	1083.3	51.3
湖州市	413.4	311.0	43.4	197.0	33.1	33.3	73.1	69.8
绍兴市	83.4	37.3	33.3	35.4	35.0	87.9	69.3	87.6
舟山市	33.2	19.6	18.2	15.4	19.9	21.1	55.8	13.7
台州市	65.8	44.8	51.0	33.1	33.8	110.2	151.1	142.1

6.4.1　从数字看形势

2017 年，长三角核心区艺术表演场馆观众人次为 3172.0 万人次。其中，上海市为 586.8 万人次，占比为 18.50%；江苏地区为 1322.0 万人次，占比为 41.68%；浙江地区为 1263.2 万人次，占比为 39.82%，如表 6-11 所示。16 个城市中，宁波市以 751.1 万人次列第一位，扬州市以 4.1 万人次列最后一位。江苏地区 8 个城市的艺术表演场馆观众人次占长三角核心区四成多，其中苏州市艺术表演场馆观众人次最多，占比为 20.25%。

表 6-11　2003 年、2017 年长三角核心区 16 个城市的艺术表演场馆观众人次及增长情况

地区	2003 年艺术表演场馆观众人次		2017 年艺术表演场馆观众人次		2017 年比 2003 年增长倍数（倍）	2003～2017 年年均增长率（%）
	总人次（万人次）	占比（%）	总人次（万人次）	占比（%）		
上海市	815.4	56.04	586.8	18.50	−0.28	−2.32
南京市	51.0	3.50	55.2	1.74	0.08	0.57
无锡市	116.1	7.98	288.1	9.08	1.48	6.71
常州市	77.5	5.33	147.2	4.64	0.90	4.69
苏州市	65.7	4.51	642.2	20.25	8.77	17.69
南通市	40.1	2.76	117.3	3.70	1.93	7.97
扬州市	14.3	0.98	4.1	0.13	−0.71	−8.54
镇江市	34.2	2.35	26.2	0.83	−0.23	−1.89

续表

地区	2003 年艺术表演场馆观众人次		2017 年艺术表演场馆观众人次		2017 年比2003 年增长倍数（倍）	2003~2017 年年均增长率（%）
	总人次（万人次）	占比（%）	总人次（万人次）	占比（%）		
泰州市	21.5	1.48	41.7	1.31	0.94	4.85
江苏地区	420.4	28.89	1322.0	41.68	2.14	8.53
杭州市	47.9	3.29	147.6	4.65	2.08	8.37
宁波市	31.6	2.17	751.1	23.68	22.77	25.40
嘉兴市	45.1	3.10	51.3	1.62	0.14	0.92
湖州市	3.0	0.21	69.8	2.20	22.27	25.21
绍兴市	29.8	2.05	87.6	2.76	1.94	8.01
舟山市	0.6	0.04	13.7	0.43	21.83	25.04
台州市	61.2	4.21	142.1	4.48	1.32	6.20
浙江地区	219.2	15.07	1263.2	39.82	4.76	13.33
长三角核心区	1455.0	100.00	3172.0	100.00	1.18	5.72

图 6-10 显示了 2003 年、2010 年、2017 年长三角核心区 16 个城市的艺术表演场馆观众人次变化情况。图中显示，2017 年上海市、南京市、扬州市、镇江市、杭州市、湖州市、舟山市的艺术表演场馆观众人次有所回落，其他 9 个城市都表现为持续增长的态势。2017 年，宁波市、苏州市、上海市、无锡市、杭州市、常州市列前六位。

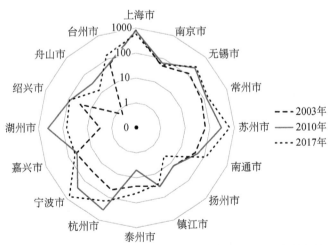

图 6-10　2003 年、2010 年、2017 年长三角核心区 16 个城市的
艺术表演场馆观众人次变化情况（单位：万人次）

2017 年，长三角核心区 16 个城市的艺术表演场馆平均观众人次为 198.2 万人次。其中，宁波市、苏州市、上海市、无锡市 4 个城市高于平均水平，其余 12 个城市均低于平均水平，如图 6-11 所示。高于平均水平的 4 个城市的艺术表演场馆观众人次达到了 2268.2 万人次，占长三角核心区艺术表演场馆观众人次总和的 71.51%。

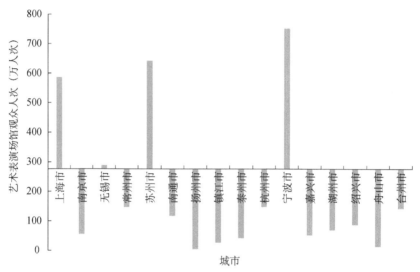

图 6-11　2017 年长三角核心区 16 个城市的艺术表演场馆观众人次与平均值比较

6.4.2　从演变看发展①

2003 年以来，长三角核心区的艺术表演场馆观众人次有一定程度的波动。2003 年，长三角核心区艺术表演场馆观众人次为 1455.0 万人次，2017 年达到 3172.0 万人次。其中，上海市 2003 年为 815.4 万人次，2017 年为 586.8 万人次，出现较为明显的下降；江苏地区增长了 2.14 倍，年均增长率为 8.53%；浙江地区增长了 4.76 倍，年均增长率为 13.33%。2017 年，宁波市艺术表演场馆观众人次达到 751.1 万人次，是列最后一位的扬州市的 183.2 倍。如表 6-11 所示。浙江地区增速列首位，江苏地区次之，上海市出现明显下滑，如图 6-12 所示。

---

　①　上海市、浙江地区 2013 年、2014 年该数据的统计口径为文化系统艺术表演场馆，与其他年份相比口径较小。

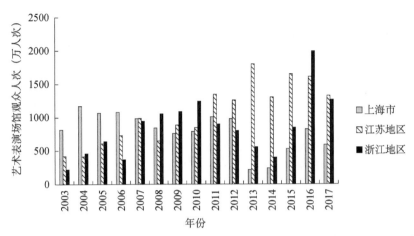

图 6-12 2003～2017 年上海市、江苏地区、浙江地区的艺术表演场馆观众人次变化情况

6.4.3 从构成看特征

长三角核心区 16 个城市的艺术表演场馆观众人次存在显著差异，单纯的总量不能全面地反映一个城市艺术表演场馆的观众情况，如表 6-10 所示。可通过每万人艺术表演场馆观众人次衡量一个城市艺术表演场馆的发展情况。表 6-12 表明，2017 年长三角核心区 16 个城市的每万人艺术表演场馆观众人次存在较为显著的差异，其中宁波市、苏州市、无锡市、常州市、上海市、湖州市排在前六位。宁波市每万人艺术表演场馆观众人次最多，达到了 9382.9 人次；扬州市每万人艺术表演场馆观众人次最少，为 90.9 人次。长三角核心区每万人艺术表演场馆观众人次为 2843.7 人次。其中，上海市每万人艺术表演场馆观众人次为 2426.5 人次，江苏地区每万人艺术表演场馆观众人次为 2647.2 人次，浙江地区每万人艺术表演场馆观众人次为 3375.7 人次。

表 6-12 2017 年长三角核心区 16 个城市的每万人艺术表演场馆观众人次

地区	艺术表演场馆观众人次（万人次）	常住人口（万人）	每万人艺术表演场馆观众人次（人次）
上海市	586.8	2 418.3	2 426.5
南京市	55.2	833.5	662.3
无锡市	288.1	655.3	4 396.5

续表

地区	艺术表演场馆观众人次（万人次）	常住人口（万人）	每万人艺术表演场馆观众人次（人次）
常州市	147.2	471.7	3 120.6
苏州市	642.2	1 068.4	6 010.9
南通市	117.3	730.5	1 605.7
扬州市	4.1	450.8	90.9
镇江市	26.2	318.6	822.3
泰州市	41.7	465.2	896.4
江苏地区	1 322.0	4 994.0	2 647.2
杭州市	147.6	946.8	1 558.9
宁波市	751.1	800.5	9 382.9
嘉兴市	51.3	465.6	1 101.8
湖州市	69.8	299.5	2 330.6
绍兴市	87.6	501.0	1 748.5
舟山市	13.7	116.8	1 172.9
台州市	142.1	611.8	2 322.7
浙江地区	1 263.2	3 742.0	3 375.7
长三角核心区	3 172.0	11 154.3	2 843.7

6.5　艺术表演场馆座席数

艺术表演场馆座席数指艺术表演场馆可向观众售票的实际座席数。

表 6-13 展示了 2003～2017 年长三角核心区 16 个城市的艺术表演场馆座席数。在空间维度上，各城市间的差距较为明显；在时间维度上，该指标呈现一定的波动性。

表 6-13 2003～2017 年长三角核心区 16 个城市的
艺术表演场馆座席数   （单位：个）

城市	2003 年	2004 年	2005 年	2006 年	2007 年	2008 年	2009 年
上海市	146 401	153 035	122 866	115 948	123 613	106 798	84 305
南京市	7 714	7 143	7 143	6 436	6 436	11 037	11 019
无锡市	10 886	9 432	8 589	8 591	11 512	11 567	10 178
常州市	5 671	5 641	4 859	4 121	4 123	4 355	4 447
苏州市	6 544	6 061	4 587	6 791	6 793	14 076	12 250
南通市	3 877	3 877	4 273	4 273	4 273	4 085	4 066
扬州市	4 481	4 181	4 081	4 081	3 955	3 845	3 891
镇江市	4 486	4 612	4 619	4 581	4 556	4 250	4 185
泰州市	6 213	6 433	3 236	1 842	1 842	1 842	1 842
杭州市	6 962	24 856	22 470	10 091	32 005	16 080	39 747
宁波市	5 618	21 658	6 636	11 473	16 925	13 848	19 921
嘉兴市	6 342	13 852	6 519	11 411	16 551	14 302	10 760
湖州市	1 000	5 986	3 638	4 271	4 111	13 862	7 561
绍兴市	5 460	5 809	8 136	12 641	13 795	13 508	12 989
舟山市	—	—	2 666	1 466	766	766	1 631
台州市	8 201	9 246	10 465	14 384	17 864	20 383	18 359
城市	2010 年	2011 年	2012 年	2013 年	2014 年	2015 年	2016 年	2017 年
上海市	82 820	111 582	123 611	17 605	20 317	62 512	57 006	59 185
南京市	12 437	11 131	10 858	10 304	9 088	12 176	12 756	13 711
无锡市	10 173	9 960	11 154	11 943	11 928	29 388	32 301	40 799
常州市	7 032	6 930	6 943	6 943	7 059	12 093	12 953	15 152
苏州市	12 146	23 240	22 516	25 022	24 951	30 979	33 594	39 181
南通市	4 246	3 959	6 831	6 826	6 826	42 068	42 470	46 157
扬州市	3 108	3 108	3 108	2 882	2 882	2 982	3 282	2 282
镇江市	3 533	3 533	3 723	3 609	3 609	4 549	4 549	4 549
泰州市	1 842	716	1 528	1 527	1 528	10 409	9 927	12 127
杭州市	92 423	23 906	81 200	7 561	6 861	78 941	20 250	26 395
宁波市	18 892	18 574	18 610	4 209	4 141	15 311	31 014	34 370
嘉兴市	12 662	12 337	13 141	4 622	5 467	14 066	17 720	8 824
湖州市	3 892	4 710	6 298	4 521	4 520	5 570	9 371	7 921
绍兴市	12 800	8 579	7 387	5 637	5 637	10 391	10 777	12 535
舟山市	1 666	1 631	1 929	1 631	1 631	1 631	4 521	2 401
台州市	15 878	17 279	13 526	11 922	11 849	17 169	43 948	43 836

6.5.1　从数字看形势

2017 年长三角核心区艺术表演场馆座席数为 369 425 个。其中，上海市艺术表演场馆座席数为 59 185 个，占比为 16.02%；江苏地区艺术表演场馆座席数为 173 958 个，占比为 47.09%；浙江地区艺术表演场馆座席数为 136 282 个，占比为 36.89%，如表 6-14 所示。16 个城市中，上海市以 59 185 个列第一位，扬州市以 2282 个列最后一位。江苏地区 8 个城市的艺术表演场馆座席数占长三角核心区近五成，其中南通市艺术表演场馆座席数最多，占比为 12.49%。

表 6-14　2003 年、2017 年长三角核心区 16 个城市的艺术表演场馆座席数及增长情况

地区	2003 年艺术表演场馆座席数		2017 年艺术表演场馆座席数		2017 年比 2003 年增长倍数（倍）	2003～2017 年年均增长率（%）
	总量（个）	占比（%）	总量（个）	占比（%）		
上海市	146 401	63.69	59 185	16.02	−0.60	−6.26
南京市	7 714	3.36	13 711	3.71	0.78	4.19
无锡市	10 886	4.74	40 799	11.04	2.75	9.90
常州市	5 671	2.47	15 152	4.10	1.67	7.27
苏州市	6 544	2.85	39 181	10.61	4.99	13.64
南通市	3 877	1.69	46 157	12.49	10.92	19.35
扬州市	4 481	1.95	2 282	0.62	−0.49	−4.71
镇江市	4 486	1.95	4 549	1.23	0.01	0.10
泰州市	6 213	2.70	12 127	3.28	0.95	4.89
江苏地区	49 872	21.70	173 958	47.09	2.49	9.33
杭州市	6 962	3.03	26 395	7.14	2.80	9.99
宁波市	5 618	2.44	34 370	9.30	5.12	13.81
嘉兴市	6 342	2.76	8 824	2.39	0.39	2.39
湖州市	1 000	0.43	7 921	2.14	6.92	15.93
绍兴市	5 460	2.37	12 535	3.39	1.30	6.12
舟山市	—	—	2 401	0.65	—	—
台州市	8 201	3.57	43 836	11.87	4.35	12.72
浙江地区	33 583	14.61	136 282	36.89	3.06	10.52
长三角核心区	229 856	100.00	369 425	100.00	0.61	3.45

图 6-13 显示了 2003 年、2010 年、2017 年长三角核心区 16 个城市的艺术表演场馆座席数变化情况。图中显示，除了上海市、无锡市、扬州市、镇江市、泰州市、杭州市、

嘉兴市、绍兴市之外，2017年长三角核心区其余8个城市艺术表演场馆座席数均表现为持续增加的态势。2017年，上海市、南通市、台州市、无锡市、苏州市、宁波市列前六位。

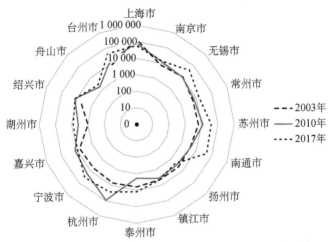

图6-13　2003年、2010年、2017年长三角核心区16个城市的
艺术表演场馆座席数变化情况（单位：个）

2017年，长三角核心区16个城市的艺术表演场馆平均座席数为23 089个。其中，上海市、南通市、台州市、无锡市、苏州市、宁波市、杭州市7个城市高于平均水平，其余9个城市均低于平均水平，如图6-14所示。高于平均水平的7个城市的艺术表演场馆座席数达到了289 923个，占长三角核心区艺术表演场馆座席数总和的78.48%。

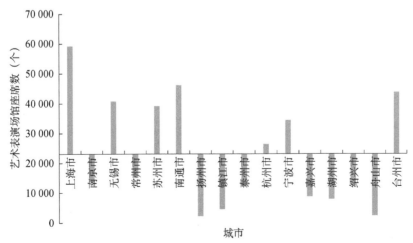

图6-14　2017年长三角核心区16个城市的艺术表演场馆座席数与平均值比较

6.5.2　从演变看发展

2003 年以来，长三角核心区艺术表演场馆座席数呈现波浪式增加特征。2003 年，长三角核心区艺术表演场馆座席数为 229 856 个，2017 年达到 369 425 个。其中，上海市 2003 年为 146 401 个，2017 年为 59 185 个，年均增长率为−6.26%；江苏地区增长了 2.49 倍，年均增长率为 9.33%；浙江地区增长了 3.06 倍，年均增长率为 10.52%，如表 6-14 所示。浙江地区增速列首位，江苏地区次之，上海市为负增长，如图 6-15 所示。

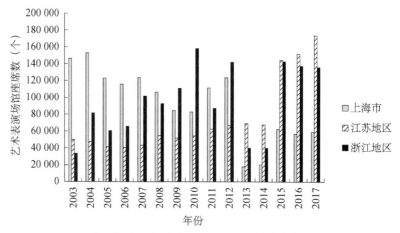

图 6-15　2003～2017 年上海市、江苏地区、浙江地区的艺术表演场馆座席数变化情况

注：上海市、浙江地区 2013 年、2014 年的统计口径为文化系统艺术表演场馆，与其他年份
相比口径较小，故趋势分析不含 2013 年和 2014 年数据。

2003 年以来，上海市艺术表演场馆座席数呈波浪式下降态势，2017 年的艺术表演场馆座席数不及 2003 年的一半。江苏地区艺术表演场馆座席数在 2014 年及之前增幅不大，2015 年及之后增速显著。浙江地区艺术表演场馆座席数在 2010 年之前总体上平稳增加，之后变动不大。2017 年，上海市艺术表演场馆座席数是列最后一位的扬州市的 25.94 倍。

6.5.3　从人均看特征

长三角核心区 16 个城市的艺术表演场馆座席数存在显著差异，但是单纯的总量不能全面地反映一个城市艺术表演场馆的座位资源情况，如表 6-13 所示。可通过每万人艺术表演场馆座席数衡量一个城市艺术表演场馆座位资源的供应能力。表 6-15 表明，2017 年长三角核心区 16 个城市的每万人艺术表演场馆座席数存在较为显著的差异，其中台州市、南通市、无锡市、宁波市、苏州市、常州市排在前六位。台州市每万人艺术表演场馆座席数最多，达到了 71.7 个；扬州市每万人艺术表演场馆座席数最少，只有 5.1 个。长三角核心区每万人艺术表演场馆座席数为 33.1 个。其中，上海市每万人艺术表演场馆座席数为 24.5 个，江苏地区每万人艺术表演场馆座席数为 34.8 个，浙江地区每万人艺术表演场馆座席数为 36.4 个。

表 6-15　2017 年长三角核心区 16 个城市的每万人艺术表演场馆座席数

地区	艺术表演场馆座席数（个）	常住人口（万人）	每万人艺术表演场馆座席数（个）
上海市	59 185	2 418.3	24.5
南京市	13 711	833.5	16.4
无锡市	40 799	655.3	62.3
常州市	15 152	471.7	32.1
苏州市	39 181	1 068.4	36.7
南通市	46 157	730.5	63.2
扬州市	2 282	450.8	5.1
镇江市	4 549	318.6	14.3
泰州市	12 127	465.2	26.1
江苏地区	173 958	4 994.0	34.8
杭州市	26 395	946.8	27.9
宁波市	34 370	800.5	42.9
嘉兴市	8 824	465.6	19.0
湖州市	7 921	299.5	26.4
绍兴市	12 535	501.0	25.0
舟山市	2 401	116.8	20.6

续表

地区	艺术表演场馆座席数（个）	常住人口（万人）	每万人艺术表演场馆座席数（个）
台州市	43 836	611.8	71.7
浙江地区	136 282	3 742.0	36.4
长三角核心区	369 425	11 154.4	33.1

6.6 艺术表演场馆演出收入

艺术表演场馆演出收入指通过售票或包场演出所取得的票房收入，不包括政府采购的公益性演出补贴收入。

表 6-16 展示了 2003～2017 年长三角核心区 16 个城市的艺术表演场馆演出收入。在空间维度上，各城市间的差距较为明显；在时间维度上，该指标无明显的趋势变动特征。

表 6-16　2003～2017 年长三角核心区 16 个城市的
艺术表演场馆演出收入　　　　　（单位：千元）

城市	2003 年	2004 年	2005 年	2006 年	2007 年	2008 年	2009 年
上海市	92 812	118 473	243 744	251 140	289 663	165 721	154 400
南京市	793	4 350	6 081	8 529	3 145	5 184	8 588
无锡市	1 471	1 489	3 182	3 435	6 415	4 838	3 420
常州市	1 869	2 665	3 852	5 041	1 840	299	997
苏州市	2 792	4 137	4 223	4 124	4 483	16 824	21 979
南通市	1 151	2 035	1 856	2 013	2 331	3 377	4 067
扬州市	5 882	1 506	1 438	1 536	606	475	261
镇江市	332	578	464	960	690	732	75
泰州市	662	319	212	337	406	601	684
杭州市	814	5 070	13 986	11 785	106 921	108 436	86 391
宁波市	1 864	10 093	10 924	20 192	61 528	40 233	11 629
嘉兴市	1 377	5 619	5 846	5 898	7 757	5 253	8 351
湖州市	333	1 518	1 490	2 174	4 233	7 705	1 529
绍兴市	520	9 604	7 141	29 753	10 552	9 537	14 645

续表

城市	2003 年	2004 年	2005 年	2006 年	2007 年	2008 年	2009 年
舟山市	65	136	2 411	2 544	744	5 149	—
台州市	379	629	774	6 508	11 414	14 695	12 529

城市	2010 年	2011 年	2012 年	2013 年	2014 年	2015 年	2016 年	2017 年
上海市	197 525	245 575	384 072	33 080	30 010	377 870	292 060	299 530
南京市	8 881	10 088	12 074	8 641	7 726	35 251	63 774	72 942
无锡市	4 781	1 879	14 762	18 857	46 129	69 327	53 619	61 006
常州市	24 600	31 052	8 493	21 854	22 518	35 965	33 392	53 984
苏州市	20 220	3 325	31 489	38 072	3 052	62 191	31 028	137 080
南通市	5 111	5 309	4 599	6 605	16 336	2 582	4 939	117 980
扬州市	523	503	473	316	545	5 341	1 137	438
镇江市	828	988	945	840	2 150	2 527	3 017	3 000
泰州市	231	22	60	137	2 150	10 901	7 237	7 552
杭州市	63 713	20 056	29 151	7 434	13 144	17 049	27 955	45 284
宁波市	10 320	16 855	32 501	3 790	2 798	20 505	61 785	80 478
嘉兴市	7 755	13 440	10 990	5 431	3 714	16 480	14 206	16 042
湖州市	10 509	6 357	13 671	4 101	1 431	2 023	9 475	15 037
绍兴市	16 097	10 147	10 208	3 652	5 642	14 786	17 130	22 395
舟山市	4 056	1 889	6 559	—	2 160	—	18 153	1 494
台州市	15 141	12 845	10 764	1 159	3 155	17 087	12 792	21 620

6.6.1 从数字看形势

2017 年，长三角核心区艺术表演场馆演出收入为 955 862 千元。其中，上海市艺术表演场馆演出收入为 299 530 千元，占比为 31.34%；江苏地区艺术表演场馆演出收入为 453 982 千元，占比为 47.49%；浙江地区艺术表演场馆演出收入为 202 350 千元，占比为 21.17%，如表 6-17 所示。16 个城市中，上海市以 299 530 千元列第一位，扬州市以 438 千元列最后一位。江苏地区 8 个城市的艺术表演场馆演出收入占长三角核心区近五成，其中苏州市艺术表演场馆演出收入最多，占比为 14.34%。

表 6-17　2003 年、2017 年长三角核心区 16 个城市的艺术表演场馆演出收入及增长情况

地区	2003 年艺术表演场馆演出收入		2017 年艺术表演场馆演出收入		2017 年比 2003 年增长倍数（倍）	2003～2017 年年均增长率（%）
	总额（千元）	占比（%）	总额（千元）	占比（%）		
上海市	92 812	82.05	299 530	31.34	2.23	8.73
南京市	793	0.70	72 942	7.63	90.98	38.12
无锡市	1 471	1.30	61 006	6.38	40.47	30.48
常州市	1 869	1.65	53 984	5.65	27.88	27.15
苏州市	2 792	2.47	137 080	14.34	48.10	32.07
南通市	1 151	1.02	117 980	12.34	101.50	39.20
扬州市	5 882	5.20	438	0.05	-0.93	-16.93
镇江市	332	0.29	3 000	0.31	8.04	17.03
泰州市	662	0.59	7 552	0.79	10.41	18.99
江苏地区	14 952	13.22	453 982	47.49	29.36	27.61
杭州市	814	0.72	45 284	4.74	54.63	33.25
宁波市	1 864	1.65	80 478	8.42	42.17	30.86
嘉兴市	1 377	1.22	16 042	1.68	10.65	19.17
湖州市	333	0.29	15 037	1.57	44.16	31.28
绍兴市	520	0.46	22 395	2.34	42.07	30.84
舟山市	65	0.06	1 494	0.16	21.98	25.10
台州市	379	0.33	21 620	2.26	56.04	33.49
浙江地区	5 352	4.73	202 350	21.17	36.81	29.62
长三角核心区	113 116	100.00	955 862	100.00	7.45	16.47

图 6-16 显示了 2003 年、2010 年、2017 年长三角核心区 16 个城市的艺术表演场馆演出收入变化情况。图中显示，除了扬州市、泰州市、杭州市、舟山市之外，2017 年长三角核心区其余 12 个城市的艺术表演场馆演出收入均表现为持续增加的态势。2017 年，上海市、苏州市、南通市、宁波市、南京市、无锡市列前六位。

2017 年，长三角核心区 16 个城市的艺术表演场馆平均演出收入为 59 741 千元。其中，上海市、苏州市、南通市、宁波市、南京市、无锡市 6 个城市高于平均水平，其余 10 个城市均低于平均水平，如图 6-17 所示。高于平均水平的 6 个城市的艺术表

演场馆演出收入达到了 769 016 千元，占长三角核心区艺术表演场馆演出收入总和的 80.45%。

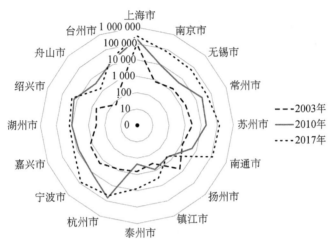

图 6-16 2003 年、2010 年、2017 年长三角核心区 16 个城市的
艺术表演场馆演出收入变化情况（单位：千元）

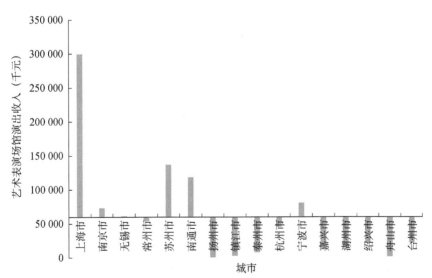

图 6-17 2017 年长三角核心区 16 个城市的艺术表演场馆演出收入与平均值比较

6.6.2 从演变看发展

2003 年以来，长三角核心区艺术表演场馆演出收入总体上呈现增长态势。2003 年，长三角核心区艺术表演场馆演出收入为 113 116 千元，2017 年达到 955 862 千元。其中，上海市增长了 2.23 倍，年均增长率为 8.73%；江苏地区增长了 29.36 倍，年均增长率为 27.61%；浙江地区增长了 36.81 倍，年均增长率为 29.62%，如表 6-17 所示。浙江地区增速列首位，江苏地区次之，上海市增速略慢，如图 6-18 所示。

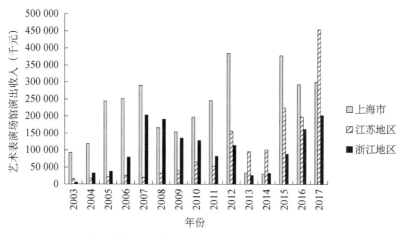

图 6-18　2003～2017 年上海市、江苏地区、浙江地区的艺术表演场馆演出收入变化情况

2003 年以来，上海市、江苏地区、浙江地区的艺术表演场馆演出收入呈波浪式增长态势。2017 年，上海市艺术表演场馆演出收入远高于其他 15 个城市，是列最后一位的扬州市的 683.86 倍。

6.6.3 从构成看特征

长三角核心区 16 个城市的艺术表演场馆演出收入存在显著差异，但是单纯的总量不能全面地反映一个城市艺术表演场馆的演出营收能力，如表 6-16 所示。可通过艺术表演场馆人均演出收入衡量一个城市艺术表演场馆的演出营收能力。表 6-18 表明，

2017年长三角核心区 16 个城市的艺术表演场馆从业人员人均演出收入（简称艺术表演场馆人均演出收入）存在较为显著的差异，其中南通市、上海市、南京市、苏州市、绍兴市、常州市排在前六位。南通市艺术表演场馆人均演出收入最高，达到了 209 929 元；扬州市艺术表演场馆人均演出收入最低，为 2940 元。长三角核心区艺术表演场馆人均演出收入为 82 794 元。其中，上海市艺术表演场馆人均演出收入为 185 009 元，江苏地区艺术表演场馆人均演出收入为 93 837 元，浙江地区艺术表演场馆人均演出收入为 39 770 元。

表 6-18　2017 年长三角核心区 16 个城市的艺术表演场馆人均演出收入

地区	艺术表演场馆演出收入（千元）	从业人员（人）	艺术表演场馆人均演出收入（元）
上海市	299 530	1 619	185 009
南京市	72 942	702	103 906
无锡市	61 006	1 002	60 884
常州市	53 984	732	73 749
苏州市	137 080	1 334	102 759
南通市	117 980	562	209 929
扬州市	438	149	2 940
镇江市	3 000	76	39 474
泰州市	7 552	281	26 875
江苏地区	453 982	4 838	93 837
杭州市	45 284	1 032	43 880
宁波市	80 478	2 139	37 624
嘉兴市	16 042	220	72 918
湖州市	15 037	692	21 730
绍兴市	22 395	264	84 830
舟山市	1 494	38	39 316
台州市	21 620	703	30 754
浙江地区	202 350	5 088	39 770
长三角核心区	955 862	11 545	82 794

7 文化市场经营机构

7.1　娱乐场所营业收入①

　　娱乐场所指以营利为目的，并向公众开放、消费者自娱自乐的歌舞、游艺等场所。娱乐场所营业收入指娱乐场所从事主营业务或其他业务所取得的收入，包括主营业务收入和其他业务收入。

　　表 7-1 展示了 2003～2017 年长三角核心区 16 个城市的娱乐场所营业收入。在空间维度上，各城市间的差距较为明显；在时间维度上，该指标具有明显的波动性。

表 7-1　2003～2017 年长三角核心区 16 个城市的

娱乐场所营业收入　　　　　　（单位：千元）

城市	2003 年	2004 年	2005 年	2006 年	2007 年	2008 年	2009 年	2010 年
上海市	—	—	1 820 141	2 187 973	4 218 564	2 843 590	3 937 574	3 689 373
南京市	141 100	460 751	394 348	603 440	384 920	323 675	472 286	762 370
无锡市	95 752	295 993	465 308	540 503	549 394	383 435	489 281	568 811
常州市	197 442	74 316	167 666	194 183	108 248	109 909	148 868	139 760
苏州市	359 528	662 680	915 600	930 360	1 132 115	880 995	728 900	950 807
南通市	110 242	141 719	234 139	217 154	223 290	159 584	186 151	140 085
扬州市	79 641	116 948	163 943	191 068	150 096	170 111	174 545	271 124
镇江市	62 944	78 749	116 935	153 846	200 223	135 114	161 293	231 085
泰州市	38 298	74 808	138 104	124 010	77 979	77 609	93 094	110 586
杭州市	397 823	559 665	391 858	876 093	2 520 150	912 184	1 043 942	1 178 864
宁波市	334 150	1 779 964	667 102	951 964	645 323	664 046	709 759	886 619
嘉兴市	136 702	163 783	231 969	300 378	158 390	169 472	192 697	327 034
湖州市	70 697	112 645	140 473	156 540	96 150	159 732	137 846	153 137
绍兴市	134 607	95 350	163 855	467 447	225 213	322 086	311 067	365 286
舟山市	64 512	109 805	113 885	167 000	69 515	84 761	150 638	176 959
台州市	243 984	384 558	402 938	706 206	544 771	646 843	453 061	659 257

――――――――――――

　　①　上海市该指标数据自 2005 年起有记录，浙江地区 2014 年数据缺失。

续表

城市	2011 年	2012 年	2013 年	2014 年	2015 年	2016 年	2017 年
上海市	3 974 339	4 301 087	5 185 690	3 271 740	3 064 460	2 921 130	2 496 670
南京市	761 867	863 528	1 140 821	841 873	905 177	906 453	960 363
无锡市	787 172	577 043	677 465	532 452	608 474	672 131	917 816
常州市	148 705	218 883	347 280	376 628	305 174	619 382	616 630
苏州市	1 004 075	1 319 278	1 506 991	1 205 370	1 373 246	1 376 013	1 581 018
南通市	162 220	326 487	483 449	546 850	491 017	370 128	346 851
扬州市	276 173	216 860	489 389	304 364	222 295	202 683	154 838
镇江市	849 986	664 911	753 911	540 892	550 815	421 416	479 588
泰州市	110 096	219 959	228 760	180 132	170 254	682 568	158 792
杭州市	1 532 542	2 088 418	1 602 954	—	1 298 641	1 251 215	1 266 364
宁波市	1 345 267	1 179 757	1 160 159	—	801 237	861 976	824 855
嘉兴市	454 477	436 161	607 719	—	468 690	514 393	456 066
湖州市	229 922	160 349	292 580	—	240 087	264 862	201 661
绍兴市	518 626	803 978	912 892	—	1 264 261	734 524	769 186
舟山市	235 914	290 102	293 843	—	325 917	362 483	390 524
台州市	674 280	447 987	155 350	—	1 137 420	1 109 989	1 228 236

7.1.1 从数字看形势

2017 年，长三角核心区娱乐场所营业收入为 12 849 458 千元。其中，上海市为 2 496 670 千元，占比为 19.43%；江苏地区为 5 215 896 千元，占比为 40.59%；浙江地区为 5 136 892 千元，占比为 39.98%，如表 7-2 所示。16 个城市中，上海市以 2 496 670 千元列第一位，扬州市以 154 838 千元列最后一位。江苏地区 8 个城市的娱乐场所营业收入占长三角核心区约四成，其中苏州市娱乐场所营业收入最多，占比为 12.30%。

表 7-2　2005 年、2017 年长三角核心区 16 个城市的娱乐场所营业收入及增长情况

地区	2005 年娱乐场所营业收入		2017 年娱乐场所营业收入		2017 年比 2005 年增长倍数（倍）	2005～2017 年年均增长率（%）
	总额（千元）	占比（%）	总额（千元）	占比（%）		
上海市	1 820 141	27.88	2 496 670	19.43	0.37	2.67
南京市	394 348	6.04	960 363	7.47	1.44	7.70
无锡市	465 308	7.13	917 816	7.14	0.97	5.82

续表

地区	2005 年娱乐场所营业收入		2017 年娱乐场所营业收入		2017 年比 2005 年增长倍数（倍）	2005～2017 年年均增长率（%）
	总额（千元）	占比（%）	总额（千元）	占比（%）		
常州市	167 666	2.57	616 630	4.80	2.68	11.46
苏州市	915 600	14.03	1 581 018	12.30	0.73	4.66
南通市	234 139	3.59	346 851	2.70	0.48	3.33
扬州市	163 943	2.51	154 838	1.20	−0.06	−0.48
镇江市	116 935	1.79	479 588	3.73	3.10	12.48
泰州市	138 104	2.12	158 792	1.24	0.15	1.17
江苏地区	2 596 043	39.77	5 215 896	40.59	1.01	5.99
杭州市	391 858	6.00	1 266 364	9.86	2.23	10.27
宁波市	667 102	10.22	824 855	6.42	0.24	1.78
嘉兴市	231 969	3.55	456 066	3.55	0.97	5.80
湖州市	140 473	2.15	201 661	1.57	0.44	3.06
绍兴市	163 855	2.51	769 186	5.99	3.69	13.75
舟山市	113 885	1.74	390 524	3.04	2.43	10.81
台州市	402 938	6.17	1 228 236	9.56	2.05	9.73
浙江地区	2 112 080	32.35	5 136 892	39.98	1.43	7.69
长三角核心区	6 528 264	100.00	12 849 458	100.00	0.97	5.81

图 7-1 显示了 2005 年、2010 年、2017 年长三角核心区 16 个城市的娱乐场所营业收入变化情况。图中显示，长三角核心区 16 个城市的娱乐场所营业收入除了上海市、南通市、扬州市、泰州市、宁波市之外，其他城市均呈现稳定增长态势。2017 年，上海市、苏州市、杭州市、台州市、南京市、无锡市列前六位。

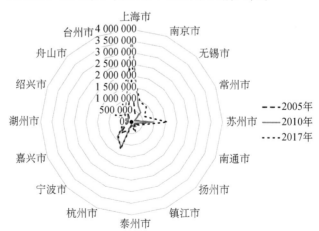

图 7-1　2005 年、2010 年、2017 年长三角核心区 16 个城市的娱乐场所营业收入变化情况（单位：千元）

2017 年，长三角核心区 16 个城市的娱乐场所平均营业收入为 803 091 千元。其中，上海市、苏州市、杭州市、台州市、南京市、无锡市、宁波市高于平均水平，其余 9 个城市均低于平均水平，如图 7-2 所示。高于平均水平的 7 个城市的娱乐场所营业收入达到了 9 275 322 千元，占长三角核心区娱乐场所营业收入总和的 72.18%。

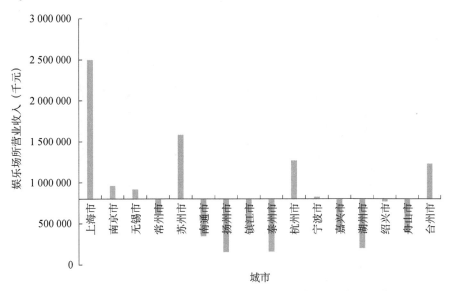

图 7-2　2017 年长三角核心区 16 个城市的娱乐场所营业收入与平均值比较

7.1.2　从演变看发展①

2005～2013 年长三角核心区的娱乐场所营业收入总体上呈现不断上升的态势，2013 年达到峰值，随后未见明显的波动。2005 年，长三角核心区娱乐场所营业收入为 6 528 264 千元，2017 年达到 12 849 458 千元。其中，上海市增幅不明显，只增长了 0.37 倍，年均增长率仅为 2.67%；江苏地区增长了 1.01 倍，年均增长率为 5.99%；浙江地区增长了 1.43 倍，年均增长率为 7.69%，如表 7-2 所示。

2005～2017 年，上海市娱乐场所营业收入呈现倒 U 形变化态势，在 2013 年达到

---

① 因浙江地区 2014 年数据缺失，故 2014 年长三角核心区的娱乐场所营业收入不含浙江地区。

峰值；江苏地区娱乐场所营业收入在 2013 年达到峰值，但到 2017 年已基本达到 2013 年的峰值水平；浙江地区娱乐场所营业收入在 2011 年之后的波动不显著，如图 7 - 3 所示。2017 年，上海市娱乐场所营业收入达到 2 496 670 千元，远高于其他 15 个城市，是列最后一位的扬州市的 16.12 倍。

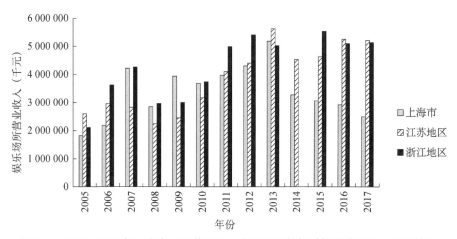

图 7-3 　2005～2017 年上海市、江苏地区、浙江地区的娱乐场所营业收入变化情况

7.1.3 从人均看特征

长三角核心区 16 个城市的娱乐场所营业收入存在显著差异，单纯的总量不能全面地反映一个城市娱乐场所的营收能力，如表 7-1 所示。可通过从业人员人均娱乐场所营业收入（简称人均娱乐场所营业收入）来衡量一个城市娱乐场所的营收情况。表 7-3 表明，2017 年长三角核心区 16 个城市的人均娱乐场所营业收入存在较为显著的差异，其中台州市、绍兴市、舟山市、杭州市、宁波市、嘉兴市排在前六位，均为浙江地区的城市。台州市人均娱乐场所营业收入最高，达到了 295.2 万元；苏州市人均娱乐场所营业收入最低，为 9.2 万元。长三角核心区人均娱乐场所营业收入为 20.9 万元。其中，上海市人均娱乐场所营业收入为 15.3 万元，江苏地区人均娱乐场所营业收入为 12.6 万元，浙江地区人均娱乐场所营业收入为 141.3 万元。

表 7-3　2017 年长三角核心区 16 个城市的人均娱乐场所营业收入

地区	娱乐场所营业收入（千元）	从业人员（人）	人均娱乐场所营业收入（万元）
上海市	2 496 670	16 300	15.3
南京市	960 363	6 688	14.4
无锡市	917 816	5 484	16.7
常州市	616 630	3 318	18.6
苏州市	1 581 018	17 243	9.2
南通市	346 851	2 994	11.6
扬州市	154 838	1 523	10.2
镇江市	479 588	2 719	17.6
泰州市	158 792	1 436	11.1
江苏地区	5 215 896	41 405	12.6
杭州市	1 266 364	983	128.8
宁波市	824 855	790	104.4
嘉兴市	456 066	540	84.5
湖州市	20 1661	398	50.7
绍兴市	769 186	304	253.0
舟山市	390 524	205	190.5
台州市	1 228 236	416	295.2
浙江地区	5 136 892	3 636	141.3
长三角核心区	12 849 458	61 341	20.9

7.2　娱乐场所营业利润

娱乐场所营业利润指娱乐场所从事生产经营活动中取得的利润。

表 7-4 展示了 2003～2017 年长三角核心区 16 个城市的娱乐场所营业利润。在空间维度上，各城市间的差距较为明显；在时间维度上，该指标波动较大。

表 7-4 2003～2017 年长三角核心区 16 个城市的
娱乐场所营业利润 （单位：千元）

城市	2003 年	2004 年	2005 年	2006 年	2007 年	2008 年	2009 年	2010 年
上海市	—	—	−10 288	−111 992	−46 690	75 493	672 678	539 123
南京市	42 799	−35 745	130 575	198 913	114 404	116 997	207 974	221 389
无锡市	28 067	31 877	180 584	108 595	130 039	134 767	94 960	135 672
常州市	31 859	16 044	18 973	47 790	34 207	34 836	34 666	33 105
苏州市	110 279	138 262	196 404	244 367	226 182	125 023	250 436	318 007
南通市	42 783	86 732	96 933	93 114	79 595	61 053	72 035	49 869
扬州市	30 657	32 067	53 069	70 801	33 010	59 659	87 489	106 127
镇江市	26 884	22 016	27 079	40 943	49 064	50 746	71 056	98 740
泰州市	8 152	31 439	51 009	42 926	15 469	14 335	28 811	40 043
杭州市	100 126	83 727	100 051	117 445	1 335 311	257 297	360 342	372 032
宁波市	81 659	301 294	137 437	175 597	233 152	258 291	230 201	303 678
嘉兴市	32 055	17 624	84 891	213 282	62 971	65 090	55 380	103 721
湖州市	25 531	30 899	37 064	44 633	57 370	70 752	62 812	68 690
绍兴市	50 807	32 228	61 058	154 688	78 519	119 403	128 556	161 177
舟山市	16 927	28 572	23 576	19 588	37 419	48 960	45 235	58 508
台州市	73 132	131 529	63 010	93 250	204 055	147 231	57 050	81 628

城市	2011 年	2012 年	2013 年	2014 年	2015 年	2016 年	2017 年
上海市	456 043	645 266	709 450	523 700	754 740	445 250	398 110
南京市	278 271	330 814	322 434	202 605	213 947	224 296	232 201
无锡市	161 765	180 141	171 166	154 101	119 948	81 755	143 328
常州市	33 215	76 024	122 451	128 999	78 445	124 416	129 653
苏州市	323 259	379 205	332 313	269 672	340 024	337 608	409 970
南通市	55 517	121 450	135 099	128 657	107 259	74 868	71 592
扬州市	117 231	87 157	143 997	89 075	77 019	64 810	47 567
镇江市	417 079	404 361	248 573	184 147	188 117	132 644	169 162
泰州市	32 231	82 295	82 337	55 112	45 131	167 630	45 051
杭州市	527 118	604 556	345 681	—	321 679	198 507	216 730
宁波市	381 880	274 844	126 292	—	88 425	92 705	109 395
嘉兴市	106 487	127 904	147 489	—	83 765	79 431	80 501
湖州市	95 175	70 405	82 074	—	59 658	74 641	42 627
绍兴市	233 467	398 529	308 799	—	182 520	116 500	101 637
舟山市	63 638	116 766	105 770	—	48 475	63 062	75 685
台州市	84 395	62 186	25 525	—	197 134	191 406	209 500

7.2.1 从数字看形势①

    2017 年，长三角核心区娱乐场所营业利润为 2 482 709 千元。其中，上海市为 398 110 千元，占比为 16.04%；江苏地区为 1 248 524 千元，占比为 50.29%；浙江地区为 836 075 千元，占比为 33.68%，如表 7-5 所示。16 个城市中，苏州市以 409 970 千元列第一位，湖州市以 42 627 千元列最后一位。江苏地区 8 个城市的娱乐场所营业利润占长三角核心区一半以上，其中苏州市娱乐场所营业利润最高，占比为 16.51%。

表 7-5　2008 年、2017 年长三角核心区 16 个城市的娱乐场所营业利润及增长情况

地区	2008 年娱乐场所营业利润		2017 年娱乐场所营业利润		2017 年比 2008 年增长倍数（倍）	2008 ～2017 年年均增长率（%）
	总额（千元）	占比（%）	总额（千元）	占比（%）		
上海市	75 493	4.60	398 110	16.04	4.27	20.29
南京市	116 997	7.13	232 201	9.35	0.98	7.91
无锡市	134 767	8.22	143 328	5.77	0.06	0.69
常州市	34 836	2.12	129 653	5.22	2.72	15.72
苏州市	125 023	7.62	409 970	16.51	2.28	14.11
南通市	61 053	3.72	71 592	2.88	0.17	1.79
扬州市	59 659	3.64	47 567	1.92	−0.20	−2.49
镇江市	50 746	3.10	169 162	6.81	2.33	14.31
泰州市	14 335	0.87	45 051	1.82	2.14	13.57
江苏地区	597 416	36.43	1 248 524	50.29	1.09	8.53
杭州市	257 297	15.69	216 730	8.73	−0.16	−1.89
宁波市	258 291	15.75	109 395	4.41	−0.58	−9.10
嘉兴市	65 090	3.97	80 501	3.24	0.24	2.39
湖州市	70 752	4.32	42 627	1.72	−0.40	−5.47
绍兴市	119 403	7.28	101 637	4.09	−0.15	−1.77
舟山市	48 960	2.99	75 685	3.05	0.55	4.96
台州市	147 231	8.98	209 500	8.44	0.42	4.00
浙江地区	967 024	58.97	836 075	33.68	−0.14	−1.60
长三角核心区	1 639 933	100.00	2 482 709	100.00	0.51	4.72

    图 7-4 显示了 2008 年、2012 年、2017 年长三角核心区 16 个城市的娱乐场所营业

---

    ① 上海市 2005～2007 年娱乐场所营业利润为负，故本节分析时间段为 2008～2017 年。

利润变化情况。图中显示，除了常州市、苏州市、台州市之外，其他 13 个城市的娱乐场所营业利润在 2017 年均有一定程度的下降。2017 年，苏州市、上海市、南京市、杭州市、台州市、镇江市列前六位。

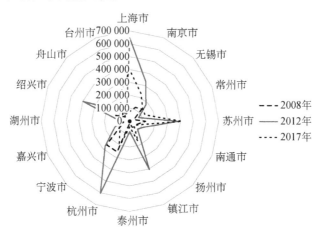

图 7-4　2008 年、2012 年、2017 年长三角核心区 16 个城市的娱乐场所营业利润变化情况（单位：千元）

2017 年，长三角核心区 16 个城市的娱乐场所平均营业利润为 155 169 千元。其中，苏州市、上海市、南京市、杭州市、台州市、镇江市 6 个城市高于平均水平，其余 10 个城市均低于平均水平，如图 7-5 所示。高于平均水平的 6 个城市的娱乐场所营业利润达到了 1 635 673 千元，占长三角核心区娱乐场所营业利润总和的 65.88%。

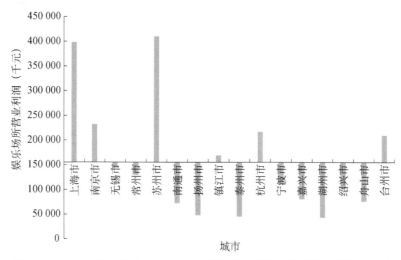

图 7-5　2017 年长三角核心区 16 个城市的娱乐场所营业利润与平均值比较

7.2.2 从演变看发展①

2008～2017 年，长三角核心区娱乐场所营业利润呈现倒 U 形变化趋势，2012 年达到峰值。2008 年，长三角核心区娱乐场所营业利润为 1 639 933 千元，2017 年达到 2 482 709 千元。其中，上海市增长了 4.27 倍，年均增长率为 20.29%；江苏地区增长了 1.09 倍，年均增长率为 8.53%；浙江地区增长了-0.14 倍，年均增长率为-1.60%，如表 7-4 所示。上海市增速较快，江苏次之，浙江地区增速为负，如图 7-6 所示。

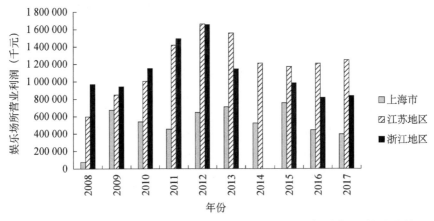

图 7-6　2008～2017 年上海市、江苏地区、浙江地区的娱乐场所营业利润变化情况

2008～2017 年，上海市娱乐场所营业利润有一些起伏，但是波动程度不大；江苏地区和浙江地区娱乐场所营业利润变动趋势相似，均呈现倒 U 形变化态势，并在 2012 年达到峰值。2017 年，苏州市娱乐场所营业利润达到 409 970 千元，是列最后一位的湖州市的 9.62 倍。

7.2.3 从人均看特征

经济社会发展是在一定的资源约束下进行的。长三角核心区 16 个城市的娱乐场所营业利润存在显著差异，单纯的总量不能全面地反映一个城市娱乐场所的盈利能

---

① 2014 年长三角核心区的娱乐场所营业利润不含浙江地区。

力，如表 7-4 所示。可通过从业人员人均娱乐场所营业利润（简称人均娱乐场所营业利润）来衡量一个城市娱乐场所的盈利情况。表 7-6 表明，2017 年长三角核心区 16 个城市的人均娱乐场所营业利润存在较为显著的差异，其中台州市、舟山市、绍兴市、杭州市、嘉兴市、宁波市排在前六位，均为浙江地区的城市。台州市人均娱乐场所营业利润最高，达到了 50.36 万元；苏州市人均娱乐场所营业利润最低，为 2.38 万元。长三角核心区人均娱乐场所营业利润为 4.05 万元。其中，上海市人均娱乐场所营业利润为 2.44 万元，江苏地区人均娱乐场所营业利润为 3.02 万元，浙江地区人均娱乐场所营业利润为 22.99 万元。

表 7-6　2017 年长三角核心区 16 个城市的人均娱乐场所营业利润

地区	娱乐场所营业利润（千元）	从业人员（人）	人均娱乐场所营业利润（万元）
上海市	398 110	16 300	2.44
南京市	232 201	6 688	3.47
无锡市	143 328	5 484	2.61
常州市	129 653	3 318	3.91
苏州市	409 970	17 243	2.38
南通市	71 592	2 994	2.39
扬州市	47 567	1 523	3.12
镇江市	169 162	2 719	6.22
泰州市	45 051	1 436	3.14
江苏地区	1 248 524	41 405	3.02
杭州市	216 730	983	22.05
宁波市	109 395	790	13.85
嘉兴市	80 501	540	14.91
湖州市	42 627	398	10.71
绍兴市	101 637	304	33.43
舟山市	75 685	205	36.92
台州市	209 500	416	50.36
浙江地区	836 075	3 636	22.99
长三角核心区	2 482 709	61 341	4.05

7.3   互联网网吧营业收入 [①]

互联网网吧指通过计算机等设备向公众提供互联网上网服务的营业性娱乐文化服务场所。互联网网吧营业收入指互联网网吧从事主营业务或其他业务所取得的收入。

表7-7展示了2003～2017年长三角核心区16个城市的互联网网吧营业收入。在空间维度上，各城市间的差距较为明显；在时间维度上，该指标不具有线性变动特征。

表 7-7   2003～2017 年长三角核心区 16 个城市的
互联网网吧营业收入 （单位：千元）

城市	2003 年	2004 年	2005 年	2006 年	2007 年	2008 年	2009 年	2010 年
上海市	—	—	255 410	579 327	2 139 474	1 746 243	614 534	553 531
南京市	71 752	122 313	169 225	304 228	517 169	439 418	524 754	564 494
无锡市	53 098	92 032	97 516	166 368	260 991	425 417	291 051	339 139
常州市	49 984	32 062	49 043	91 931	163 400	192 620	137 312	170 657
苏州市	81 585	163 770	321 831	454 190	477 798	582 156	725 716	733 620
南通市	27 161	37 354	99 718	68 168	225 139	149 163	136 314	146 196
扬州市	35 541	48 328	64 919	66 688	252 088	120 660	133 808	122 579
镇江市	28 126	35 755	49 835	76 533	83 495	93 939	114 523	153 766
泰州市	12 473	42 288	50 632	67 676	110 843	90 971	110 259	139 090
杭州市	90 641	111 156	183 732	491 337	310 954	445 479	318 863	390 691
宁波市	75 279	147 916	152 722	219 266	242 406	237 411	353 336	403 666
嘉兴市	41 115	47 520	84 796	90 070	88 216	72 306	124 429	157 965
湖州市	28 085	55 124	61 973	86 871	77 750	1 140	114 424	127 665
绍兴市	54 641	48 192	72 935	155 581	219 013	286 969	293 460	324 382
舟山市	17 851	26 090	25 275	44 334	45 652	44 463	48 111	61 611
台州市	93 468	135 732	100 651	253 612	286 006	298 685	233 648	247 288

---

① 浙江地区2014年该指标数据缺失。

续表

城市	2011 年	2012 年	2013 年	2014 年	2015 年	2016 年	2017 年
上海市	736 232	564 090	671 450	627 693	563 787	601 270	445 670
南京市	506 980	501 800	465 667	487 200	582 826	593 361	593 796
无锡市	352 937	373 446	334 262	321 284	295 361	253 449	342 133
常州市	198 350	158 891	167 665	171 452	138 121	135 214	185 866
苏州市	756 750	824 638	778 770	633 397	788 628	1 037 162	977 845
南通市	163 064	200 108	214 240	213 572	239 787	305 593	203 450
扬州市	153 137	173 892	255 218	146 502	169 906	203 096	112 628
镇江市	240 779	278 833	244 148	168 496	205 926	193 080	205 995
泰州市	119 239	107 941	107 323	122 942	135 265	147 655	118 215
杭州市	442 649	323 254	731 453	—	589 731	554 674	490 552
宁波市	397 109	316 680	380 700	—	362 719	649 087	610 436
嘉兴市	113 383	116 028	132 834	—	180 430	189 441	164 771
湖州市	127 415	95 245	116 305	—	164 226	128 352	113 535
绍兴市	358 418	303 462	259 712	—	327 206	271 173	205 333
舟山市	55 996	57 093	64 353	—	53 012	57 708	63 061
台州市	266 353	192 687	135 661	—	415 331	408 035	346 643

7.3.1　从数字看形势

2017 年，长三角核心区互联网网吧营业收入为 5 179 929 千元。其中，上海市为 445 670 千元，占比为 8.60%；江苏地区为 2 739 928 千元，占比为 52.90%；浙江地区为 1 994 331 千元，占比为 38.50%，如表 7-8 所示。16 个城市中，苏州市以 977 845 千元列第一位，舟山市以 63 061 千元列最后一位。江苏地区 8 个城市的互联网网吧营业收入占长三角核心区半数以上，其中苏州市互联网网吧营业收入最多，占比为 18.88%。

表 7-8　2005 年、2017 年长三角核心区 16 个城市的互联网网吧营业收入及增长情况

地区	2005 年互联网网吧营业收入		2017 年互联网网吧营业收入		2017 年比 2005 年增长倍数（倍）	2005～2017 年年均增长率（%）
	总额（千元）	占比（%）	总额（千元）	占比（%）		
上海市	255 410	13.88	445 670	8.60	0.74	4.75
南京市	169 225	9.20	593 796	11.46	2.51	11.03
无锡市	97 516	5.30	342 133	6.60	2.51	11.03

续表

地区	2005 年互联网网吧营业收入		2017 年互联网网吧营业收入		2017 年比 2005 年增长倍数（倍）	2005～2017 年年均增长率（%）
	总额（千元）	占比（%）	总额（千元）	占比（%）		
常州市	49 043	2.66	185 866	3.59	2.79	11.74
苏州市	321 831	17.49	977 845	18.88	2.04	9.70
南通市	99 718	5.42	203 450	3.93	1.04	6.12
扬州市	64 919	3.53	112 628	2.18	0.73	4.70
镇江市	49 835	2.71	205 995	3.98	3.13	12.55
泰州市	50 632	2.75	118 215	2.28	1.33	7.32
江苏地区	902 719	49.05	2 739 928	52.90	2.04	9.69
杭州市	183 732	9.98	490 552	9.47	1.67	8.53
宁波市	152 722	8.30	610 436	11.79	3.00	12.24
嘉兴市	84 796	4.61	164 771	3.18	0.94	5.69
湖州市	61 973	3.37	113 535	2.19	0.83	5.17
绍兴市	72 935	3.96	205 333	3.96	1.82	9.01
舟山市	25 275	1.37	63 061	1.22	1.49	7.92
台州市	100 651	5.47	346 643	6.69	2.44	10.86
浙江地区	682 084	37.07	1 994 331	38.50	1.92	9.35
长三角核心区	1 840 213	100.00	5 179 929	100.00	1.81	9.01

图 7-7 显示了 2005 年、2010 年、2017 年长三角核心区 16 个城市的互联网网吧营业收入变化情况。图中显示，长三角核心区 16 个城市中，上海市、扬州市、泰州市、湖州市和绍兴市的互联网网吧营业收入在 2017 年回落，其他 11 个城市均保持上升态势。2017 年，苏州市、宁波市、南京市、杭州市、上海市、台州市列前六位。

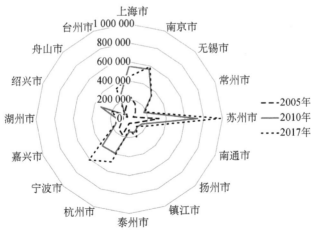

图 7-7　2005 年、2010 年、2017 年长三角核心区 16 个城市的互联网网吧营业收入变化情况（单位：千元）

2017 年，长三角核心区 16 个城市的互联网网吧平均营业收入为 323 746 千元。其中，苏州市、宁波市、南京市、杭州市、上海市、台州市、无锡市 7 个城市高于平均水平，其余 9 个城市均低于平均水平，如图 7-8 所示。高于平均水平的 7 个城市的互联网网吧营业收入达到了 3 807 075 千元，占长三角核心区互联网网吧营业收入总和的 73%。

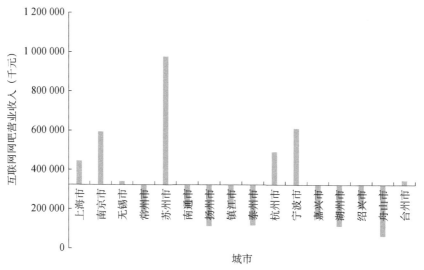

图 7-8　2017 年长三角核心区 16 个城市的互联网网吧营业收入与平均值比较

7.3.2　从演变看发展①

2005～2017 年，长三角核心区的互联网网吧营业收入呈现波浪式上升的态势。2005 年，长三角核心区互联网网吧营业收入为 1 840 213 千元，2017 年达到 5 179 929 千元。其中，上海市增长了 0.74 倍，年均增长率为 4.75%；江苏地区增长了 2.04 倍，年均增长率为 9.69%；浙江地区增长了 1.92 倍，年均增长率为 9.35%，如表 7-8 所示。江苏地区增速和浙江地区增速相当，上海市增速略慢，如图 7-9 所示。

---

① 2014 年长三角核心区的娱乐场所营业收入不含浙江地区数据。

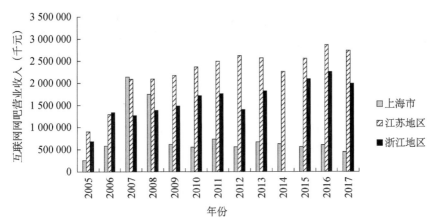

图 7-9　2005～2017 年上海市、江苏地区、浙江地区的互联网网吧营业收入变化情况

上海市互联网网吧营业收入在 2007 年达到峰值，2009 年大幅度下降，之后保持在一个较为平稳的水平上。2005～2017 年，江苏地区和浙江地区的互联网网吧营业收入保持了较为稳定的增长格局。2017 年，苏州市互联网网吧营业收入达到 977 845 千元，远高于其他 15 个城市，是列最后一位的舟山市的 15.51 倍。

7.3.3　从人均看特征

长三角核心区 16 个城市的互联网网吧营业收入存在显著差异，单纯的总量不能全面地反映一个城市互联网网吧的营收能力，如表 7-7 所示。可通过从业人员人均互联网网吧营业收入（简称人均互联网网吧营业收入）来衡量一个城市互联网网吧的营收情况。表 7-9 表明，2017 年长三角核心区 16 个城市的人均互联网网吧营业收入存在较为显著的差异，其中舟山市、绍兴市、镇江市、苏州市、宁波市、台州市排在前六位。舟山市人均互联网网吧营业收入最高，达到了 17.5 万元；上海市人均互联网网吧营业收入最低，为 7.3 万元。长三角核心区人均互联网网吧营业收入为 11.9 万元。其中，上海市人均互联网网吧营业收入为 7.3 万元，江苏地区人均互联网网吧营业收入为 13.0 万元，浙江地区人均互联网网吧营业收入为 12.3 万元。

表 7-9 2017 年长三角核心区 16 个城市的人均互联网网吧营业收入

地区	互联网网吧营业收入（千元）	从业人员（人）	人均互联网网吧营业收入（万元）
上海市	445 670	6 114	7.3
南京市	593 796	4 436	13.4
无锡市	342 133	2 832	12.1
常州市	185 866	1 724	10.8
苏州市	977 845	6 792	14.4
南通市	203 450	1 789	11.4
扬州市	112 628	1 132	9.9
镇江市	205 995	1 230	16.7
泰州市	118 215	1 148	10.3
江苏地区	2 739 928	21 083	13.0
杭州市	490 552	4 489	10.9
宁波市	610 436	4 463	13.7
嘉兴市	164 771	2 029	8.1
湖州市	113 535	1 113	10.2
绍兴市	205 333	1 219	16.8
舟山市	63 061	361	17.5
台州市	346 643	2 589	13.4
浙江地区	1 994 331	16 263	12.3
长三角核心区	5 179 929	43 460	11.9

7.4 互联网网吧营业利润

互联网网吧营业利润指互联网网吧从事生产经营活动取得的利润。

表 7-10 展示了 2003～2017 年长三角核心区 16 个城市的互联网网吧营业利润。在空间维度上，各城市间的差距较为明显；在时间维度上，该指标不具有规律性趋势。

表7-10 2003～2017 年长三角核心区 16 个城市的
互联网网吧营业利润 （单位：千元）

城市	2003 年	2004 年	2005 年	2006 年	2007 年	2008 年	2009 年	2010 年
上海市	—	—	42 335	57 641	50 371	60 449	180 250	157 006
南京市	27 240	30 875	64 511	144 000	233 643	178 901	245 876	225 675
无锡市	16 599	7 556	76 618	49 674	45 762	107 124	69 883	85 766
常州市	15 944	6 380	8 498	21 864	44 911	45 069	34 156	48 084
苏州市	22 514	37 024	126 076	153 770	169 621	189 607	236 213	209 505
南通市	9 819	19 987	45 077	34 813	67 792	41 113	46 419	52 020
扬州市	12 691	14 413	19 090	18 141	24 951	32 903	47 699	53 398
镇江市	9 891	11 312	11 973	23 594	26 825	31 063	45 999	71 369
泰州市	3 467	17 801	18 667	22 798	40 236	20 834	49 861	61 925
杭州市	10 408	35 742	43 225	59 012	96 423	129 759	126 040	133 903
宁波市	23 481	35 985	35 374	51 843	91 815	90 579	117 856	131 997
嘉兴市	10 831	6 119	35 422	41 415	47 340	33 471	43 195	59 557
湖州市	9 701	14 352	11 929	23 630	45 328	51 211	49 589	58 575
绍兴市	20 407	14 785	30 876	58 281	108 500	151 826	124 356	128 241
舟山市	4 679	5 524	5 901	15 963	20 828	23 361	23 750	26 151
台州市	21 015	39 672	19 501	40 973	84 156	76 775	77 833	75 209
城市	2011 年	2012 年	2013 年	2014 年	2015 年	2016 年	2017 年	
上海市	150 342	180 660	130 290	129 625	95 895	84 410	68 750	
南京市	231 360	207 803	154 558	177 494	210 933	211 887	211 256	
无锡市	75 037	91 529	100 905	95 855	58 514	86 191	90 537	
常州市	46 961	43 811	75 887	75 813	46 063	44 151	58 763	
苏州市	210 954	237 238	175 588	154 485	215 250	207 636	189 178	
南通市	53 913	91 036	87 134	74 757	62 275	84 666	69 059	
扬州市	65 079	75 389	91 267	55 181	54 522	65 937	29 341	
镇江市	103 784	140 376	87 016	72 621	79 500	70 906	84 582	
泰州市	51 059	40 996	36 352	46 062	55 253	56 760	38 974	
杭州市	154 307	106 016	176 582	—	157 416	74 422	64 129	
宁波市	131 566	86 559	95 467	—	86 314	137 417	151 918	
嘉兴市	45 024	41 164	41 262	—	47 538	30 535	26 163	
湖州市	60 163	55 216	30 513	—	47 574	42 711	33 615	
绍兴市	145 102	106 276	91 504	—	105 331	66 958	45 801	
舟山市	25 169	31 599	31 800	—	19 538	19 194	23 090	
台州市	80 590	58 405	50 803	—	112 632	104 108	94 634	

7.4.1　从数字看形势

2017 年，长三角核心区互联网网吧营业利润为 1 279 790 千元。其中，上海市为 68 750 千元，占比为 5.37%；江苏地区为 771 690 千元，占比为 60.30%；浙江地区为 439 350 千元，占比为 34.33%，如表 7-11 所示。16 个城市中，南京市以 211 256 千元列第一位，舟山市以 23 090 千元列最后一位。江苏地区 8 个城市的互联网网吧营业利润占长三角核心区六成以上，其中南京市互联网网吧营业利润最高，占比为 16.51%。

表 7-11　2005 年、2017 年长三角核心区 16 个城市的互联网网吧营业利润及增长情况

地区	2005 年互联网网吧营业利润		2017 年互联网网吧营业利润		2017 年比 2005 年增长倍数（倍）	2005～2017 年年均增长率（%）
	总额（千元）	占比（%）	总额（千元）	占比（%）		
上海市	42 335	7.11	68 750	5.37	0.62	4.12
南京市	64 511	10.84	211 256	16.51	2.27	10.39
无锡市	76 618	12.88	90 537	7.07	0.18	1.40
常州市	8 498	1.43	58 763	4.59	5.91	17.48
苏州市	126 076	21.19	189 178	14.78	0.50	3.44
南通市	45 077	7.58	69 059	5.40	0.53	3.62
扬州市	19 090	3.21	29 341	2.29	0.54	3.65
镇江市	11 973	2.01	84 582	6.61	6.06	17.69
泰州市	18 667	3.14	38 974	3.05	1.09	6.33
江苏地区	370 510	62.26	771 690	60.30	1.08	6.30
杭州市	43 225	7.26	64 129	5.01	0.48	3.34
宁波市	35 374	5.94	151 918	11.87	3.29	12.91
嘉兴市	35 422	5.95	26 163	2.04	-0.26	-2.49
湖州市	11 929	2.00	33 615	2.63	1.82	9.02
绍兴市	30 876	5.19	45 801	3.58	0.48	3.34
舟山市	5 901	0.99	23 090	1.80	2.91	12.04
台州市	19 501	3.28	94 634	7.40	3.85	14.07
浙江地区	182 228	30.62	439 350	34.33	1.41	7.61
长三角核心区	595 073	100.00	1 279 790	100.00	1.15	6.59

图 7-10 显示了 2005 年、2010 年、2017 年长三角核心区 16 个城市的互联网网吧营

业利润变化情况。图中显示,长三角核心区大部分城市的互联网网吧营业利润在2017年出现较大程度的回落,只有无锡市、常州市、南通市、镇江市、宁波市、台州市6个城市增长。2017年,南京市、苏州市、宁波市、台州市、无锡市、镇江市列前六位。

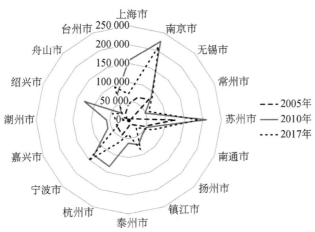

图7-10　2005年、2010年、2017年长三角核心区16个城市的互联网网吧营业利润变化情况(单位:千元)

2017年,长三角核心区16个城市的互联网网吧平均营业利润为79 987千元。其中,南京市、苏州市、宁波市、台州市、无锡市、镇江市6个城市高于平均水平,其余10个城市均低于平均水平,如图7-11所示。高于平均水平的6个城市的互联网网吧营业利润达到了822 105千元,占长三角核心区互联网网吧营业利润总和的64%。

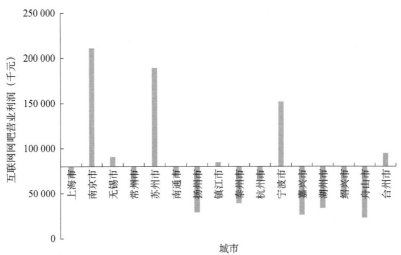

图7-11　2017年长三角核心区16个城市的互联网网吧营业利润与平均值比较

7.4.2　从演变看发展①

2005～2017 年，长三角核心区的互联网网吧营业利润呈现倒 U 形变动态势。其中，2005～2011 年呈现不断增长态势，2011 年的互联网网吧营业利润达到峰值，此后缓慢下降。2005 年，长三角核心区互联网网吧营业利润为 595 073 千元，2017 年达到 1 279 790 千元。其中，上海市增长了 0.62 倍，年均增长率为 4.12%；江苏地区增长 1.08 倍，年均增长率为 6.30%；浙江地区增长了 1.41 倍，年均增长率为 7.61%，如表 7-11 所示。江苏地区增速和浙江地区增速相当，上海市增速略慢，如图 7-12 所示。

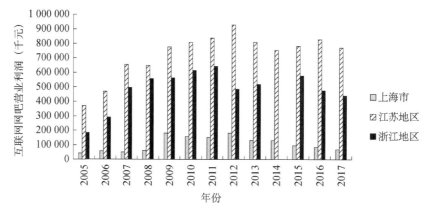

图 7-12　2005～2017 年上海市、江苏地区、浙江地区的互联网网吧营业利润变化情况

2005 年以来，上海市、江苏地区、浙江地区的互联网网吧营业利润基本呈现倒 U 形变动态势，在 2012 年或 2013 年达到峰值，随后有所下降，但下降幅度不大。2017 年，南京市互联网网吧营业利润达到 211 256 千元，高于其他 15 个城市，是列最后一位的舟山市的 9.15 倍。

7.4.3　从人均看特征

长三角核心区 16 个城市的互联网网吧营业利润存在显著差异，单纯的总量不能

---

① 2014 年长三角核心区的娱乐场所营业利润不含浙江地区数据。

全面地反映一个城市互联网网吧的盈利能力，如表 7-10 所示。可通过从业人员人均互联网网吧营业利润（简称人均互联网网吧营业利润）来衡量一个城市互联网网吧的盈利情况。表 7-12 表明，2017 年长三角核心区 16 个城市的人均互联网网吧营业利润存在较为显著的差异，其中镇江市、舟山市、南京市、南通市、绍兴市、台州市排在前六位。镇江市人均互联网网吧营业利润最高，达到了 6.88 万元；上海市人均互联网网吧营业利润最低，为 1.12 万元。

长三角核心区人均互联网网吧营业利润为 2.94 万元。其中，上海市人均互联网网吧营业利润为 1.12 万元，江苏地区人均互联网网吧营业利润为 3.66 万元，浙江地区人均互联网网吧营业利润为 2.70 万元。

表 7-12　2017 年长三角核心区 16 个城市的人均互联网网吧营业利润

地区	互联网网吧营业利润（千元）	从业人员（人）	人均互联网网吧营业利润（万元）
上海市	68 750	6 114	1.12
南京市	211 256	4 436	4.76
无锡市	90 537	2 832	3.20
常州市	58 763	1 724	3.41
苏州市	189 178	6 792	2.79
南通市	69 059	1 789	3.86
扬州市	29 341	1 132	2.59
镇江市	84 582	1 230	6.88
泰州市	38 974	1 148	3.39
江苏地区	771 690	21 083	3.66
杭州市	64 129	4 489	1.43
宁波市	151 918	4 463	3.40
嘉兴市	26 163	2 029	1.29
湖州市	33 615	1 113	3.02
绍兴市	45 801	1 219	3.76
舟山市	23 090	361	6.40
台州市	94 634	2 589	3.66
浙江地区	439 350	16 263	2.70
长三角核心区	1 279 790	43 460	2.94

8 文化旅游

8.1　接待国内游客数量

接待国内游客数量指报告期内来观光游览、度假、探亲访友、就医疗养、购物、参加会议或从事经济、文化、体育、宗教活动的中国（不含港澳台）居民人数，其出游的目的不是通过所从事的活动谋取报酬。

表 8-1 展示了 2000～2017 年长三角核心区 16 个城市的接待国内游客数量。在空间维度上，各城市间的差距较为明显；在时间维度上，所有城市的接待国内游客数量总体上均呈现稳定增长态势。

表 8-1　2000～2017 年长三角核心区 16 个城市的

接待国内游客数量　　　　　　（单位：万人次）

城市	2000 年	2001 年	2002 年	2003 年	2004 年	2005 年	2006 年	2007 年	2008 年
上海市	7 848.0	8 255.0	8 761.0	7 603.0	8 505.0	9 012.0	9 684.0	10 210.0	11 006.0
南京市	1 272.7	1 630.2	2 076.2	2 223.9	2 806.3	3 189.7	3 700.0	4 488.9	4 970.2
无锡市	1 127.8	1 167.4	1 501.3	1 765.2	2 201.6	2 637.5	3 032.9	3 350.8	3 682.4
常州市	428.3	504.1	680.2	817.1	1 040.7	1 282.8	1 502.0	1 747.0	2 037.1
苏州市	1 496.1	1 671.9	2 010.1	2 350.2	3 157.2	3 656.9	4 135.3	4 792.4	5 286.9
南通市	319.9	359.4	450.3	515.0	628.8	743.1	882.9	1 072.1	1 275.3
扬州市	436.7	484.7	633.3	685.3	903.5	1 113.1	1 316.1	1 522.4	1 844.2
镇江市	442.8	485.7	610.1	670.2	970.9	1 167.0	1 380.6	1 589.9	1 904.2
泰州市	286.0	291.3	331.3	349.9	420.9	488.3	567.1	660.5	786.1
杭州市	2 305.0	2 510.0	2 652.0	2 776.0	3 016.0	3 266.0	3 682.0	4 112.0	4 552.0
宁波市	1 230.0	1 384.0	1 600.0	1 720.0	2 010.0	2 352.0	2 685.0	3 074.0	3 465.0
嘉兴市	415.0	707.0	859.0	905.0	1 117.0	1 363.0	1 595.0	1 850.0	2 140.0
湖州市	350.0	530.0	787.6	704.4	850.9	1 078.4	1 288.3	1 667.5	1 948.4
绍兴市	729.0	841.0	1 007.0	1 028.0	1 121.0	1 503.0	1 808.0	2 192.0	2 435.0
舟山市	453.6	543.0	623.5	639.6	825.4	987.7	1 136.2	1 285.1	1 495.3
台州市	507.7	639.7	921.1	1 063.9	1 237.6	1 607.5	1 803.8	2 173.7	2 584.9
城市	2009 年	2010 年	2011 年	2012 年	2013 年	2014 年	2015 年	2016 年	2017 年
上海市	12 361.0	22 432.0	23 079.0	25 094.0	25 991.0	26 818.0	27 569.0	29 621.0	31 845.0
南京市	5 519.9	6 365.5	7 180.5	7 950.5	8 674.0	9 419.3	9 993.7	10 657.3	11 383.3

续表

城市	2009 年	2010 年	2011 年	2012 年	2013 年	2014 年	2015 年	2016 年	2017 年
无锡市	4 310.5	5 067.3	5 725.2	6 365.3	6 993.6	7 573.7	8 043.3	8 586.0	9 179.3
常州市	2 342.8	2 802.4	3 360.9	3 958.3	4 425.7	4 989.3	5 443.0	5 989.6	6 582.7
苏州市	5 869.7	7 004.9	7 775.4	8 624.4	9 416.3	10 028.8	10 605.5	11 300.4	12 046.4
南通市	1 483.3	1 756.8	2 109.0	2 407.5	2 716.0	3 066.3	3 387.2	3 792.1	4 247.0
扬州市	2 265.5	2 647.2	3 166.7	3 572.5	3 965.4	4 545.9	5 027.2	5 622.0	6 290.6
镇江市	2 242.4	2 607.5	3 100.8	3 502.9	3 895.0	4 385.5	4 802.7	5 348.3	5 964.6
泰州市	933.2	1 072.8	1 284.7	1 457.0	1 640.5	1 848.7	2 037.3	2 282.3	2 558.3
杭州市	5 094.0	6 305.0	7 181.0	8 237.0	9 409.0	10 606.0	12 040.0	13 696.0	15 884.0
宁波市	3 962.0	4 624.0	5 181.0	5 748.0	6 226.0	6 875.0	7 920.0	9 198.0	10 910.0
嘉兴市	2 492.0	3 070.0	3 536.0	4 101.0	4 660.0	5 321.0	6 310.0	7 894.0	9 143.0
湖州市	2 321.7	2 855.7	3 519.5	4 190.8	4 903.5	5 896.5	7 000.2	8 752.2	10 552.6
绍兴市	2 851.0	3 436.0	4 128.0	4 866.0	5 614.0	6 255.0	7 202.0	8 288.0	9 541.0
舟山市	1 730.6	2 113.3	2 432.8	2 740.0	3 035.9	3 366.4	3 844.0	4 576.7	5 472.7
台州市	2 887.2	3 285.7	3 965.4	4 468.9	5 165.5	6 078.9	7 419.2	8 911.5	10 275.6

8.1.1　从数字看形势

2017 年，长三角核心区接待国内游客数量为 161 876.2 万人次。其中，上海市为 31 845.0 万人次，占比为 19.67%；江苏地区为 58 252.3 万人次，占比为 35.99%；浙江地区为 71 778.9 万人次，占比为 44.34%，如表 8-2 所示。16 个城市中，上海市以 31 845.0 万人次列第一位，泰州市以 2558.3 万人次列最后一位。江苏地区 8 个城市的接待国内游客数量占长三角核心区 1/3 强，其中苏州市接待国内游客数量最多，占比为 7.44%。

表 8-2　2000 年、2017 年长三角核心区 16 个城市的接待国内游客数量及增长情况

地区	2000 年接待国内游客数量		2017 年接待国内游客数量		2017 年比 2000 年增长倍数（倍）	2000~2017 年年均增长率（%）
	总量（万人次）	占比（%）	总量（万人次）	占比（%）		
上海市	7 848.0	39.94	31 845.0	19.67	3.06	8.59
南京市	1 272.7	6.48	11 383.3	7.03	7.94	13.76
无锡市	1 127.8	5.74	9 179.3	5.67	7.14	13.13
常州市	428.3	2.18	6 582.7	4.07	14.37	17.44
苏州市	1 496.1	7.62	12 046.4	7.44	7.05	13.05
南通市	319.9	1.63	4 247.0	2.62	12.28	16.43

续表

地区	2000 年接待国内游客数量		2017 年接待国内游客数量		2017 年比 2000 年增长倍数（倍）	2000～2017 年年均增长率（%）
	总量（万人次）	占比（%）	总量（万人次）	占比（%）		
扬州市	436.7	2.22	6 290.6	3.89	13.40	16.99
镇江市	442.8	2.25	5 964.6	3.69	12.47	16.53
泰州市	286.0	1.46	2 558.3	1.58	7.95	13.76
江苏地区	5 810.3	29.57	58 252.3	35.99	9.03	14.52
杭州市	2 305.0	11.73	15 884.0	9.81	5.89	12.02
宁波市	1 230.0	6.26	10 910.0	6.74	7.87	13.70
嘉兴市	415.0	2.11	9 143.0	5.65	21.03	19.95
湖州市	350.0	1.78	10 552.6	6.52	29.15	22.18
绍兴市	729.0	3.71	9 541.0	5.89	12.09	16.33
舟山市	453.6	2.31	5 472.7	3.38	11.07	15.78
台州市	507.7	2.58	10 275.6	6.35	19.24	19.35
浙江地区	5 990.3	30.49	71 778.9	44.34	10.98	15.73
长三角核心区	19 648.6	100.00	161 876.2	100.00	7.24	13.21

图 8-1 显示了 2000 年、2010 年、2017 年长三角核心区 16 个城市的接待国内游客数量情况。图中显示，各城市的接待国内游客数量呈现稳定增长态势，未出现下滑的城市。2017 年，上海市、杭州市、苏州市、南京市、宁波市、湖州市列前六位。

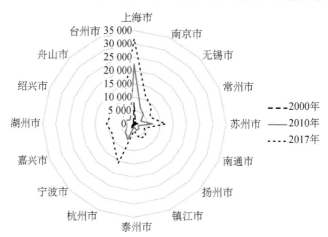

图 8-1　2000 年、2010 年、2017 年长三角核心区 16 个城市的接待国内游客数量情况（单位：万人次）

2017 年，长三角核心区 16 个城市的平均接待国内游客数量为 10 117.3 万人次。其中，上海市、杭州市、苏州市、南京市、宁波市、湖州市、台州市 7 个城市高于平均水平，其余 9 个城市低于平均水平，如图 8-2 所示。高于平均水平的 7 个城市的接待国内游客数量达到了 102 896.9 万人次，占长三角核心区总量的 63.57%。

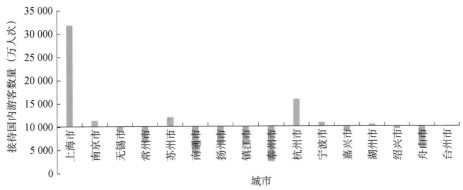

图 8-2 2017 年长三角核心区 16 个城市的接待国内游客数量与平均值比较

8.1.2 从增速看发展

2000～2017 年，长三角核心区接待国内游客数量呈现不断上升的趋势。2000 年为 19 648.6 万人次，2017 年达到 161 876.2 万人次。其中，上海市增长了 3.06 倍，年均增长率为 8.59%；江苏地区增长了 9.03 倍，年均增长率为 14.52%；浙江地区增长了 10.98 倍，年均增长率为 15.73%，如表 8-2 所示。浙江地区和江苏地区增长较为明显，上海市增速略慢，如图 8-3 所示。

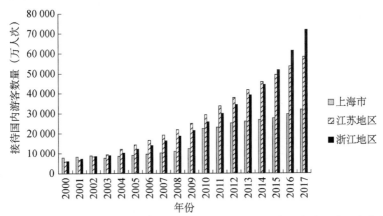

图 8-3 2000～2017 年上海市、江苏地区、浙江地区的接待国内游客数量变化情况

2000 年以来，上海市、江苏地区、浙江地区的接待国内游客数量呈现较快增长的格局，江苏地区和浙江地区则达到了两位数的增长。上海市接待国内游客数量稳居长三角核心区各城市首位。2017 年，上海市接待国内游客数量远高于其他 15 个城市，是列最后一位的泰州市的 12.45 倍。

8.1.3　从人均看特征

长三角核心区 16 个城市的接待国内游客数量存在差异，单纯的总量不能全面地反映一个城市旅游经济的特征，如表 8-1 所示。可通过人均接待国内游客数量来考察国内旅游状况。表 8-3 表明，2017 年长三角核心区 16 个城市的人均接待国内游客数量存在较为显著的差异。浙江地区的舟山市和湖州市的人均接待国内游客数量达到了 30 人次以上，其中舟山市人均接待国内游客数量最多，为 46.9 人次，排在第二位的湖州市人均接待国内游客数量为 35.2 人次。泰州市人均接待国内游客数量最少，仅为 5.5 人次。

长三角核心区人均接待国内游客数量为 14.5 人次。其中，上海市人均接待国内游客数量为 13.2 人次，江苏地区人均接待国内游客数量为 11.7 人次，浙江地区人均接待国内游客数量为 19.2 人次。

表 8-3　2017 年长三角核心区 16 个城市的人均接待国内游客数量情况

地区	接待国内游客数量（万人次）	常住人口（万人）	人均接待国内游客数量（人次）
上海市	31 845.0	2 418.3	13.2
南京市	11 383.3	833.5	13.7
无锡市	9 179.3	655.3	14.0
常州市	6 582.7	471.7	14.0
苏州市	12 046.4	1 068.4	11.3
南通市	4 247.0	730.5	5.8
扬州市	6 290.6	450.8	14.0
镇江市	5 964.6	318.6	18.7
泰州市	2 558.3	465.2	5.5
江苏地区	58 252.3	4 994.0	11.7
杭州市	15 884.0	946.8	16.8
宁波市	10 910.0	800.5	13.6

地区	接待国内游客数量（万人次）	常住人口（万人）	人均接待国内游客数量（人次）
嘉兴市	9 143.0	465.6	19.6
湖州市	10 552.6	299.5	35.2
绍兴市	9 541.0	501.0	19.0
舟山市	5 472.7	116.8	46.9
台州市	10 275.6	611.8	16.8
浙江地区	71 778.9	3 742.0	19.2
长三角核心区	161 876.2	11 154.3	14.5

8.2 接待入境游客数量

接待入境游客数量指报告期内来观光、度假、探亲访友、就医疗养、购物、参加会议或从事经济、文化、体育、宗教活动的入境旅游人数。

表 8-4 展示了 2000～2017 年长三角核心区 16 个城市的接待入境游客数量情况。在空间维度上，各城市间的差距较为明显；在时间维度上，多数城市的接待入境游客数量呈现出稳定增长态势。

表 8-4　2000～2017 年长三角核心区 16 个城市的
接待入境游客数量情况　（单位：万人次）

城市	2000 年	2001 年	2002 年	2003 年	2004 年	2005 年	2006 年	2007 年	2008 年
上海市	181.4	204.3	272.5	319.9	491.9	571.4	605.7	665.6	640.4
南京市	41.9	47.0	56.1	51.5	72.0	87.6	100.9	116.1	119.2
无锡市	28.4	34.6	42.3	39.4	50.4	61.7	71.3	69.5	61.1
常州市	3.3	4.7	8.1	11.1	14.3	18.2	21.9	25.8	29.4
苏州市	56.7	63.5	73.8	70.8	97.3	118.6	138.0	161.2	168.2
南通市	5.8	6.1	7.8	8.4	11.0	15.1	18.1	22.4	28.0
扬州市	8.5	10.1	12.1	12.9	18.8	23.9	30.1	37.5	46.4
镇江市	10.5	11.5	15.0	15.7	25.4	30.6	36.4	46.4	53.6

续表

城市	2000 年	2001 年	2002 年	2003 年	2004 年	2005 年	2006 年	2007 年	2008 年
泰州市	0.9	1.1	1.2	2.1	2.5	2.9	3.5	4.2	6.0
杭州市	70.7	81.9	105.6	86.1	123.4	151.4	182.0	208.6	221.3
宁波市	12.4	16.1	20.5	22.2	32.2	43.8	54.3	68.9	75.7
嘉兴市	3.0	9.6	22.4	18.9	34.0	44.2	52.7	61.3	53.0
湖州市	1.3	2.0	4.1	4.8	7.1	10.2	13.9	19.5	24.4
绍兴市	4.8	6.0	10.1	8.7	15.3	20.2	28.0	36.1	39.9
舟山市	6.1	7.2	8.5	5.5	11.6	14.0	16.7	19.9	21.2
台州市	1.1	1.7	2.2	1.9	3.5	4.3	5.4	6.5	7.1

城市	2009 年	2010 年	2011 年	2012 年	2013 年	2014 年	2015 年	2016 年	2017 年
上海市	628.9	851.1	817.5	800.4	757.4	791.3	800.2	854.4	873.0
南京市	113.5	130.9	150.7	162.7	51.9	56.6	58.8	63.8	74.5
无锡市	63.0	79.2	90.8	98.2	39.1	40.3	39.1	43.9	49.5
常州市	30.6	35.9	41.3	45.6	11.0	12.0	12.7	14.6	17.7
苏州市	169.5	207.5	232.6	249.2	144.2	145.3	151.2	161.3	175.6
南通市	30.0	35.5	40.5	44.1	21.7	18.7	17.3	18.0	18.6
扬州市	50.0	56.0	62.2	66.0	4.8	5.4	5.1	5.9	6.8
镇江市	58.9	61.3	65.0	66.3	3.7	4.5	5.3	5.5	7.0
泰州市	6.8	7.9	9.2	10.1	2.7	3.0	3.2	3.6	4.1
杭州市	230.4	275.7	306.3	331.1	316.0	326.1	341.6	363.2	402.2
宁波市	80.1	95.2	107.4	116.2	127.3	139.7	157.5	173.5	186.9
嘉兴市	55.7	66.4	72.1	78.2	65.8	70.7	72.6	70.7	71.5
湖州市	28.3	33.2	39.8	47.3	53.3	60.3	70.3	91.6	111.7
绍兴市	43.2	52.3	60.4	68.7	69.6	70.2	73.5	82.5	89.1
舟山市	22.3	25.7	27.7	31.0	31.5	31.6	32.2	33.9	34.4
台州市	5.9	6.8	7.1	10.9	6.1	11.5	12.7	14.9	15.6

8.2.1　从数字看形势[①]

　　2012 年，长三角核心区接待入境游客数量为 2226.0 万人次。其中，上海市为 800.4

----

　　① 2013 年起，江苏地区接待入境游客口径调整为入境过夜旅游者，为此将比对时间段分为 2000～2012 年和 2013～2017 年。

万人次，占比为 35.96%；江苏地区为 742.2 万人次，占比为 33.34%；浙江地区为 683.4 万人次，占比为 30.70%，如表 8-5 所示。16 个城市中，上海市接待入境游客数量列第一位，泰州市以 10.1 万人次列最后一位。江苏地区 8 个城市的接待入境游客数量占长三角核心区约 1/3，其中苏州市接待入境游客数量最多，占比为 11.20%。

2017 年，长三角核心区接待入境游客数量为 2138.2 万人次。其中，上海市为 873.0 万人次，占比为 40.83%；江苏地区为 353.8 万人次，占比为 16.55%；浙江地区为 911.4 万人次，占比为 42.62%，如表 8-6 所示。16 个城市中，上海市接待入境游客数量列第一位，泰州市以 4.1 万人次列最后一位。江苏地区 8 个城市的接待入境游客数量占长三角核心区约 1/6，其中苏州市接待入境游客数量最多，占比为 8.21%。

表 8-5　2000 年、2012 年长三角核心区 16 个城市的接待入境游客数量及增长情况

地区	2000 年接待入境游客数量		2012 年接待入境游客数量		2012 年比 2000 年增长倍数（倍）	2000～2012 年年均增长率（%）
	总量（万人次）	占比（%）	总量（万人次）	占比（%）		
上海市	181.4	41.53	800.4	35.96	3.41	13.17
南京市	41.9	9.59	162.7	7.31	2.88	11.97
无锡市	28.4	6.50	98.2	4.41	2.46	10.89
常州市	3.3	0.75	45.6	2.05	12.82	24.46
苏州市	56.7	12.98	249.2	11.20	3.40	13.13
南通市	5.8	1.33	44.1	1.98	6.60	18.42
扬州市	8.5	1.95	66.0	2.97	6.76	18.63
镇江市	10.5	2.40	66.3	2.98	5.31	16.60
泰州市	0.9	0.21	10.1	0.45	10.22	22.32
江苏地区	156.0	35.71	742.2	33.34	3.76	13.88
杭州市	70.7	16.18	331.1	14.87	3.68	13.73
宁波市	12.4	2.84	116.2	5.22	8.37	20.50
嘉兴市	3.0	0.69	78.2	3.51	25.07	31.22
湖州市	1.3	0.30	47.3	2.12	35.38	34.92
绍兴市	4.8	1.10	68.7	3.09	13.31	24.83
舟山市	6.1	1.40	31.0	1.39	4.08	14.51
台州市	1.1	0.25	10.9	0.49	8.91	21.06
浙江地区	99.4	22.76	683.4	30.70	5.88	17.43
长三角核心区	436.8	100.00	2226.0	100.00	4.10	14.53

表8-6 2013年、2017年长三角核心区16个城市的接待入境游客数量及增长情况

地区	2013年接待入境游客数量		2017年接待入境游客数量		2017年比2013年增长倍数（倍）	2013~2017年年均增长率（%）
	总量（万人次）	占比（%）	总量（万人次）	占比（%）		
上海市	757.4	44.39	873.0	40.83	0.15	3.61
南京市	51.9	3.04	74.5	3.48	0.44	9.46
无锡市	39.1	2.29	49.5	2.32	0.27	6.07
常州市	11.0	0.65	17.7	0.83	0.61	12.63
苏州市	144.2	8.45	175.6	8.21	0.22	5.05
南通市	21.7	1.27	18.6	0.87	−0.14	−3.78
扬州市	4.8	0.28	6.8	0.32	0.42	9.10
镇江市	3.7	0.22	7.0	0.33	0.89	17.28
泰州市	2.7	0.16	4.1	0.19	0.52	11.01
江苏地区	279.1	16.36	353.8	16.55	0.27	6.11
杭州市	316.0	18.52	402.2	18.81	0.27	6.22
宁波市	127.3	7.46	186.9	8.74	0.47	10.08
嘉兴市	65.8	3.86	71.5	3.34	0.09	2.10
湖州市	53.3	3.12	111.7	5.22	1.10	20.32
绍兴市	69.6	4.08	89.1	4.17	0.28	6.37
舟山市	31.5	1.85	34.4	1.61	0.09	2.23
台州市	6.1	0.36	15.6	0.73	1.56	26.46
浙江地区	669.6	39.25	911.4	42.62	0.36	8.01
长三角核心区	1706.1	100.00	2138.2	100.00	0.25	5.81

　　图8-4显示了2000年、2006年、2012年长三角核心区16个城市的接待入境游客数量情况①。图中显示，各城市的接待入境游客数量呈现稳定增长态势，未出现下滑的城市，其中湖州市、嘉兴市、绍兴市增幅较大。2012年，上海市、杭州市、苏州市、南京市、宁波市、无锡市列前六位。

---

　　① 因江苏地区2013年起调整了接待入境游客统计口径，故地区间对比截止到2012年。

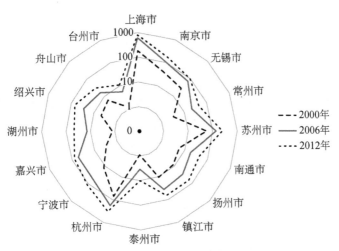

图 8-4　2000 年、2006 年、2012 年长三角核心区 16 个城市的接待入境游客数量情况（单位：万人次）

　　2017 年，长三角核心区 16 个城市的平均接待入境游客数量为 133.6 万人次。其中，上海市、杭州市、宁波市、苏州市 4 个城市高于平均水平，其余 12 个城市低于平均水平，如图 8-5 所示。高于平均水平的 4 个城市的接待入境游客数量达到了 1637.7 万人次，占长三角核心区总量的 76.59%。

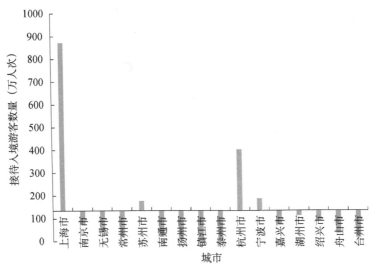

图 8-5　2017 年长三角核心区 16 个城市的接待入境游客数量与平均值比较

8.2.2 从增速看发展

2000～2012 年，长三角核心区接待入境游客数量基本呈现不断上升的趋势。2000 年，长三角核心区接待入境游客总量为 436.8 万人次，2012 年达到 2226.0 万人次。其中，上海市增长了 3.41 倍，年均增长率为 13.17%，2010 年上海接待入境游客数量明显高于其他年份，主要原因是当年上海举办了世界博览会，入境游客数量增幅明显；江苏地区增长了 3.76 倍，年均增长率为 13.88%；浙江地区增长了 5.88 倍，年均增长率为 17.43%，如表 8-5 所示。浙江地增长最快，江苏地区和上海市增速相当，如图 8-6 所示。

2013～2017 年，长三角核心区接待入境游客数量呈现不断上升的趋势。2013 年，长三角核心区接待入境游客数量为 1706.1 万人次，2017 年达到 2138.2 万人次。其中，上海市增长了 0.15 倍，年均增长率为 3.61%；江苏地区增长了 0.27 倍，年均增长率为 6.11%；浙江地区增长了 0.36 倍，年均增长率为 8.01%，如表 8-6 所示。浙江地区增长速度最快，但增速比 2000～2012 年这一时间段明显放缓，如图 8-6 所示。

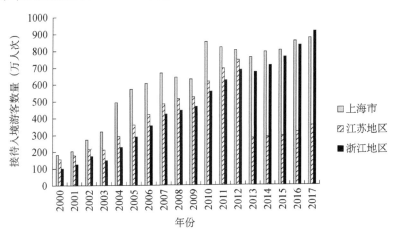

图 8-6　2000～2017 年上海市、江苏地区、浙江地区的接待入境游客数量变化情况

2000 年以来，江苏地区、浙江地区接待入境游客数量总体呈现稳定增长的格局，上海市在 2008～2012 年有所波动，但总体保持增长态势。上海市接待入境游客数量稳居长三角核心区各城市首位。2017 年，上海市接待入境游客数量远高于其他 15 个城市，是列最后一位的泰州市的 213.93 倍。

8.2.3 从构成看特征

长三角核心区 16 个城市的接待入境游客数量存在差异，单纯的总量不能全面地反映一个城市旅游外向型经济的特征，如表 8-4 所示。可通过人均接待入境游客数量来考察入境旅游状况。表 8-7 表明，2017 年长三角核心区 16 个城市的人均接待入境游客数量存在较为显著的差异。其中，杭州市、湖州市、上海市、舟山市、宁波市排在前五位。杭州市人均接待入境游客数量最多，为 0.42 人次；泰州市人均接待入境游客数量最少，为 0.01 人次。长三角核心区人均接待入境游客 0.19 人次。从 3 个地区来看，上海市人均接待入境游客数量最多，为 0.36 人次，浙江地区人均接待入境游客 0.24 人次，江苏地区人均接待入境游客 0.07 人次。

表 8-7　2017 年长三角核心区 16 个城市的人均接待入境游客数量情况

地区	接待入境游客数量（万人次）	常住人口（万人）	人均接待入境游客数量（人次）
上海市	873.0	2 418.3	0.36
南京市	74.5	833.5	0.09
无锡市	49.5	655.3	0.08
常州市	17.7	471.7	0.04
苏州市	175.6	1 068.4	0.16
南通市	18.6	730.5	0.03
扬州市	6.8	450.8	0.02
镇江市	7.0	318.6	0.02
泰州市	4.1	465.2	0.01
江苏地区	353.8	4994.0	0.07
杭州市	402.2	946.8	0.42
宁波市	186.9	800.5	0.23
嘉兴市	71.5	465.6	0.15
湖州市	111.7	299.5	0.37
绍兴市	89.1	501.0	0.18
舟山市	34.4	116.8	0.29
台州市	15.6	611.8	0.03
浙江地区	911.4	3742.0	0.24
长三角核心区	2 138.2	11 154.3	0.19

8.3　国内旅游收入

　　国内旅游收入指国内游客在国内旅行、游览过程中用于交通、参观游览、住宿、餐饮、购物、娱乐等的全部花费。

　　表 8-8 展示了 2000～2017 年长三角核心区 16 个城市的国内旅游收入。在空间维度上，各城市间的差距较为明显；在时间维度上，各城市的国内旅游收入总体上呈现了稳定增长态势。

表 8-8　2000～2017 年长三角核心区 16 个城市的国内旅游收入 （单位：亿元）

城市	2000 年	2001 年	2002 年	2003 年	2004 年	2005 年	2006 年	2007 年	2008 年
上海市	775.0	805.8	993.8	1079.8	1216.3	1308.4	1419.9	1611.3	1612.4
南京市	101.1	143.1	184.0	209.9	271.3	328.2	405.5	526.0	620.6
无锡市	101.8	101.7	138.7	167.3	212.5	280.1	351.5	418.0	496.8
常州市	36.1	44.2	56.2	70.1	92.2	114.4	140.0	182.1	214.9
苏州市	125.2	152.1	175.3	211.9	295.7	380.3	465.5	570.3	665.4
南通市	28.2	30.0	35.2	40.2	49.0	65.1	80.0	101.9	130.6
扬州市	37.3	40.7	48.1	51.0	67.8	92.4	115.1	144.0	176.3
镇江市	41.9	43.1	47.5	54.0	86.0	103.5	127.6	153.9	185.1
泰州市	20.5	21.8	26.0	27.4	35.1	41.0	50.5	62.0	75.6
杭州市	190.0	218.9	254.8	290.9	361.2	403.6	471.2	548.6	617.2
宁波市	111.0	124.8	144.3	155.8	192.5	238.4	289.6	348.2	417.4
嘉兴市	24.4	44.5	55.7	60.0	78.2	104.6	122.1	148.0	180.0
湖州市	22.1	32.6	44.9	40.2	48.5	62.6	74.8	96.9	125.7
绍兴市	54.6	63.3	75.5	77.1	90.8	110.6	140.1	177.4	204.1
舟山市	20.2	26.5	32.1	33.5	46.2	55.3	84.1	100.2	124.1
台州市	37.9	47.5	71.9	83.5	97.2	134.8	145.1	170.6	203.7
城市	2009 年	2010 年	2011 年	2012 年	2013 年	2014 年	2015 年	2016 年	2017 年
上海市	1913.8	2522.9	2786.5	3224.4	2968.0	2950.1	3004.7	3443.9	4025.1
南京市	720.2	852.4	1013.4	1169.0	1317.5	1470.0	1612.2	1803.5	2020.4
无锡市	595.1	703.9	844.8	974.9	1100.4	1229.9	1356.3	1518.9	1702.6

续表

城市	2009年	2010年	2011年	2012年	2013年	2014年	2015年	2016年	2017年
常州市	262.3	320.8	391.7	482.0	557.4	640.0	718.4	820.0	936.8
苏州市	772.8	917.8	1084.8	1254.4	1419.1	1574.8	1729.8	1932.5	2161.3
南通市	162.2	202.3	252.2	299.3	348.2	400.6	453.0	522.0	601.4
扬州市	225.9	271.8	330.2	392.5	454.4	525.2	592.0	681.9	785.3
镇江市	234.3	285.6	345.6	410.1	474.5	543.9	614.1	706.2	812.9
泰州市	94.9	113.3	136.9	160.9	186.2	213.6	241.5	279.2	321.4
杭州市	708.9	910.9	1063.8	1253.2	1469.9	1743.9	2019.7	2362.6	2802.1
宁波市	497.3	610.7	708.7	816.4	904.2	1020.3	1183.9	1385.5	1649.1
嘉兴市	216.0	281.0	338.0	402.0	470.0	551.0	664.0	851.0	1011.0
湖州市	159.0	205.6	253.6	312.9	381.2	489.4	682.1	859.8	1076.0
绍兴市	242.3	305.8	399.6	491.1	569.3	636.7	746.1	871.1	1007.0
舟山市	147.1	192.3	226.4	256.7	290.2	467.3	540.6	645.5	793.3
台州市	226.7	269.4	325.2	406.7	490.7	580.5	745.6	938.4	1110.0

8.3.1 从数字看形势

2017年长三角核心区国内旅游总收入为 22 815.6 亿元。其中,上海市为4025.1亿元,占比为17.64%;江苏地区为9342.1亿元,占比为40.95%;浙江地区为9448.4亿元,占比为41.41%,如表8-9所示。16个城市中,上海市国内旅游收入最高,泰州市以321.4亿元列最后一位。江苏地区8个城市的国内旅游收入占长三角核心区四成多,其中苏州市国内旅游收入最高,占比为9.47%。

表8-9 2000年、2017年长三角核心区16个城市的国内旅游收入及增长情况

地区	2000年国内旅游收入		2017年国内旅游收入		2017年比2000年增长倍数(倍)	2000~2017年年均增长率(%)
	总量(亿元)	占比(%)	总量(亿元)	占比(%)		
上海市	775.0	44.87	4 025.1	17.64	4.19	10.18
南京市	101.1	5.85	2 020.4	8.86	18.98	19.26
无锡市	101.8	5.89	1 702.6	7.46	15.72	18.02
常州市	36.1	2.09	936.8	4.11	24.95	21.11
苏州市	125.2	7.25	2 161.3	9.47	16.26	18.24
南通市	28.2	1.63	601.4	2.64	20.33	19.72

续表

地区	2000 年国内旅游收入		2017 年国内旅游收入		2017 年比 2000 年增长倍数（倍）	2000～2017 年年均增长率（%）
	总量（亿元）	占比（%）	总量（亿元）	占比（%）		
扬州市	37.3	2.16	785.3	3.44	20.05	19.63
镇江市	41.9	2.43	812.9	3.56	18.40	19.06
泰州市	20.5	1.19	321.4	1.41	14.68	17.57
江苏地区	492.1	28.49	9 342.1	40.95	17.98	18.90
杭州市	190.0	11.00	2 802.1	12.28	13.75	17.15
宁波市	111.0	6.43	1 649.1	7.23	13.86	17.20
嘉兴市	24.4	1.41	1 011.0	4.43	40.43	24.49
湖州市	22.1	1.28	1 076.0	4.72	47.69	25.68
绍兴市	54.6	3.16	1 007.0	4.41	17.44	18.70
舟山市	20.2	1.17	793.2	3.48	38.27	24.10
台州市	37.9	2.19	1 110.0	4.86	28.29	21.98
浙江地区	460.2	26.64	9 448.4	41.41	19.53	19.45
长三角核心区	1 727.3	100.00	22 815.6	100.00	12.21	16.39

图 8-7 显示了 2000 年、2010 年、2017 年长三角核心区 16 个城市的国内旅游收入变化情况。图中显示，各城市的国内旅游收入呈现稳定增长态势，未出现下滑的城市。2017 年，上海市、杭州市、苏州市、南京市、无锡市、宁波市列前六位。

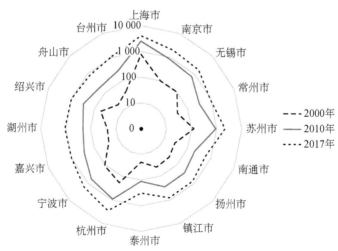

图 8-7　2000 年、2010 年、2017 年长三角核心区 16 个城市的国内旅游收入变化情况（单位：亿元）

2017 年，长三角核心区 16 个城市的平均国内旅游收入为 1426.0 亿元。其中，上海市、杭州市、苏州市、南京市、无锡市、宁波市 6 个城市高于平均水平，其余 10 个城市低于平均水平，如图 8-8 所示。高于平均水平的 6 个城市的国内旅游收入为 14 360.6 亿元，占长三角核心区总收入的 62.94%。

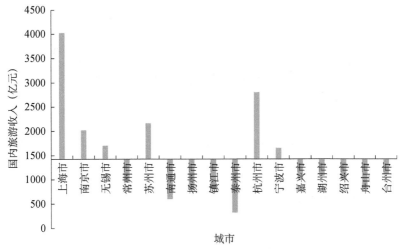

图 8-8　2017 年长三角核心区 16 个城市的国内旅游收入与平均值比较

8.3.2　从增速看发展

2000～2017 年，长三角核心区国内旅游收入呈现不断上升的趋势。其中，2000 年长三角核心区国内旅游收入为 1727.3 亿元，2017 年达到 22 815.6 亿元。其中，上海市年均增长率为 10.18%，江苏地区年均增长率为 18.90%，浙江地区年均增长率为 19.45%，如表 8-9 所示。浙江地增长较快，如图 8-9 所示。

2000 年以来，江苏地区、浙江地区国内旅游收入呈现稳定增长的格局，上海市 2013 年和 2014 年略有下降，但总体保持增长态势。上海市国内旅游收入稳居长三角核心区各城市首位，2017 年上海市国内旅游收入是列最后一位的泰州市的 12.52 倍。

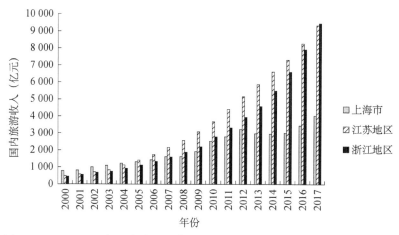

图 8-9　2000～2017 年上海市、江苏地区、浙江地区的国内旅游收入变化情况

8.3.3　从构成看特征

　　长三角核心区 16 个城市的国内旅游收入存在差异，单纯的总量不能全面地反映一个城市旅游经济发展的特征，如表 8-8 所示。可通过国内旅游收入占地区生产总值比重和每万人国内旅游收入，从构成的角度来衡量一个城市旅游资源的利用能力。表 8-10表明，2017 年长三角核心区 16 个城市的国内旅游收入占地区生产总值比重和每万人国内旅游收入存在较为显著的差异。

　　在国内旅游收入占地区生产总值比重方面，舟山市、湖州市、台州市、嘉兴市、杭州市、镇江市排在前六位，比重均超过 20.00%。舟山市国内旅游收入占地区生产总值比重最高，为 65.03%；泰州市国内旅游收入占地区生产总值比重最低，为 6.77%。长三角核心区国内旅游收入占地区生产总值比重为 16.50%。其中，上海市国内旅游收入占地区生产总值比重为 13.14%，江苏地区国内旅游收入占地区生产总值比重为13.80%，浙江地区国内旅游收入占地区生产总值比重为 23.66%。

　　在每万人国内旅游收入方面，舟山市、湖州市、杭州市、无锡市、镇江市、南京市排在前六位。其中，舟山市每万人国内旅游收入最高，为 6.79 万元；泰州市每万人国内旅游收入最低，为 0.69 万元。长三角核心区每万人国内旅游收入为 2.05 万元。其中，上海市每万人国内旅游收入为 1.66 万元，江苏地区每万人国内旅游收入为 1.87万元，浙江地区每万人国内旅游收入为 2.52 万元。

表 8-10　2017 年长三角核心区 16 个城市的国内旅游收入占地区生产总值比重和每万人国内旅游收入

地区	国内旅游收入 （亿元）	地区生产总值 （亿元）	常住人口 （万人）	国内旅游收入占地区 生产总值比重（%）	每万人国内旅游 收入（万元）
上海市	4 025.1	30 633.0	2 418.3	13.14	1.66
南京市	2 020.4	11 715.1	833.5	17.25	2.42
无锡市	1 702.6	10 511.8	655.3	16.20	2.60
常州市	936.8	6 618.4	471.7	14.15	1.99
苏州市	2 161.3	17 319.5	1 068.4	12.48	2.02
南通市	601.4	7 734.6	730.5	7.78	0.82
扬州市	785.3	5 064.9	450.8	15.50	1.74
镇江市	812.9	4 010.4	318.6	20.27	2.55
泰州市	321.4	4 744.5	465.2	6.77	0.69
江苏地区	9 342.1	67 719.2	4 994.0	13.80	1.87
杭州市	2 802.1	12 556.2	946.8	22.32	2.96
宁波市	1 649.1	9 846.9	800.5	16.75	2.06
嘉兴市	1 011.0	4 355.2	465.6	23.21	2.17
湖州市	1 076.0	2 476.1	299.5	43.46	3.59
绍兴市	1 007.0	5 078.4	501.0	19.83	2.01
舟山市	793.2	1 219.8	116.8	65.03	6.79
台州市	1 110.0	4 407.4	611.8	25.18	1.81
浙江地区	9 448.4	39 940.0	3 742.0	23.66	2.52
长三角核心区	22 815.6	138 292.2	11 154.3	16.50	2.05

8.4　入境旅游收入

入境旅游收入指入境游客在中国境内旅行、游览过程中用于交通、参观游览、住宿、餐饮、购物、娱乐等的全部花费。

表 8-11 展示了 2000～2017 年长三角核心区 16 个城市的入境旅游收入。在空间维度上，各城市间的差距较为明显；在时间维度上，绝大多数城市的入境旅游收入呈现稳定增长态势。

表 8-11　2000～2017 年长三角核心区 16 个城市的入境旅游收入　（单位：亿美元）

城市	2000 年	2001 年	2002 年	2003 年	2004 年	2005 年	2006 年	2007 年	2008 年
上海市	16.13	18.08	22.75	20.53	30.89	36.08	39.61	47.37	50.27
南京市	2.21	2.44	3.23	3.17	5.08	5.76	6.77	8.08	8.72
无锡市	0.98	1.18	1.50	1.59	2.07	2.63	3.17	3.62	3.35
常州市	0.24	0.34	0.61	0.83	1.12	1.44	1.81	2.27	2.76
苏州市	2.01	2.34	2.78	2.91	4.86	6.39	7.48	8.89	9.95
南通市	0.48	0.53	0.69	0.80	0.99	1.35	1.75	2.47	2.84
扬州市	0.39	0.40	0.48	0.57	1.09	1.51	2.08	2.82	3.59
镇江市	0.50	0.53	0.67	0.74	1.23	1.80	2.51	3.63	4.21
泰州市	0.07	0.08	0.12	0.13	0.19	0.29	0.37	0.44	0.61
杭州市	2.92	3.37	4.77	4.22	5.97	7.58	9.09	11.19	12.96
宁波市	0.56	0.71	0.88	1.00	1.53	2.48	3.37	4.31	4.69
嘉兴市	0.22	0.44	0.72	0.59	1.02	1.38	1.61	1.91	1.89
湖州市	0.06	0.09	0.14	0.14	0.20	0.37	0.51	0.68	0.87
绍兴市	0.21	0.24	0.36	0.35	0.54	0.67	0.89	1.21	1.36
舟山市	0.30	0.34	0.40	0.26	0.60	0.75	0.94	1.00	1.12
台州市	0.09	0.14	0.37	0.39	0.39	0.53	0.64	0.62	0.70

城市	2009 年	2010 年	2011 年	2012 年	2013 年	2014 年	2015 年	2016 年	2017 年
上海市	47.96	64.05	58.35	55.82	53.37	57.05	59.60	65.30	68.10
南京市	8.37	9.81	12.00	13.62	4.01	5.53	6.40	6.76	7.92
无锡市	3.49	4.81	5.98	6.81	2.70	3.30	3.58	3.90	4.25
常州市	2.94	1.53	4.21	4.74	0.76	1.02	1.21	1.31	1.55
苏州市	9.97	12.51	14.70	16.47	13.57	17.05	20.02	21.67	23.04
南通市	3.09	3.61	3.99	4.30	1.12	1.08	1.17	1.25	1.26
扬州市	4.01	4.60	5.23	5.59	0.37	0.49	0.56	0.63	0.75
镇江市	4.54	4.70	5.22	5.58	0.31	0.46	0.60	0.65	0.85
泰州市	0.69	0.79	0.94	1.09	0.20	0.28	0.33	0.36	0.42
杭州市	13.80	16.90	19.60	22.02	21.60	23.18	29.31	31.49	35.43
宁波市	4.87	5.91	6.55	7.34	7.97	7.78	8.00	9.17	9.90
嘉兴市	1.92	2.26	2.59	2.77	2.44	2.27	2.53	2.17	2.26
湖州市	1.03	1.26	1.48	1.73	2.00	2.25	2.91	3.58	4.38
绍兴市	1.48	1.85	2.20	2.41	2.44	2.50	2.63	2.98	3.19
舟山市	1.14	1.31	1.41	1.59	1.61	1.61	1.86	1.97	1.97
台州市	0.50	0.56	0.63	0.87	0.43	0.49	0.59	0.65	0.68

8.4.1　从数字看形势①

　　2012 年，长三角核心区入境旅游收入为 152.75 亿美元。其中，上海市为 55.82 亿美元，占比为 36.54%；江苏地区为 58.20 亿美元，占比为 38.10%；浙江地区为 38.73 亿美元，占比为 25.36%，如表 8-12 所示。江苏地区入境旅游收入占长三角核心区入境旅游收入比重最高。16 个城市中，上海市列第一位，台州市以 0.87 亿美元列最后一位。江苏地区 8 个城市的入境旅游收入占长三角核心区近四成，其中苏州市入境旅游收入最高，占比为 10.78%。

　　2017 年，长三角核心区入境旅游收入为 165.95 亿美元。其中，上海市为 68.10 亿美元，占比为 41.04%；江苏地区为 40.04 亿美元，占比为 24.13%；浙江地区为 57.81 亿美元，占比为 34.84%，如表 8-13 所示。上海市入境旅游收入占长三角核心区入境旅游收入比重最高。16 个城市中，上海市列第一位，泰州市以 0.42 亿美元列最后一位。江苏地区 8 个城市的入境旅游收入占长三角核心区近 1/4，其中苏州市入境旅游收入最高，占比为 13.88%。

表 8-12　2000 年、2012 年长三角核心区 16 个城市的入境旅游收入及增长情况

地区	2000 年入境旅游收入		2012 年入境旅游收入		2012 年比 2000 年增长倍数（倍）	2000～2012 年年均增长率（%）
	总额（亿美元）	占比（%）	总额（亿美元）	占比（%）		
上海市	16.13	58.93	55.82	36.54	2.46	10.90
南京市	2.21	8.07	13.62	8.92	5.16	16.36
无锡市	0.98	3.58	6.81	4.46	5.95	17.53
常州市	0.24	0.88	4.74	3.10	18.75	28.22
苏州市	2.01	7.34	16.47	10.78	7.19	19.16
南通市	0.48	1.75	4.30	2.82	7.96	20.05
扬州市	0.39	1.42	5.59	3.66	13.33	24.84
镇江市	0.50	1.83	5.58	3.65	10.16	22.27
泰州市	0.07	0.26	1.09	0.71	14.57	25.71
江苏地区	6.88	25.14	58.20	38.10	7.46	19.48
杭州市	2.92	10.67	22.02	14.42	6.54	18.34

---

　　① 2013 年起，江苏地区接待入境游客口径调整为入境过夜旅游者，入境旅游收入口径也随之变化，为此将比对时间段分为 2000～2012 年和 2013～2017 年两段。

续表

地区	2000 年入境旅游收入		2012 年入境旅游收入		2012 年比 2000 年增长倍数（倍）	2000～2012 年年均增长率（%）
	总额（亿美元）	占比（%）	总额（亿美元）	占比（%）		
宁波市	0.56	2.05	7.34	4.81	12.11	23.92
嘉兴市	0.22	0.80	2.77	1.81	11.59	23.50
湖州市	0.06	0.22	1.73	1.13	27.83	32.33
绍兴市	0.21	0.77	2.41	1.58	10.48	22.55
舟山市	0.30	1.10	1.59	1.04	4.30	14.91
台州市	0.09	0.33	0.87	0.57	8.67	20.81
浙江地区	4.36	15.93	38.73	25.36	7.88	19.96
长三角核心区	27.37	100.00	152.75	100.00	4.58	15.41

表 8-13　2013 年、2017 年长三角核心区 16 个城市的入境旅游收入及增长情况

地区	2013 年入境旅游收入		2017 年入境旅游收入		2017 年比 2013 年增长倍数（倍）	2013～2017 年年均增长率（%）
	总额（亿美元）	占比（%）	总额（亿美元）	占比（%）		
上海市	53.37	46.45	68.10	41.04	0.28	6.28
南京市	4.01	3.49	7.92	4.77	0.98	18.55
无锡市	2.70	2.35	4.25	2.56	0.57	12.01
常州市	0.76	0.66	1.55	0.93	1.04	19.50
苏州市	13.57	11.81	23.04	13.88	0.70	14.15
南通市	1.12	0.97	1.26	0.76	0.13	2.99
扬州市	0.37	0.32	0.75	0.45	1.03	19.32
镇江市	0.31	0.27	0.85	0.51	1.74	28.68
泰州市	0.20	0.17	0.42	0.25	1.10	20.38
江苏地区	23.04	20.05	40.04	24.13	0.74	14.83
杭州市	21.60	18.80	35.43	21.35	0.64	13.17
宁波市	7.97	6.94	9.90	5.97	0.24	5.57
嘉兴市	2.44	2.12	2.26	1.36	−0.07	−1.90
湖州市	2.00	1.74	4.38	2.64	1.19	21.65
绍兴市	2.44	2.12	3.19	1.92	0.31	6.93
舟山市	1.61	1.40	1.97	1.19	0.22	5.17
台州市	0.43	0.37	0.68	0.41	0.58	12.14
浙江地区	38.49	33.50	57.81	34.84	0.50	10.70
长三角核心区	114.90	100.00	165.95	100.00	0.44	9.63

图 8-10 显示了 2000 年、2006 年、2012 年长三角核心区 16 个城市的入境旅游收

入变化情况。图中显示，各城市入境旅游收入呈现稳定增长态势，未出现下滑的城市。2012 年，上海市、杭州市、苏州市、南京市、宁波市、无锡市列前六位。

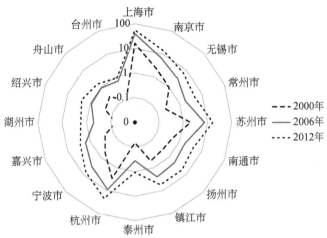

图 8-10　2000 年、2006 年、2012 年长三角核心区 16 个城市的入境旅游收入变化情况（单位：亿美元）

2017 年，长三角核心区 16 个城市的平均入境旅游收入为 10.37 亿美元。其中，上海市、杭州市、苏州市 3 个城市高于平均水平，其余 13 个城市低于平均水平，如图 8-11 所示。高于平均水平的 3 个城市的入境旅游收入达到了 126.57 亿美元，占长三角核心区总收入的 76.27%。

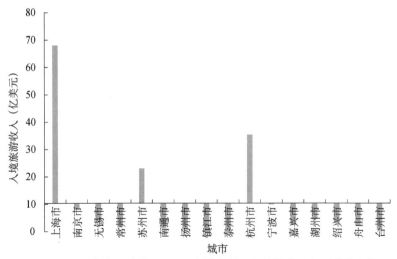

图 8-11　2017 年长三角核心区 16 个城市的入境旅游收入与平均值比较

8.4.2 从增速看发展

2000～2012 年，长三角核心区入境旅游收入基本呈现不断上升的趋势。2000 年，长三角核心区入境旅游收入为 27.37 亿美元，2012 年达到 152.75 亿美元。其中，上海市增长了 2.46 倍，年均增长率为 10.90%；江苏地区增长了 7.46 倍，年均增长率为 19.48%；浙江地区增长了 7.88 倍，年均增长率为 19.96%，如表 8-12 所示。浙江地区增长最快，但与江苏地区增速差距不大，上海市增速略慢，如图 8-12 所示。

2013～2017 年，长三角核心区入境旅游收入基本呈现不断上升的趋势。2013 年，长三角核心区入境旅游收入为 114.90 亿美元，2017 年达到 165.95 亿美元。其中，上海市增长了 0.28 倍，年均增长率为 6.28%；江苏地区增长了 0.74 倍，年均增长率为 14.83%；浙江地区增长了 0.50 倍，年均增长率为 10.70%，如表 8-13 所示。江苏地区增长最快，浙江地区次之，上海市增速最慢。3 个地区 2013～2017 年入境旅游收入增速相比 2000～2012 年这一时间段明显放缓，如图 8-12 所示。

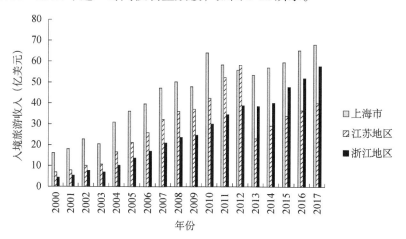

图 8-12　2000～2017 年上海市、江苏地区、浙江地区的入境旅游收入变化情况

2000 年以来，江苏地区、浙江地区入境旅游收入基本呈现稳定增长的格局，上海市 2003 年和 2009～2012 年有所波动，但总体保持增长态势。上海市入境旅游收入稳居长三角核心区各城市首位。2017 年，上海市入境旅游收入远高于其他 15 个城市，是列最后一位的泰州市的 162.14 倍。

8.4.3 从构成看特征

长三角核心区 16 个城市的入境旅游收入存在显著差异，单纯的总量不能全面地反映一个城市旅游外向型经济发展的特征，如表 8-11 所示。可通过入境旅游收入占地区生产总值比重和人均入境旅游收入，从构成的角度衡量一个城市旅游资源的利用能力。表 8-14 表明，2017 年长三角核心区 16 个城市的入境旅游收入占地区生产总值比重和人均入境旅游收入存在较为显著的差异。

在入境旅游收入占地区生产总值比重方面，上海市、杭州市、湖州市、舟山市排在前四位，比重均超过 1%。杭州市入境旅游收入占地区生产总值比重最高，为 1.91%；泰州市入境旅游收入占地区生产总值比重最低，为 0.06%。长三角核心区入境旅游收入占地区生产总值比重为 0.81%。其中，上海市入境旅游收入占地区生产总值比重为 1.50%，江苏地区入境旅游收入占地区生产总值比重为 0.40%，浙江地区入境旅游收入占地区生产总值比重为 0.98%。

在人均入境旅游收入方面，上海市、杭州市、苏州市、舟山市排在前四位。上海市人均入境旅游收入最高，为 1900.9 元；泰州市人均入境旅游收入最低，为 60.2 元。长三角核心区人均入境旅游收入为 1004.4 元。其中，上海市人均入境旅游收入为 1900.9 元，江苏地区人均入境旅游收入为 541.4 元，浙江地区人均入境旅游收入为 1042.8 元。

表 8-14　2017 年长三角核心区 16 个城市的入境旅游收入占地区生产总值比重和人均入境旅游收入

地区	入境旅游收入 （亿元）[①]	地区生产总值 （亿元）	常住人口 （万人）	入境旅游收入占地区 生产总值比重（%）	人均入境旅游 收入（元）
上海市	459.7	30 633.0	2 418.3	1.50	1 900.9
南京市	53.5	11 715.1	833.5	0.46	641.9
无锡市	28.7	10 511.8	655.3	0.27	438.0
常州市	10.4	6 618.4	471.7	0.16	220.5
苏州市	155.6	17 319.5	1 068.4	0.90	1 456.4

---

① 此处的入境旅游收入为亿人民币，根据 2017 年美元兑人民币的平均汇率处理。

续表

地区	入境旅游收入（亿元）	地区生产总值（亿元）	常住人口（万人）	入境旅游收入占地区生产总值比重（%）	人均入境旅游收入（元）
南通市	8.5	7 734.6	730.5	0.11	116.4
扬州市	5.1	5 064.9	450.8	0.10	113.1
镇江市	5.8	4 010.4	318.6	0.14	182.0
泰州市	2.8	4 744.5	465.2	0.06	60.2
江苏地区	270.4	67 719.2	4 994.0	0.40	541.4
杭州市	239.2	12 556.2	946.8	1.91	2 526.4
宁波市	66.8	9 846.9	800.5	0.68	834.5
嘉兴市	15.2	4 355.2	465.6	0.35	326.5
湖州市	29.6	2 476.1	299.5	1.20	988.3
绍兴市	21.5	5 078.4	501.0	0.42	429.1
舟山市	13.3	1 219.8	116.8	1.09	1 138.7
台州市	4.6	4 407.4	611.8	0.10	75.2
浙江地区	390.2	39 940.0	3 742.0	0.98	1 042.8
长三角核心区	1 120.3	138 292.2	11 154.3	0.81	1 004.4

8.5 星级饭店数量

　　星级饭店是由国家（省级）旅游局评定的能够以夜为时间单位向旅游客人提供配有餐饮及相关服务的住宿设施，按不同习惯它也被称为宾馆、酒店、旅馆、旅社、宾舍、度假村、俱乐部、大厦、中心等。所取得的星级表明该饭店所有建筑物、设施设备及服务项目达到某一水准。星级饭店数量可以衡量一个城市的旅游接待能力。

　　表 8-15 展示了 2000～2017 年长三角核心区 16 个城市的星级饭店数量。在空间维度上，各城市间的差距较为明显；在时间维度上，多数城市的星级饭店数量呈现缓慢增长态势，个别城市出现小幅度下降。

表 8-15　2000~2017 年长三角核心区

16 个城市的星级饭店数量　　　　　　（单位：个）

城市	2000 年	2001 年	2002 年	2003 年	2004 年	2005 年	2006 年	2007 年	2008 年
上海市	248	300	319	338	359	315	317	320	310
南京市	135	135	115	110	115	123	127	143	130
无锡市	77	84	86	83	80	88	89	85	85
常州市	24	40	46	46	49	51	56	55	57
苏州市	94	87	88	94	100	120	129	144	151
南通市	20	26	26	34	36	44	48	55	61
扬州市	31	33	40	41	43	50	53	55	55
镇江市	31	31	25	29	28	29	29	35	35
泰州市	16	18	13	16	20	20	22	26	25
杭州市	102	141	167	176	203	229	241	250	247
宁波市	76	100	122	132	160	178	204	214	199
嘉兴市	35	—	50	50	59	65	66	64	58
湖州市	29	—	50	52	56	53	58	59	57
绍兴市	51	—	66	70	77	82	91	94	88
舟山市	18	—	42	51	58	61	64	67	67
台州市	44	—	68	63	63	72	68	70	67
城市	2009 年	2010 年	2011 年	2012 年	2013 年	2014 年	2015 年	2016 年	2017 年
上海市	298	298	297	278	271	255	247	238	229
南京市	131	121	113	115	107	102	95	89	83
无锡市	64	69	65	62	60	55	48	42	42
常州市	62	65	65	65	71	68	56	46	44
苏州市	158	159	150	144	142	132	100	116	112
南通市	65	97	108	115	109	96	86	80	80
扬州市	55	59	63	65	66	63	61	48	43
镇江市	38	50	51	51	52	38	34	34	32
泰州市	27	30	31	29	29	29	29	28	30
杭州市	250	236	230	217	208	199	186	173	143
宁波市	198	198	190	170	160	148	140	140	120
嘉兴市	56	54	55	56	59	62	58	54	53
湖州市	55	48	45	46	46	49	46	42	38
绍兴市	95	94	94	92	90	78	61	55	53
舟山市	66	61	58	51	49	45	41	34	27
台州市	66	60	54	54	54	54	50	47	54

注：2001 年浙江地区的嘉兴市、湖州市、绍兴市、舟山市、台州市数据未搜集到。

8.5.1　从数字看形势

2017 年，长三角核心区星级饭店数量为 1183 个。其中，上海市为 229 个，占比为 19.36%；江苏地区为 466 个，占比为 39.39%；浙江地区为 488 个，占比为 41.25%，如表 8-16 所示。16 个城市中，上海市以 229 个列第一位，舟山市以 27 个列最后一位。江苏地区 8 个城市的星级饭店数量占长三角核心区近四成，其中苏州市星级饭店数量最多，占比为 9.47%。

表 8-16　2000 年、2017 年长三角核心区 16 个城市的星级饭店数量及增长情况

地区	2000 年星级饭店数量		2017 年星级饭店数量		2017 年比 2000 年增长倍数（倍）	2000～2017 年年均增长率（%）
	总量（个）	占比（%）	总量（个）	占比（%）		
上海市	248	24.05	229	19.36	−0.08	−0.47
南京市	135	13.09	83	7.02	−0.39	−2.82
无锡市	77	7.47	42	3.55	−0.45	−3.50
常州市	24	2.33	44	3.72	0.83	3.63
苏州市	94	9.12	112	9.47	0.19	1.04
南通市	20	1.94	80	6.76	3.00	8.50
扬州市	31	3.01	43	3.64	0.39	1.94
镇江市	31	3.01	32	2.70	0.03	0.19
泰州市	16	1.55	30	2.54	0.88	3.77
江苏地区	428	41.52	466	39.39	0.09	0.50
杭州市	102	9.89	143	12.09	0.40	2.01
宁波市	76	7.37	120	10.14	0.58	2.72
嘉兴市	35	3.39	53	4.48	0.51	2.47
湖州市	29	2.81	38	3.21	0.31	1.60
绍兴市	51	4.95	53	4.48	0.04	0.23
舟山市	18	1.75	27	2.28	0.50	2.41
台州市	44	4.27	54	4.56	0.23	1.21
浙江地区	355	34.43	488	41.25	0.37	1.89
长三角核心区	1031	100.00	1183	100.00	0.15	0.81

图 8-13 显示了 2000 年、2010 年、2017 年长三角核心区 16 个城市的星级饭店数量变化情况。图中显示，由于国家对星级饭店标准的提升，2017 年长三角核心区 16 个

城市的星级饭店数量均有一定程度的下降。2017 年，上海市、杭州市、宁波市、苏州市、南京市、南通市列前六位。

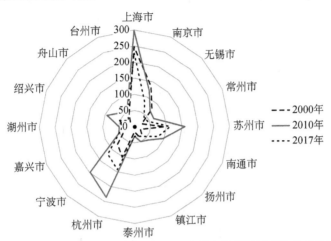

图 8-13　2000 年、2010 年、2017 年长三角核心区 16 个城市的星级饭店数量变化情况（单位：个）

2017 年，长三角核心区 16 个城市的平均星级饭店数量为 74 个。其中，上海市、杭州市、宁波市、苏州市、南京市、南通市 6 个城市高于平均水平，其余 10 个城市低于平均水平，如图 8-14 所示。高于平均水平的 6 个城市的星级饭店数量达到了 767 个，占长三角核心区总量的 64.84%。

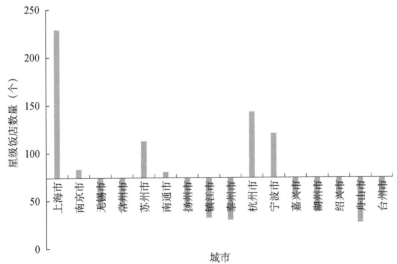

图 8-14　2017 年长三角核心区 16 个城市的星级饭店数量与平均值比较

8.5.2　从增速看发展

2000 年以来，长三角核心区的星级饭店数量呈现倒 U 形变动趋势。2002 年，其星级饭店数量为 1323 个；2007 年达到峰值，数量为 1736 个；2017 年下降到 1183 个。其中，2017 年上海市星级饭店数量相对 2000 年下降了 8%，年均增长率为 -0.47%；江苏地区增长了 0.09 倍，年均增长率为 0.50%；浙江地区增长了 0.37 倍，年均增长率为 1.89%，如表 8-16 所示。江苏地区和浙江地区呈现明显的倒 U 形变动趋势，上海市则呈现平缓下降的态势，如图 8-15 所示。

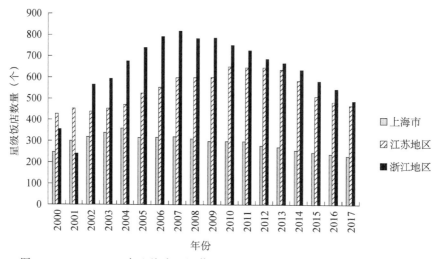

图 8-15　2000～2017 年上海市、江苏地区、浙江地区的星级饭店数量变化情况

注：浙江地区部分城市的 2001 年数据缺失。

2017 年，上海市星级饭店数量远高于其他 15 个城市，是列最后一位的舟山市的 8.48 倍。

8.5.3　从构成看特征

长三角核心区 16 个城市的星级饭店数量存在显著差异，单纯的总量不能全面地反映一个城市星级饭店接待能力，如表 8-15 所示。可通过每个城市每百平方千米星级饭店数量衡量一个城市的饭店的接待能力。表 8-17 表明，2017 年长三角核心区 16 个城市的每百平方千米星级饭店数量存在较为显著的差异。其中，上海市、舟山市、苏州市、南京市、嘉兴市、宁波市列前六位。上海市每百平方千米星级饭店数量最高，为 3.61 个；泰州市每百平方千米星级饭店数量最低，为 0.52 个。长三角核心区每百平方千米星级饭店数量为 1.05 个。其中，上海市每百平方千米星级饭店数量为 3.61 个，江苏地区每百平方千米星级饭店数量为 0.91 个，浙江地区每百平方千米星级饭店数量为 0.88 个。

表 8-17　2017 年长三角核心区 16 个城市的每百平方千米星级饭店数量

地区	星级饭店数量（个）	土地面积（千米²）	每百平方千米星级饭店数量（个）
上海市	229	6 341	3.61
南京市	83	6 587	1.26
无锡市	42	4 627	0.91
常州市	44	4 374	1.01
苏州市	112	8 657	1.29
南通市	80	10 549	0.76
扬州市	43	6 591	0.65
镇江市	32	3 840	0.83
泰州市	30	5 787	0.52
江苏地区	466	51 012	0.91
杭州市	143	16 596	0.86
宁波市	120	9 816	1.22
嘉兴市	53	4 223	1.26
湖州市	38	5 820	0.65
绍兴市	53	8 279	0.64
舟山市	27	1 459	1.85
台州市	54	9 411	0.57
浙江地区	488	55 604	0.88
长三角核心区	1 183	112 957	1.05

8.6 4A 级以上旅游景区数量

旅游景区是以旅游及其相关活动为主要功能或主要功能之一的空间或地域。旅游景区包括风景区、红色旅游景区、文博院馆、寺庙观堂、旅游度假区、自然保护区、名胜古迹、主题公园、旅游度假村、森林公园、地质公园、湿地公园、游乐园、动物园、植物园及工业、农业、经贸、科教、军事、体育、文化艺术等各类旅游景区。

AAAA（4A）级是依据中华人民共和国旅游景区质量等级划分的景区级别。我国旅游景区级别共分为五级，从高到低依次为 AAAAA、AAAA、AAA、AA、A 级。

表 8-18 展示了 2001～2017 年长三角核心区 16 个城市的 4A 级（含）以上旅游景区（简称 4A 级以上旅游景区）数量。在空间维度上，各城市间的差距较为明显；在时间维度上，多数城市的 4A 级以上旅游景区数量呈现稳定增长态势。

表 8-18 2001～2017 年长三角核心区 16 个城市的
4A 级以上旅游景区数量 （单位：个）

城市	2001 年	2002 年	2003 年	2004 年	2005 年	2006 年	2007 年	2008 年
上海市	6	13	14	15	17	17	19	23
南京市	3	3	5	5	7	7	8	10
无锡市	4	4	5	5	7	12	12	14
常州市	2	3	3	4	5	6	7	8
苏州市	6	6	12	12	16	17	22	24
南通市	0	1	1	1	1	1	1	1
扬州市	2	2	2	2	4	4	5	5
镇江市	2	2	3	3	4	4	5	5
泰州市	0	0	0	0	1	1	1	1
杭州市	2	7	10	14	15	15	17	19
宁波市	2	2	4	4	9	10	11	15
嘉兴市	0	1	1	1	4	4	7	7
湖州市	0	1	1	3	3	3	4	5
绍兴市	1	3	3	4	6	6	8	8

续表

城市	2001年	2002年	2003年	2004年	2005年	2006年	2007年	2008年
舟山市	1	1	1	1	1	1	2	2
台州市	0	2	2	2	2	2	3	3

城市	2009年	2010年	2011年	2012年	2013年	2014年	2015年	2016年	2017年
上海市	27	31	38	44	47	49	54	53	53
南京市	10	12	12	12	15	18	19	22	23
无锡市	15	16	19	21	23	28	29	30	30
常州市	8	10	12	13	11	12	11	11	12
苏州市	25	27	29	32	32	39	39	42	41
南通市	1	2	2	4	4	5	6	6	6
扬州市	5	5	6	6	7	7	8	9	11
镇江市	5	8	7	8	7	8	8	9	9
泰州市	2	2	3	3	3	7	8	9	10
杭州市	20	21	26	29	30	35	37	37	37
宁波市	22	21	24	29	29	30	32	31	31
嘉兴市	7	7	8	9	9	10	12	13	14
湖州市	5	5	9	10	11	15	16	16	19
绍兴市	10	10	11	11	12	12	14	14	16
舟山市	3	3	3	3	3	3	3	4	4
台州市	4	6	6	7	7	9	9	11	15

8.6.1 从数字看形势[①]

2017年，长三角核心区4A级以上旅游景区数量为331个。其中，上海市为53个，占16.01%；江苏地区为142个，占比为42.90%；浙江地区为136个，占比为41.09%，如表8-19所示。16个城市中，上海市以53个4A级以上旅游景区数量列第一位，舟山市以4个4A级以上旅游景区数量列最后一位。江苏地区8个城市的4A级以上旅游景区数量占长三角核心区四成多，其中苏州市4A级以上旅游景区数量最多，占比为12.39%。

[①] 国家旅游局自2001年起对旅游景区进行4A级评价，长三角核心区部分城市自2005年起才拥有4A级旅游景区。

表8-19　2001年、2017年长三角核心区16个城市的4A级以上旅游景区数量及增长情况

地区	2001年4A级以上旅游景区数量		2017年4A级以上旅游景区数量		2017年比2001年增长倍数（倍）	2001~2017年年均增长率（%）
	总量（个）	占比（%）	总量（个）	占比（%）		
上海市	6	19.36	53	16.01	7.83	14.59
南京市	3	9.68	23	6.95	6.67	13.58
无锡市	4	12.90	30	9.06	6.50	13.42
常州市	2	6.45	12	3.63	5.00	11.85
苏州市	6	19.35	41	12.39	5.83	12.76
南通市	0	0.00	6	1.81	—	—
扬州市	2	6.45	11	3.32	4.50	11.24
镇江市	2	6.45	9	2.72	3.50	9.86
泰州市	0	0.00	10	3.02	—	—
江苏地区	19	61.29	142	42.90	6.47	13.40
杭州市	2	6.45	37	11.18	17.50	20.00
宁波市	2	6.45	31	9.37	14.50	18.68
嘉兴市	0	0.00	14	4.23	—	—
湖州市	0	0.00	19	5.74	—	—
绍兴市	1	3.23	16	4.83	15.00	18.92
舟山市	1	3.23	4	1.21	3.00	9.05
台州市	0	0.00	15	4.53	—	—
浙江地区	6	19.35	136	41.09	21.67	21.54
长三角核心区	31	100.00	331	100.00	9.68	15.95

图8-16显示了2001年、2010年、2017年长三角核心区16个城市的4A级以上旅游景区数量。图中显示，长三角核心区16个城市的4A级以上旅游景区数量均有一定程度的增长。2017年，上海市、苏州市、杭州市、宁波市、无锡市、南京市排在前六位。

2017年，长三角核心区16个城市的4A级以上旅游景区平均拥有量为21个。其中，上海市、苏州市、杭州市、宁波市、无锡市、南京市6个城市高于平均水平，其余10个城市低于平均水平，如图8-17所示。高于平均水平的6个城市的4A级以上旅游景区数量达到了215个，占长三角核心区总量的64.95%。

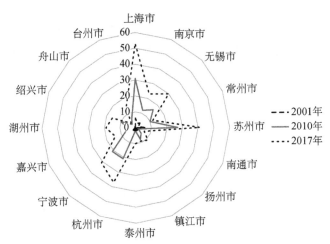

图 8-16　2001 年、2010 年、2017 年长三角核心区 16 个城市的 4A 级以上旅游景区数量（单位：个）

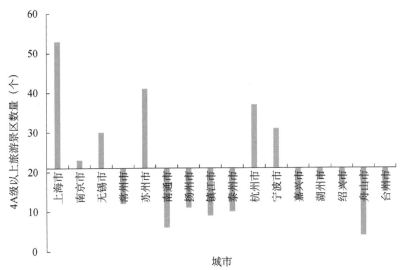

图 8-17　2017 年长三角核心区 16 个城市的 4A 级以上旅游景区数量与平均值比较

8.6.2　从增速看发展

　　2001 年以来，长三角核心区的 4A 级以上旅游景区数量呈现稳定增长态势。2001 年 4A 级以上旅游景区为 31 个，2017 年达到了 331 个。其中，上海市增长了 7.83 倍，年均增长率为 14.59%；江苏地区增长了 6.47 倍，年均增长率为 13.40%；浙江地区增长了 21.67 倍，年均增长率为 21.54%，如表 8-19 所示。浙江地区增长较快，上海市和江苏地区增速相当，如图 8-18 所示。

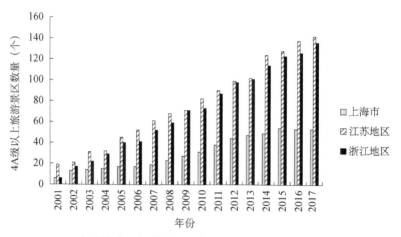

图 8-18　2001～2017 年上海市、江苏地区、浙江地区的 4A 级以上旅游景区数量变化情况

2001 年以来，上海市、江苏地区、浙江地区的 4A 级以上旅游景区数量呈现稳定增长的格局。2017 年，上海市以 53 个 4A 级以上旅游景区数量居各城市首位，居首位的上海市是列最后一位的舟山市的 13.25 倍。

8.6.3　从构成看特征

长三角核心区 16 个城市的 4A 级以上旅游景区数量存在显著差异，单纯的总量不能全面地反映一个城市旅游资源的水平，如表 8-18 所示。可通过每个城市每千平方千米 4A 级以上旅游景区数量衡量一个城市的旅游资源开发利用能力。表 8-20 表明，2017 年长三角核心区 16 个城市的每千平方千米 4A 级以上旅游景区数量存在较为显著的差异。上海市、无锡市、苏州市、南京市、嘉兴市、湖州市排在前六位。其中，上海市每千平方千米 4A 级以上旅游景区数量最高，达到了 8.36 个；南通市每千平方千米 4A 级以上旅游景区数量最低，仅有 0.57 个。

长三角核心区每千平方千米 4A 级以上旅游景区数量为 2.93 个。其中，上海市每千平方千米 4A 级以上旅游景区数量为 8.36 个，江苏地区每千平方千米 4A 级以上旅游景区数量为 2.78 个，浙江地区每千平方千米 4A 级以上旅游景区数量为 2.45 个。

表 8-20　2017 年长三角核心区 16 个城市的每千平方千米 4A 级以上旅游景区数量

地区	4A 级以上旅游景区数量（个）	土地面积（千米²）	每千平方千米 4A 级以上旅游景区数量（个）
上海市	53	6 341	8.36
南京市	23	6 587	3.49
无锡市	30	4 627	6.48
常州市	12	4 374	2.74
苏州市	41	8 657	4.74
南通市	6	10 549	0.57
扬州市	11	6 591	1.67
镇江市	9	3 840	2.34
泰州市	10	5 787	1.73
江苏地区	142	51 012	2.78
杭州市	37	16 596	2.23
宁波市	31	9 816	3.16
嘉兴市	14	4 223	3.32
湖州市	19	5 820	3.26
绍兴市	16	8 279	1.93
舟山市	4	1 459	2.74
台州市	15	9 411	1.59
浙江地区	136	55 604	2.45
长三角核心区	331	112 957	2.93

附录 规模以上文化及相关产业企业发展情况①

---

① 浙江地区的文化及相关产业统计口径与上海市和江苏地区有所不同，具体见《浙江省文化及相关特色产业行业类别（试行）》。

文化及相关产业指为社会公众提供文化产品和文化相关产品的生产活动的集合。《文化及相关产业分类（2018）》规定，文化及相关产业包括新闻信息服务、内容创作生产、创意设计服务、文化传播渠道、文化投资运营、文化娱乐休闲服务、文化辅助生产和中介服务、文化装备生产、文化消费终端生产9个大类。

规模以上文化及相关产业的统计范围为在《文化及相关产业分类（2018）》所规定行业范围内，年主营业务收入在 2000 万元及以上的工业企业；年主营业务收入在 2000 万元及以上的批发企业或主营业务收入在 500 万元及以上的零售企业；从业人数在 50 人及以上或年营业收入在 1000 万元及以上的服务业企业，其中文化和娱乐服务业年营业收入在 500 万元及以上。按业态不同，文化及相关产业可分为文化制造业、文化批发和零售业、文化服务业三大类。

规模以上文化及相关产业企业是文化及相关产业的主体，跟踪和分析规模以上文化及相关产业企业能够从微观上了解文化企业的发展情况。由于长三角核心地区 16 个城市的规模以上文化及相关产业企业相关数据统计时间较晚，在时间跨度上不适合作比较分析，为此我们仅列出营业收入、营业利润这两个较为重要的指标数据，供研究者参考。

附录 1　规模以上文化及相关产业企业营业收入①

规模以上文化及相关产业企业营业收入指文化及相关产业法人单位从事主营业务或其他业务所取得的收入，包括主营业务收入和其他业务收入。2013~2017 年，长三角核心区 16 个城市的规模以上文化及相关产业企业营业收入情况如附表 1 所示。

附表 1　2013~2017 年长三角核心区 16 个城市的

规模以上文化及相关产业企业营业收入情况　　　（单位：亿元）

地区	2013 年	2014 年	2015 年	2016 年	2017 年
上海市	6 525.95	7 103.02	8 575.12	8 771.87	9 301.89
南京市	1 704.03	1 568.26	3 422.67	4 015.60	4 520.51
无锡市	956.70	1 200.48	1 229.42	1 496.75	1 329.98

① 2013 年浙江地区规模以上文化及相关产业企业相关数据未搜集到。

续表

地区	2013 年	2014 年	2015 年	2016 年	2017 年
常州市	861.26	1 154.27	1 170.16	1 326.39	1 224.31
苏州市	2 075.59	2 317.81	2 625.30	2 901.57	2 988.37
南通市	638.42	760.01	837.12	963.44	960.17
扬州市	372.93	356.99	429.18	512.80	410.90
镇江市	328.65	457.25	587.62	667.30	384.12
泰州市	184.95	227.57	332.31	432.90	419.20
江苏地区	7 122.53	8 042.64	10 633.78	12 316.75	12 237.56
杭州市	—	1 995.32	2 926.05	3 491.09	4 595.03
宁波市	—	1 048.99	1 134.19	1 260.66	1 203.28
嘉兴市	—	411.62	433.14	498.71	457.72
湖州市	—	170.25	231.20	260.58	172.30
绍兴市	—	490.23	566.94	563.34	474.20
舟山市	—	20.55	13.69	32.41	19.99
台州市	—	176.01	219.44	220.57	253.70
浙江地区	—	4 312.97	5 524.65	6 327.36	7 176.22
长三角核心区	13 648.48	19 458.63	24 733.55	27 415.98	28 715.67

附录 2 规模以上文化及相关产业企业营业利润

规模以上文化及相关产业企业营业利润指文化及相关产业法人单位从事生产经营活动所取得的利润。2013～2017 年，长三角核心区 16 个城市的规模以上文化及相关产业企业营业利润情况如附表 2 所示。

附表 2 2013～2017 年长三角核心区 16 个城市的
规模以上文化及相关产业企业营业利润情况 （单位：亿元）

地区	2013 年	2014 年	2015 年	2016 年	2017 年
上海市	394.48	376.30	557.95	579.64	676.47
南京市	207.10	147.01	107.12	135.36	177.70

续表

地区	2013 年	2014 年	2015 年	2016 年	2017 年
无锡市	112.13	53.40	74.36	78.87	75.69
常州市	78.65	109.81	107.64	122.80	113.09
苏州市	110.01	109.65	128.44	168.93	202.64
南通市	44.51	54.04	55.16	65.83	83.12
扬州市	23.62	23.53	29.79	32.07	23.06
镇江市	28.50	32.82	43.05	47.51	35.57
泰州市	12.44	16.05	24.75	31.50	31.91
江苏地区	616.96	546.31	570.31	682.87	742.78
杭州市	—	476.74	582.36	859.10	1108.86
宁波市	—	35.45	35.73	49.18	52.86
嘉兴市	—	16.76	20.07	20.14	26.64
湖州市	—	12.09	15.72	18.95	12.39
绍兴市	—	17.63	22.54	27.08	27.07
舟山市	—	0.05	−0.21	−0.78	−0.84
台州市	—	4.82	6.48	7.98	8.33
浙江地区	—	563.54	682.69	981.65	1235.31
长三角核心区	1011.44	1486.15	1810.95	2244.16	2654.56

附录 3　规模以上文化制造业企业营业收入

规模以上文化制造业企业指《文化及相关产业分类（2018）》所规定行业范围内，年主营业务收入在 2000 万元及以上的工业企业法人。规模以上文化制造业企业营业收入指文化制造业法人单位从事主营业务或其他业务所取得的收入，包括主营业务收入和其他业务收入。2013～2017 年，长三角核心区 16 个城市的规模以上文化制造业企业营业收入情况如附表 3 所示。

附表 3　2013～2017 年长三角核心区 16 个城市的

规模以上文化制造业企业营业收入情况　　　（单位：亿元）

地区	2013 年	2014 年	2015 年	2016 年	2017 年
上海市	1 256.03	1 292.31	1 252.66	1 310.86	1 363.45
南京市	758.41	807.53	907.52	955.98	401.59
无锡市	800.72	884.79	904.77	1 056.40	896.12
常州市	500.41	726.17	720.52	827.40	722.01
苏州市	1 666.68	1 893.41	2 037.97	2 219.83	2351.54
南通市	541.94	638.88	703.56	817.11	737.32
扬州市	339.18	320.84	393.82	465.46	350.89
镇江市	307.11	395.35	510.45	559.33	285.02
泰州市	148.83	184.31	259.01	347.85	333.94
江苏地区	5 063.28	5 851.28	6 437.62	7 249.36	6 078.43
杭州市	—	341.74	322.06	319.61	437.93
宁波市	—	568.36	605.50	659.35	676.85
嘉兴市	—	338.52	353.13	403.68	348.79
湖州市	—	145.88	208.51	231.02	142.16
绍兴市	—	342.60	408.17	410.33	319.96
舟山市	—	13.98	5.15	2.93	1.00
台州市	—	131.34	160.22	156.18	183.88
浙江地区	—	1 882.42	2 062.74	2 183.10	2 110.57
长三角核心区	6 319.31	9 026.01	9 753.02	10 743.32	9 552.45

附录 4　规模以上文化制造业企业营业利润

　　规模以上文化制造业企业营业利润指文化制造业法人单位从事生产经营活动取得的利润。2013～2017 年，长三角核心区 16 个城市的规模以上文化制造业企业营业利润情况如附表 4 所示。

附表4　2013～2017年长三角核心区16个城市的
规模以上文化制造业企业营业利润情况　　（单位：亿元）

地区	2013 年	2014 年	2015 年	2016 年	2017 年
上海市	52.91	59.28	64.53	67.07	62.74
南京市	113.84	63.64	16.35	30.09	12.86
无锡市	34.69	41.90	61.20	55.50	47.71
常州市	29.00	54.16	55.24	64.75	52.10
苏州市	83.76	95.49	117.21	139.72	166.62
南通市	37.48	46.67	46.92	56.16	62.85
扬州市	20.58	21.58	28.75	30.52	20.72
镇江市	21.03	25.22	30.99	36.10	22.76
泰州市	11.17	14.56	28.75	26.60	25.88
江苏地区	351.55	363.22	385.41	439.44	411.50
杭州市	—	12.68	9.28	11.99	12.84
宁波市	—	21.45	23.91	32.06	33.20
嘉兴市	—	9.58	12.37	12.97	15.90
湖州市	—	12.12	15.60	18.04	12.69
绍兴市	—	15.05	18.49	21.76	20.78
舟山市	—	0.06	0.06	0.04	0.02
台州市	—	3.89	5.03	5.25	6.51
浙江地区	—	74.83	84.74	102.11	101.94
长三角核心区	404.46	497.33	534.68	608.62	576.18

附录5　限额以上文化批发和零售业企业营业收入

限额以上文化批发和零售业企业指《文化及相关产业分类（2018）》所规定行业范围内，年主营业务收入在2000万元及以上的批发业企业法人和年主营业务收入在500万元及以上的零售业企业法人。限额以上文化批发和零售业企业营业收入指文化批发和零售业法人单位从事主营业务或其他业务所取得的收入，包括主营业务收入和其他业务收入。2013～2017年，长三角核心区16个城市的限额以上文化批发和零售业企业营业收入情况如附表 5 所示。

附表 5 2013～2017 年长三角核心区 16 个城市的
限额以上文化批发和零售业企业营业收入情况 （单位：亿元）

地区	2013 年	2014 年	2015 年	2016 年	2017 年
上海市	2961.20	3233.29	4203.02	3925.84	4130.51
南京市	340.63	336.38	1591.61	1956.80	2309.08
无锡市	95.01	196.72	166.87	221.92	185.13
常州市	148.18	172.77	174.07	192.40	123.73
苏州市	202.41	221.26	339.89	363.36	307.32
南通市	36.04	43.95	50.42	49.30	66.74
扬州市	12.56	13.63	12.18	17.11	14.99
镇江市	18.66	21.75	31.63	47.97	37.47
泰州市	18.67	20.93	30.28	37.67	28.29
江苏地区	872.16	1027.39	2396.95	2886.53	3072.75
杭州市	—	439.86	564.12	487.87	434.87
宁波市	—	349.58	412.94	451.90	368.24
嘉兴市	—	29.60	32.27	32.41	39.67
湖州市	—	13.14	5.72	7.12	7.69
绍兴市	—	119.83	124.67	110.15	111.20
舟山市	—	1.92	3.85	14.55	10.76
台州市	—	30.11	41.18	45.68	45.71
浙江地区	—	984.04	1184.75	1149.68	1018.14
长三角核心区	3833.36	5244.72	7784.72	7962.05	8221.40

附录 6 限额以上文化批发和零售业企业营业利润

限额以上文化批发和零售业企业营业利润指文化批发和零售业法人单位从事生产经营活动取得的利润。2013～2017 年，长三角核心区 16 个城市的限额以上文化批发和零售业企业营业利润情况如附表 6 所示。

附表 6　2013～2017 年长三角核心区 16 个城市的

限额以上文化批发和零售业企业营业利润情况　　　（单位：亿元）

地区	2013 年	2014 年	2015 年	2016 年	2017 年
上海市	74.51	28.01	21.41	44.99	127.94
南京市	19.63	10.83	14.76	27.14	31.05
无锡市	3.81	2.32	2.22	2.24	1.56
常州市	7.35	7.13	10.49	10.80	2.80
苏州市	4.98	3.56	6.22	7.54	6.72
南通市	2.40	2.74	2.64	3.61	4.37
扬州市	0.80	0.84	0.69	0.70	0.70
镇江市	1.62	1.85	3.25	2.79	5.08
泰州市	0.50	0.82	1.55	1.79	1.21
江苏地区	41.09	30.09	41.82	56.61	53.49
杭州市	—	4.85	8.41	9.04	11.67
宁波市	—	2.40	2.92	5.02	4.52
嘉兴市	—	0.27	0.50	0.64	0.99
湖州市	—	0.30	0.21	0.19	0.20
绍兴市	—	1.19	2.52	3.36	2.33
舟山市	—	0.03	0.00	0.00	0.00
台州市	—	0.49	0.64	1.82	1.50
浙江地区	—	9.53	15.20	20.07	21.21
长三角核心区	115.60	67.63	78.43	121.67	202.64

附录 7　规模以上文化服务业企业营业收入

规模以上文化服务业企业指《文化及相关产业分类（2018）》所规定行业范围内，从业人员在 50 人及以上或年营业收入在 1000 万元及以上的服务业企业法人，其中文化和娱乐业的年营业收入在 500 万元及以上。规模以上文化服务业企业营业收入指文化服务业法人单位从事主营业务或其他业务所取得的收入，包括主营业务收入和其他业务收入。2013～2017 年，长三角核心区 16 个城市的规模以上文化服务业企业营业收入情况如附表 7 所示。

附表7 2013～2017年长三角核心区16个城市的
规模以上文化服务业企业营业收入情况 （单位：亿元）

地区	2013 年	2014 年	2015 年	2016 年	2017 年
上海市	2 308.71	2 577.42	3 119.43	3 535.16	3 807.92
南京市	605.00	727.05	923.54	1 102.81	1 809.85
无锡市	103.28	118.97	157.79	218.43	248.73
常州市	212.66	255.33	275.57	306.59	378.57
苏州市	206.50	203.15	247.43	318.38	329.50
南通市	60.44	77.18	93.14	97.02	156.11
扬州市	21.19	22.52	23.17	30.23	45.02
镇江市	28.28	40.15	45.55	59.99	61.64
泰州市	17.45	22.34	43.02	47.39	56.98
江苏地区	1 254.80	1 466.69	1 809.21	2 180.84	3 086.40
杭州市	—	1 213.73	2 039.87	2 683.62	3 722.23
宁波市	—	131.05	115.75	149.40	158.18
嘉兴市	—	43.50	47.74	62.62	69.26
湖州市	—	11.23	16.98	22.44	22.45
绍兴市	—	27.80	34.10	42.85	43.04
舟山市	—	4.64	4.69	14.93	8.24
台州市	—	14.56	18.04	18.70	24.11
浙江地区	—	1 446.51	2 277.17	2 994.56	4 047.51
长三角核心区	3 563.51	5 490.62	7 205.81	8 710.56	10 941.83

附录8 规模以上文化服务业企业营业利润

规模以上文化服务业企业营业利润指文化服务业法人单位从事生产经营活动所取得的利润。2013～2017年，长三角核心区16个城市的规模以上文化服务业企业营业利润情况如附表8所示。

附表 8　2013~2017 年长三角核心区 16 个城市的

规模以上文化服务业企业营业利润情况　　　（单位：亿元）

地区	2013 年	2014 年	2015 年	2016 年	2017 年
上海市	267.05	289.00	472.01	467.58	485.79
南京市	73.63	72.54	76.66	78.14	133.79
无锡市	73.63	9.18	17.88	21.13	26.42
常州市	42.31	48.52	42.41	47.25	58.19
苏州市	21.27	10.59	11.11	21.67	29.30
南通市	4.64	4.64	5.34	6.05	15.90
扬州市	2.24	1.12	0.41	0.85	1.65
镇江市	5.86	5.75	6.75	8.62	7.73
泰州市	0.77	0.67	3.75	3.10	4.84
江苏地区	224.35	153.01	164.31	186.81	277.82
杭州市	—	459.22	564.67	838.07	1084.36
宁波市	—	11.60	8.91	12.09	15.14
嘉兴市	—	6.92	7.20	6.53	9.76
湖州市	—	−0.33	−0.10	0.72	−0.50
绍兴市	—	1.40	1.53	1.96	3.96
舟山市	—	−0.03	−0.27	−0.82	−0.86
台州市	—	0.45	0.81	0.90	0.32
浙江地区	—	479.23	582.75	859.45	1112.18
长三角核心区	491.40	921.24	1219.07	1513.84	1875.79